Concevoir un produit facile à utiliser

Adapter les technologies à l'homme

Éditions d'Organisation
1, rue Thénard
75240 Paris Cedex 05
www.editions-organisation.com

ISBN : 2-7081-2900-7

Éric BRANGIER et Javier BARCENILLA

Concevoir un produit facile à utiliser

Adapter les technologies à l'homme

Éditions d'Organisation

« Aux hommes qui prennent leurs congénères pour des machines ; aux machines qui révèlent l'humanité de l'homme. »

Les auteurs expriment leurs plus vifs remerciements aux entreprises Meublora, Tawochi, Kooltel, NewStar, Les Grandes Galeries de l'Électroménager, le Grand Hôtel de Palencia, la compagnie hôtelière Alta-Luxus, Scibois, Cookfast et Le temps des seniors. Ils remercient également Mesdames et Messieurs F. et M. dont l'observation régulière est toujours d'une grande jubilation. Grâce à leurs collaborations naïves, l'écriture de ce livre a été un délice, et parfois même une plaisante rigolade.

Sommaire

Avant-propos

Ah, ah, c'est pas possible ?

« Pour avoir du café sans sucre.... Placer l'indicateur sur "sans sucre", puis tapez sur le bouton "sucré" ? »

C'est pas vrai, ça n'existe pas ça ?

« Pour arrêter votre ordinateur, cliquer sur le bouton "Démarrer" »

Quel usager d'un objet technique ne s'est jamais retrouvé dans une situation où il ne savait pas quoi faire ? Et pour cause, les produits que nous utilisons présentent des fonctionnalités étendues, mais nous éprouvons souvent des difficultés pour les utiliser. Trop souvent nous faisons le constat que des produits sont compliqués, mal fichus, peu commodes ou inconfortables à utiliser.

L'objectif de ce livre est de pallier ces défauts et donc de traiter de la question de la facilité d'usage, appelée en terme technique « l'utilisabilité ». L'utilisabilité, dérivé du terme anglais « usability » aborde précisément la question de l'adaptation des technologies aux caractéristiques physiques, psychologiques et sociales de l'utilisateur.

Les enjeux de l'utilisabilité sont aujourd'hui importants. A côté du design, du marketing, de la qualité, des analyses fonctionnelles, des analyses de la valeur, de l'analyse de la sûreté, de l'étude de la fiabilité humaine..., la facilité d'usage se présente comme un des grands facteurs de réussite et de succès des produits et services.

La facilité d'utilisation est en effet devenue un critère d'achat et d'orientation du comportement du consommateur ou de l'usager. Les personnes préfèrent les produits faciles à utiliser.

Si bien que les recherches sont actuellement très fécondes dans le domaine de l'utilisabilité. Ces dernières ont défini des principes d'utilisabilité, pouvant s'appliquer à de très nombreuses situations de la conception des objets techniques. Ces critères d'utilisabilité sont aujourd'hui bien connus, établis par de nombreuses expériences et étayés par d'intéressantes théories sur l'interaction entre l'homme et les objets techniques. Cet ouvrage fait le point sur ces théories et les illustre par de nombreux exemples.

Que vous soyez concepteurs, fabricants, producteurs ou utilisateurs, notre objectif est de vous fournir un ensemble de connaissances sur la manière dont « fonctionne » l'homme lorsqu'il se trouve dans une situation d'interaction avec un ordinateur, un document, un four micro-ondes, un magnétoscope, une notice d'utilisation, un bon de commande, un distributeur automatique de boisson, un mode opératoire, une machine-outil, un jouet électronique...

Comme nous utilisons tous les divers produits qui nous entourent, ce livre s'adresse à tout le monde et, en particulier aux lecteurs concernés directement par les objets techniques sur le triple plan de :

- La conception (ingénieurs, informaticiens, automaticiens, fabricants, designers, psychologues ergonomes, concepteurs de produits multimédias, managers de l'innovation) ;
- La production (ergonomes, organisateurs, ingénieurs et techniciens méthodes, responsables qualité, responsables sécurité, responsables hygiène et conditions de travail, ingénieurs fiabilité-sûreté, responsables de la prévention des risques, psychologues du travail) ;
- L'utilisation (utilisateurs, clients et usagers, psychosociologues, anthropologues, spécialistes du facteur humain, responsables marketing, formateurs, sociologues).

En bref, ce livre s'inscrit dans le cadre général des dimensions humaines et sociales de l'utilisation et de la conception des technologies qui nous entourent et auxquelles nous accordons de plus en plus de place dans nos vies. Il milite en faveur du développement de technologies adaptées aux personnes.

Ce livre est à l'image du sujet qu'il aborde : il cherche à être facile à utiliser. Pas à pas, du général au particulier, progressivement et en douceur, il vous présentera les grands contours de ce nouveau domaine de la performance humaine et technique : l'utilisabilité.

Pour ce faire, cet ouvrage :

- Vous montrera les problèmes de l'usage des objets contemporains (chapitre 1) ;
- Pour vous donner plusieurs définitions et approches de l'utilisabilité (chapitre 2) ;
- Et appréhender la question des grands principes qui régissent l'utilisabilité des dispositifs techniques (chapitre 3) ;
- Avant de traiter la question des démarches de conception d'objets faciles à utiliser (chapitre 4) ;
- Ainsi que de l'évaluation de l'utilisabilité des produits selon plusieurs types de méthodes qui seront largement exposées (chapitre 5) ;
- Enfin, la conclusion vous ouvrira sur de nouveaux horizons de la facilité d'usage (chapitre 6).

CHAPITRE 1

La difficulté et la facilité d'usage

IDÉES CLÉS*
DU CHAPITRE :

Le manque d'adaptation des produits et services à l'homme

La facilité d'usage

L'ingénierie de l'usage

La conception centrée sur l'homme

L'utilisabilité

Enjeux de l'utilisabilité

* Si nécessaire, voir les définitions dans la fiche résumée du chapitre, p. 35.

Les produits que nous utilisons sont dotés de fonctionnalités de plus en plus nombreuses, riches et complexes. Pour que l'homme puisse en profiter pleinement, ces produits doivent être faciles à utiliser, autrement dit présenter un bon niveau d'utilisabilité. L'utilisabilité aborde précisément la question de l'adaptation de la technologie aux caractéristiques physiques, psychiques et sociales des utilisateurs. A partir d'une série d'exemples, ce chapitre pose la question de la facilité d'usage des objets contemporains pour fournir une première définition de l'utilisabilité et présenter le cadre général de ce livre.

✓ **Les questions auxquelles répond ce chapitre**

- Pourquoi des dispositifs techniques sont-ils si peu pratiques à utiliser ? Pourquoi certains services proposés aux clients sont-ils parfois si difficiles à expliquer et à comprendre ?
- Comment concevoir des produits et services faciles à comprendre, à apprendre et à utiliser ?

✓ **Quels sont les objectifs de ce chapitre ?**

- Aborder les problèmes de l'usage des objets contemporains ;
- Définir la notion d'utilisabilité, l'illustrer et exposer ses enjeux ;
- Préciser les objectifs, orientations et le plan de l'ouvrage.

1. Les problèmes de l'usage des objets contemporains

Vous estimez sans doute que les produits que vous achetez, consommez et employez doivent être faciles à utiliser. Pourtant, chaque semaine vous êtes confrontés à de nombreux produits qui vous font maudire leurs concepteurs et fabricants.

Qu'est-ce que je dois faire ?

Qu'est-ce que c'est que ce bazar ?

J'y comprends rien !

La semaine dernière, excédé par sa propre incapacité à monter en moins de 10 minutes la superbe table que sa femme comptait offrir à ses parents, Monsieur F. s'est même surpris à jurer que les personnes qui ont conçu ce produit de « 💣 ☠ » devraient être condamnés à le monter et démonter jusqu'à la fin de leurs jours. Monsieur F. sait bien que ce n'est pas dans sa nature de prononcer de tels propos. Mais cette fois il s'est pris le plateau de la table sur le pied ; il a lu et relu la notice de montage sans rien comprendre aux textes et dessins ; il a passé une heure à réaliser une tâche qui ne devait lui prendre que dix minutes ; et pire que tout, il a éraflé un des pieds de la table avec son tournevis, puis masqué cette griffure avec les crayons feutres de ses enfants. Après toutes ces mésaventures, il s'est juré de ne plus jamais acheter de meubles en kit de chez Meublora.

Son épouse est là pour le réconforter et le soutenir dans ses tâches de bricoleur… Elle a tant besoin de lui ! Sa compréhension et sa gentillesse, font vite oublier à Monsieur F. ces petits ennuis… Jusqu'au moment où Madame F. déclare à Monsieur qu'« on aurait dû acheter la table avec les pieds blancs et pas en noir ». C'est vrai que sur la photo, il est bien difficile de se rendre compte de l'objet en taille réelle. Qu'est-ce que Monsieur F. ne ferait pas pour faire plaisir à son épouse ? Elle sait si bien ce que ses parents préfèrent… Et voilà Monsieur F. démontant la table pour repartir la changer au service après-vente de Meublora.

A certains égards, l'histoire de Monsieur F. est la nôtre. Bien souvent les notices de montage, les modes d'emploi, les gammes opératoires, les consignes de sécurité, les procédures qualité sont compliquées à comprendre et à mettre en œuvre. Ces petits textes devraient nous faciliter la tâche plutôt que de nous l'embrouiller. Pourtant, ils engendrent très souvent une confusion en mêlant un style procédural et

Les consignes d'assemblage doivent satisfaire des opérateurs très divers dans des situations variées, sous peine d'être inefficaces, d'entraîner de l'insatisfaction ou de présenter des risques pour les utilisateurs et leur environnement.

narratif ; en représentant l'objet fini et l'objet en construction, en jouant à la fois le rôle de référentiel de la tâche prescrite et d'aide-mémoire des actions réalisées ; enfin, en associant des figures en deux dimensions à d'autres en trois dimensions... Cette complexité est d'ailleurs perçue à la fois par les individus novices et ceux qui sont expérimentés.

Monsieur F. malgré ses brillants diplômes et son intérêt pour la littérature n'échappe pas à cette règle : la compréhension des consignes implique de mobiliser une représentation mentale du dispositif que la procédure de montage restitue rarement dans son entier. Monsieur F. doit donc émettre des hypothèses sur la bonne manière de faire à partir des informations dont il dispose... et dans ce cas précis, ces informations sont très insuffisantes. La consigne de montage aurait dû être conçue en tenant compte des recommandations d'utilisabilité. Pour son grand malheur, ce n'est pas le cas.

Examinons la première consigne d'assemblage de la table de Monsieur F. : « *1- Montage pied gauche dans tige-plateau #4 avec 3x50A* ». Cette consigne se caractérise par le fait que :

- Les articles définis sont supprimés ;
- L'emploi de verbes substantivés ou abrégés (« montage » plutôt que « monter »), rend compte de la durée de l'exécution sans toutefois décrire l'action au niveau moteur ;
- Les adjectifs supplétifs (comme des adjectifs spatiaux : ici gauche...) accolés au nom viennent préciser les propriétés structurelles (agencement, disposition) et spatiales des objets sans dire de quel côté il faut assembler le pied : gauche ou droit dépend de la place qu'occupe Monsieur F. dans l'espace qu'il se représente mentalement.
- Les noms concernent des termes techniques désignant souvent des objets peu familiers : ne connaissant pas le mot « tige-plateau », Monsieur F. est obligé d'en inférer le sens à partir des pièces qu'il trouve dans le carton et de se dire que « *#4* » doit être le numéro de la « *tige-plateau* » ;
- Les séries de chiffres et diverses abréviations renvoient principalement aux références des objets, ici « *3x50A* » désigne trois vis de type 50A (pour 50 millimètres).

– Enfin, la consigne dans son entier est formulée sous une forme non discursive, réduite, syntaxiquement, à l'apposition de mots concernant des réalisations spécifiques. L'ablatif[1], qui caractérise ce type de document, fait que toutes les informations qui constituent une précision pour l'interprétation, sont simplement supprimées.

« Les auteurs de notices menteuses ont appris depuis leur plus tendre enfance que lorsqu'on doit dire quelque chose, il faut dire tout ce que l'on sait et rien que ce que l'on sait, ni plus ni moins ».

Umberto Eco.

Dans une étude menée dans 10 entreprises industrielles portant sur la lecture et la compréhension des modes opératoires par des opérateurs à bas niveau de qualification (encadré 5.u.), nous avions montré qu'environ 50 % des mots n'étaient soit pas lus, soit pas compris, par les opérateurs qui, quotidiennement, réalisaient leur travail (Barcenilla & Brangier, 2000a ; Brangier & Barcenilla, 2000). Les opérateurs ne retrouvaient pas leur travail dans les consignes qu'ils lisaient.

Dans les dix entreprises étudiées, la compatibilité entre les caractéristiques des opérateurs, les documents et leurs tâches était donc faible : les opérateurs accomplissaient leur travail sans avoir une bonne maîtrise des connaissances écrites relatives à leur poste. Le niveau d'utilisabilité des documents professionnels, ou plus précisément leur compréhensibilité était donc réduite.

A cela, vous pouvez toujours vous dire qu'il s'agit d'opérateurs à bas niveau de qualification, qui présentent donc un niveau de connaissance générale faible[2], et qu'il n'est donc pas trop étonnant qu'ils ne comprennent pas. Si vous tenez un tel raisonnement, ce livre n'est pas fait pour vous. Reposez-le vite et oubliez-le. Notre cynisme naturel nous laisse penser que nous nous reverrons plus tard, par exemple le jour où vous aurez eu tant de mal à monter la petite table aux pieds noirs que vous souhaitiez offrir à votre belle-maman… ou pire encore : le jour où vous fabriquerez et commercialiserez cette table…

---

1. Construction grammaticale d'origine latine d'une phrase correspondant à la mise à distance, à la séparation, à l'éloignement du sujet et de l'objet.
2. Généralement le niveau 6 ou 5bis de l'Éducation nationale, à savoir aucun diplôme ou le niveau CAP.

Si au contraire, vous estimez, de manière encore un peu intuitive, qu'il y a une relation entre la facilité d'usage des dispositifs techniques, la qualité de la production, les modes de rédaction des notices, le taux d'accident du travail, le chiffre d'affaires, le niveau de satisfaction du client, la faiblesse du taux de rebus ou de démérite, alors ce livre est spécialement fait pour vous.

Reprenons l'histoire de Monsieur F. Après avoir rapporté la table chez Meublora, le vendeur a bien voulu l'échanger et, par chance, n'a pas prêté attention à l'éraflure sur le pied. D'habitude, sa bonne conscience judéo-chrétienne conduit Monsieur F. à déclarer qu'il est bien le fautif, et qu'il regrette d'être à l'origine de cette catastrophe. Mais cette fois, c'en est trop ! Il ne supporte plus d'être pris pour une « andouille ». Frustré des moqueries insidieuses de sa femme, des plaisanteries de ses enfants et de l'aplomb de ce vendeur qui lui confirme bien que cette table est si facile à monter ; Monsieur F. a ravalé sa franchise.

La seconde fois étant la bonne, la table est montée. Les beaux-parents de Monsieur F. la trouvent magnifique... enfin surtout son beau-père, qui nourrit une complicité virile avec Monsieur F. Sa belle-mère, dotée de l'irrésistible don d'agacer Monsieur F, ne manque pas de lui demander si un modèle avec des pieds noirs n'existait pas ! Argh !

Pour les remercier de leur délicate attention et pour avoir le plaisir de s'amuser avec leurs petits-enfants, les beaux-parents de Monsieur F., Madame et Monsieur M., ont décidé de les garder pour le week-end. Monsieur F. va ainsi pouvoir inviter Madame F. à se reposer dans ce si bel hôtel qu'ils avaient repéré l'an passé lors d'un séjour dans les Vosges. Un vrai week-end en amoureux avec une grande chambre et une salle de bains cléopatresque.

Voir encadré 1.a.

Un bref regard sur le programme de télévision va attirer l'attention de Monsieur F. Ce vendredi soir même, la chaîne TP7+ diffuse à 20h45 un fabuleux documentaire sur l'élaboration des vins du sud-ouest de la France. C'est la seconde fois que ce reportage passe et Monsieur F. ne veut le rater sous aucun prétexte. Aussi, avant de quitter son bureau, Monsieur F. téléphone chez lui, où se trouvent déjà ses beaux-parents.

Encadré 1.a. **Illustration de quelques problèmes d'utilisabilité des produits de soins corporels dans les hôtels**

Extrait de Umberto Eco (1997) : *Comment voyager avec un saumon*, Éditions Bernard Grasset, pages 43 et 44.

« Aujourd'hui dans le monde entier, tout hôtel qui ne soit pas un bouge met à votre disposition sur le lavabo de la salle de bains des petits flacons, tous rigoureusement identiques, contenant du shampooing, du bain moussant, du lait pour le corps et quelques autres crèmes d'utilisation et application non identifiées ; il y a aussi des petites boîtes, toutes rigoureusement identiques, contenant des savonnettes, des éponges cubiques imbibées d'acide sulfurique pour nettoyer les chaussures, un bonnet de douche. Chacun des emballages porte écrit en gros le nom de l'hôtel ou la marque du produit, tandis que le contenu est en général indiqué en tout petit, sur le côté. Quand on sait que la plupart du temps, on les attrape alors qu'on est nu, souvent déjà mouillé, et sans lunettes, quand on sait que plus l'hôtel est cher, moins il y a de chance que ce soient de jeunes auto-stoppeurs qui les utilisent, mais plutôt des adultes ayant dépassé l'âge fatal de la presbyopie, il est absolument impossible, au moment crucial, de savoir si vous êtes en train de saisir le shampooing ou le lait pour le corps, le cirage ou le bonnet de douche.

Et là, je ne vois aucune excuse valable. Ces gadgets sont à la mode depuis des années, et il est impossible que leurs designers ne se soient jamais frictionné le corps avec l'onguent pour chaussures. Pourquoi persévère-t-on dans ce tragique travers ? Mystère et boule de gomme.

Notez en outre que, hormis le shampooing et le bain moussant, les autres produits à votre disposition ne sont jamais utilisés, sinon par des fêtards ramollis sortis tout droit d'une orgie néronienne.

Tandis que (sauf dans les hôtels japonais et chinois), on ne place jamais sur votre lavabo les deux seuls objets que vous aurez fatalement oubliés, un peigne et une brosse à dents (lesquels fabriqués en plastique et destinés à durer un jour ou deux, ne coûtent pas très cher, en tout cas moins qu'un flacon de lait pour le corps).

Que les imbéciles existent, c'est fatal. La seule chose que j'aimerais connaître, c'est le salaire des imbéciles qui s'occupent de ces choses-là. »

Comment voyager avec un saumon, Umberto Eco, Éditions Bernard Grasset.

N'ayant qu'une confiance modérée dans les compétences techniques de sa belle-mère, il demande à parler à son beau-père pour lui demander de bien vouloir enregistrer la chaîne TP7+ de 20h45 à 21h35 ; et surtout pour lui dire que la notice du magnétoscope est dans le meuble télévision. Monsieur F. demande à son beau-père, Monsieur M., de bien vouloir lire la notice, tout en lui confirmant que son magnétoscope n'est pas sorcier à utiliser.

Monsieur F. est fier de son magnétoscope. C'est le dernier modèle haut de gamme de chez Tawochi, le QV785S : six têtes, VHS, vitesse VN/VL (SP/LP), 99 chaînes mémorisables, visualisation à l'écran, compteur en temps réel, protection de coupure d'électricité, 12 programmations sur 30 jours, standard PAL/SECAM, tuner inter et hyperbande, compatible réseau câble et satellite, infrarouge, show-view, son hifi-stéréo, deux péritélévisions, et une télécommande avec 37 boutons. De quoi faire rêver, non ?

Quant à Monsieur M., le beau-père, lui est beaucoup plus circonspect. Du haut de ses 69 ans, il a l'habitude d'enregistrer des musiques des années soixante sur son magnétophone pour avoir ensuite le plaisir de les écouter dans sa voiture. A présent, il est face à un nouveau challenge : enregistrer une émission télévisée avec un appareil qu'il ne connaît pas. Méticuleux et soucieux d'accomplir sa mission, Monsieur M. observe l'appareil. Sa simple observation ne va pas lui permettre de comprendre comment enregistrer sur la chaîne TP7+ ledit documentaire. Alors, il se met à lire le manuel utilisateur. Il découvre que trois types de programmation sont possibles :

- *L'enregistrement immédiat ;*
- *L'enregistrement différé à l'aide des codes « show-view » ;*
- *Et une programmation d'enregistrement normale.*

Ne voulant rien de spécial, il opte pour la formule d'enregistrement normal. La notice concernant ce mode de programmation lui indique notamment :

- *Lancez le menu principal et sélectionnez « programmation » : que faut-il lancer se dit-il ? Qu'est-ce que le menu principal ? Comment sélectionner « programmation » ?*
- *Choisissez le mode d'enregistrement : « unique », « hebdomadaire » ou « quotidien »... et validez votre choix. Qu'est-ce que c'est que ça : le mode d'enregistrement ? L'émission est unique, mais se déroule ce jour : faut-il sélectionner unique ou quotidien ? Comment valider ? etc.*

« Le monde serait parfait pour les ingénieurs, sans les êtres humains ».

Kurt Vonnegut.

Arrêtons là. C'est inutile d'accabler Monsieur M. avec un magnétoscope aussi mal conçu, enfin pensé par des ingénieurs pour des ingénieurs, mais pas pour des utilisateurs. Il n'arrivera pas à le programmer. Après de nombreux essais-erreurs, il finira par abandonner, d'autant plus que ses petits-enfants lui fournissent un alibi tout trouvé. Il se dit qu'il prétextera que ses petits-enfants l'ont beaucoup sollicité, et qu'ils sont bien plus importants qu'un reportage sur les beuveries gasconnes. D'ailleurs, il sait que son gendre ne pourra rien répondre à un tel argument.

Encadré 1.c. Mesure de l'utilisabilité des magnétoscopes[1]

Un magnétoscope n'est pas seulement acheté pour ses caractéristiques techniques. Il l'est aussi et surtout pour sa facilité d'utilisation. Alors, comment évaluer la facilité d'utilisation ?

Dans une recherche, nous avons mesuré l'utilisabilité d'un magnétoscope à partir de deux objectifs :

1. sa capacité à répondre aux besoins de l'utilisateur novice.
   La mesure de ce premier critère peut être réalisée à partir du pourcentage de tâches réussies au premier essai, du temps requis pour atteindre le but fixé et du sentiment de satisfaction de l'utilisateur.
2. la minimisation des recours aux supports écrits.
   Cet autre indicateur mesure la capacité du dispositif technique à être utilisé sans une aide écrite. Cet indicateur peut être apprécié à travers la quantité et de la durée des consultations du manuel utilisateur, du temps requis pour atteindre le but et d'une évaluation de la qualité des supports écrits par les utilisateurs testés.

Dans cette évaluation, cinq utilisateurs avaient moins de 25 ans et cinq plus de 65 ans. Chacun devait réaliser trois tâches : un enregistrement immédiat, un enregistrement différé à l'aide de show-view et un enregistrement par programmation normale. En somme, il s'agissait d'évaluer l'efficacité du magnétoscope à satisfaire les attentes d'utilisateurs aussi variés que des jeunes et des seniors. Quels sont les résultats ?

Enregistrement immédiat	– de 25 ans	+ 65 ans
Réussite au premier essai	5/5	4/5
Temps moyen pour effectuer la tâche (secondes)	59,4	150,4
Nombre d'accès moyen à la documentation après en avoir pris connaissance déjà une fois avant le début du test	1,6	2,8

Lors de la procédure d'enregistrement immédiat, on se rend compte que les temps pour exécuter la tâche sont bien supérieurs à ceux de manipulation. Les touches de la télécommande devraient être plus explicites et faciliter l'enregistrement sans avoir besoin d'accéder à la documentation.

.../...

1. Merci à Cédric Buret pour avoir réalisé ces expériences sous notre responsabilité. Sur un effectif aussi petit (deux fois cinq personnes), on sait bien que les scores moyens n'ont pas une grande valeur de significativité statistique, mais ils évitent ici de restituer l'ensemble des données brutes de ce test.

.../...

D'ailleurs, seul un sujet ne reprend pas le manuel. Notons enfin qu'un senior n'arrivera pas à enregistrer du premier coup, qu'il relira quatre fois la consigne et qu'il confiera que « la télécommande est un véritable tableau de bord ».

Enregistrement avec show-view	– de 25 ans	+ 65 ans
Réussite au premier essai	1/5	0/5
Temps moyen pour effectuer la tâche (secondes)	227	484,2
Nombre d'accès moyen à la documentation	2,8	5,4

Le système show-view se présente comme étant difficile à manipuler car quand l'utilisateur commet une erreur, il doit tout recommencer. Par ailleurs, les utilisateurs ne comprennent pas pourquoi en mode show-view ils doivent confirmer leur enregistrement par une programmation normale. Si le système show-view part de l'intention louable de simplifier la tâche de l'utilisateur par la mise à sa disposition de codes qui sont censés indiquer l'ensemble de la procédure d'enregistrement, il n'en demeure pas moins que les modes opératoires d'utilisation de ce système doivent être également simplifiés.

Programmation enregistrement normale	– de 25 ans	+ 65 ans
Réussite au premier essai	3/5	3/5
Temps moyen pour effectuer la tâche (secondes)	203,2	315,4
Nombre d'accès moyen à la documentation	2,4	2,8

Qu'ils soient jeunes ou âgés, 4 utilisateurs sur les 10 n'arrivent pas au premier essai à effectuer une programmation normale. La télécommande est toujours jugée comme étant complexe, les touches comme étant trop petites et même illisibles. La procédure à réaliser implique de manipuler un langage abstrait qui mêle des données sur l'enregistrement (date, heure de début, heure de fin, chaînes...) et des données sur les possibilités techniques du magnétoscope (« sélectionner VL pour effectuer un enregistrement longue durée » ou « désactiver le signal PDC, le cas échéant »), si bien qu'il est difficile de se représenter mentalement le mode opératoire.

Pour résumer, ce test a permis d'évaluer l'utilisabilité du magnétoscope Tawochi QV785S. L'usage d'un tel produit implique de nombreuses connaissances d'arrière-plan sur les interactions entre des utilisateurs expérimentées et des technologies sophistiquées. Seuls ces pré-requis, qui proviennent d'apprentissages antérieurs, peuvent permettre un usage satisfaisant. Remarquons enfin que si les seniors éprouvent des difficultés, les jeunes ne sont pas en reste non plus. Les difficultés d'usage ne proviennent donc pas seulement d'une attitude, qui pourraient être plus ou moins favorable pour les jeunes et défavorable pour les seniors, à l'égard de la technologie.

Les produits sont trop souvent compliqués à utiliser, voire inutilisables.

Le problème de l'usage d'un magnétoscope par Monsieur M., n'est qu'un cas parmi d'autres. Qui ne s'est jamais retrouvé dans une situation d'utilisation où il ne savait pas quoi faire ? Quel individu n'a jamais réalisé le contraire de ce qui était prévu par une machine ? Qui n'a jamais relu dix fois la même consigne sans comprendre ce qu'on attendait de lui ? Qui n'a jamais déclaré « c'est la faute de la technique ! » ; ou encore « c'est à cause de la machine qu'on ne peut pas faire cela ». Bien des situations domestiques ou professionnelles mettent en évidence le caractère inapproprié de certains dispositifs techniques qui ne satisfont pas les besoins des utilisateurs et qui diminuent la productivité des entreprises.

« Chacun appelle barbarie ce qui n'est pas de son usage ».

Montaigne.

L'auberge vosgienne est des plus agréables. Au moment où le feu crépite dans la cheminée, où les saveurs virevoltent dans les assiettes, Monsieur F. se sent l'âme romantique et exprime à sa femme tout le plaisir qu'il a de vivre avec elle. Puis doucement glisse sur la nappe un petit paquet. Madame F. l'ouvre avec l'empressement exalté de sa première passion amoureuse. Elle pense à une bague, imagine un collier, spécule sur un bracelet.

Ce sera le dernier téléphone portable de Kooltel : le One Mind 115. « Un vrai petit bijou ! » lui fait remarquer son mari. « Un vrai bijou ? » reprend-elle sur un ton quelque peu interloqué.

Pour faire plaisir à son mari, Madame F. décide de se familiariser immédiatement avec ce nouveau joyau. Pendant qu'il se douche avant de se coucher, Madame F. appuie sur toutes les touches de son Kooltel 115, commence à percevoir les principales fonctionnalités, décortique la notice, enregistre son code secret, découvre les SMS et vers deux heures du matin a finalement oublié que son mari l'attendait au lit. A présent, il dort profondément, non pas du sommeil du juste, mais plutôt de celui du frustré… Fichu pour fichu, elle se dit qu'elle va profiter de son Kooltel 115, pour adresser un SMS à sa collègue de travail et lui dire qu'elle viendra déjeuner lundi[1]. Un SMS est un message que l'on peut envoyer en direction d'un autre téléphone portable. Il prend la forme d'un texte de taille limitée que l'opérateur tape à partir du clavier de son téléphone. Pour écrire un mot, il faut appuyer plusieurs fois sur la touche por-

« Si la technique nous fait perdre notre âme, c'est que nous ne méritons pas de la sauver ».

Rostand.

1. Merci à Sébastien Muller pour cet exemple.

tant le nom de la lettre. Le nombre d'appuis sur la touche est la combinaison de la lettre sur la touche. Par exemple, il faut trois pressions sur la touche « 2 » (contenant les lettres a, b, c, ç, 2) pour obtenir un « c ». Ecrire un texte est donc une tâche totalement fastidieuse. A ses dépens, Madame F. va découvrir que l'écriture de « je viens manger lundi » implique 64 appuis, et que cette petite phrase s'écrit : « 5 5. 3 3 3. 1 1. 8 8 8 8. 4 4 4 4. 3 3 3. 6 6 6. 7 7 7 7 7. 0 +. 1 1. 6 6. 2 2. 6 6 6. 4 4. 3 3 3. 7 7 7 7. 1 1. 5 5 5 5. 8 8 8. 6 6 6. 3 3. 4 4 4 4. »

« The benefit of usable technology include reduced training costs, limited user risk, and enhanced performance... American industry and government will become even more productive if they take advantage of usability engineering techniques ».

Al Gore.[1]

Il s'agit effectivement d'un vrai bijou ! A trois heures du matin, elle s'effondre pour ne se réveiller qu'à midi. Son mari l'a attendue toute la matinée. A présent, il leur faut rentrer chez eux pour libérer les grands-parents et retrouver leurs enfants. Quel fabuleux week-end, non ?

Voir encadré 1.d.

Le dimanche soir, Monsieur F. repense à toutes ses péripéties : les difficultés qu'il a eues à monter la table, l'émission sur les vins de Madiran, Buzet, Monbazillac, Bergerac, Pacherenc... que son beau-père n'a pas pu ou plutôt su enregistrer, l'écriture du texte SMS que sa femme a largement critiquée sur le chemin du retour. Monsieur F. ne connaissait pas la fonctionnalité d'écriture intuitive qui existe sur certains téléphones portables. Loin d'être la panacée, ces systèmes d'aide à l'écriture permettent cependant d'accélérer la frappe de petits messages SMS. Il pense aussi à son travail. Il y a souvent constaté des difficultés qui étaient liées à un usage inadapté, à des modes opératoires inappropriés, à des signaux incompréhensibles, à des notices illisibles... Il s'est parfois dit que les utilisateurs étaient incompétents et qu'il convenait de mieux les former. Aujourd'hui, il a le sentiment que des produits, des technologies, des services bien conçus, c'est-à-dire adaptés aux caractéristiques mentales et sociales des utilisateurs sont gages de qualité, de performance, de réduction des risques, de satisfaction de l'utilisateur et de réussite des entre-

1. « Le bénéfice d'une technologie "facile à utiliser" implique un temps de formation réduit ; une limitation des risques pour l'utilisateur, et un accroissement de la performance... L'industrie américaine et le gouvernement deviendraient plus productifs s'ils tiraient profit des techniques de l'ingénierie de l'utilisabilité. » Al Gore.

prises. Il s'est renforcé dans cette position depuis qu'il a lu un récent article sur des recherches pour rendre les produits plus sûrs et faciles d'usage. Il a compris la nécessité sociale et économique de développer une ingénierie de l'usage.

Encadré 1.d. Quelques autres exemples de problème d'utilisabilité

Le site web du journal « Le temps des seniors », destiné aux personnes retraitées est très peu utilisé. Une rapide inspection de ce site fera remarquer que les recommandations ergonomiques sur les personnes âgées ne sont pas respectées. A titre d'exemple, les tailles de caractères sont trop petites, les couleurs insuffisamment contrastées. De plus, les cheminements sont complexes et les utilisateurs déclarent se perdre dans les méandres des liens. Une refonte des normes de présentation du site, ainsi qu'une analyse plus approfondie des tâches d'interactions a permis d'augmenter la fréquentation du site.

Souvenez-vous du 20 janvier 1992. L'Airbus A320 d'Air Inter en provenance de Lyon s'est écrasé sur le Mont Sainte-Odile, alors qu'il effectuait son approche sur l'aéroport de Strasbourg. L'accident avait fait 87 morts et neuf blessés. Une commission d'enquête avait étudié le processus de l'accident et avait, parmi d'autres facteurs (15 000 pièces dans le dossier d'instruction), souligné le rôle du système de pilotage des Airbus A320. Ce système dispose de deux modes de guidage sélectionnables par un seul et même bouton. Le premier mode « V/S » (Vertical Speed) permet de contrôler la vitesse de descente de l'avion, exprimée en centaine de pieds par minute. Le second mode « FPA » (Flight Path Angle) permet le contrôle de l'avion selon un angle de descente exprimé en dixième de degré. Non seulement ces deux modes utilisent le même dispositif opératoire de sélection, mais ils s'affichent également sur le même écran. Selon une hypothèse vraisemblable, le pilote aurait oublié de sélectionner le mode FPA et aurait saisi le nombre « – 33 » en pensant avoir un angle de descente de 3,3°, alors que le mode VS était toujours sélectionné. Par conséquent, le taux de descente fut de 3 300 pieds par minute, soit une vitesse de descente quatre fois supérieure à celle qui aurait été souhaitée par le pilote. Dans cette terrible catastrophe, la responsabilité de l'ancien directeur technique d'Airbus Industrie avait été mise en cause, indiquant ainsi que l'erreur de l'utilisateur final pouvait engager la responsabilité du concepteur de l'interaction entre l'homme et la machine. Plus généralement, des facteurs ergonomiques relatifs à l'insuffisance d'adaptation de la machine à l'homme sont à l'origine de nombreuses catastrophes. Les mauvaises organisations des commandes, des procédures, des moyens de communication, des informations destinées au pilote peuvent complexifier la tâche et parfois, fomenter l'horreur.

Le responsable sécurité de l'entreprise Scibois a fait installer un système de désenfumage respectant les nouvelles normes de sécurité incendie. Pour désenfumer, il suffit de briser la glace puis d'appuyer sur un des boutons du nouveau système.

.../...

.../...

Pour être sûr que les opérateurs n'utilisent pas de manière inappropriée ce système, le responsable sécurité a cru bon de placer la consigne suivante au-dessus de la glace « Lire les consignes avant de briser la glace ». Premier problème : il n'est pas évident qu'en cas d'incendie l'utilisateur aura le temps de lire les consignes. Second problème plus tragique : le feuillet comprenant les consignes se trouve derrière la glace ! Heureusement, il n'y a pas encore eu d'incendie dans l'entreprise Scibois et une formation à la sécurité ainsi qu'une remise à plat de toutes les consignes a permis de mieux prévenir les risques professionnels.

2. L'ingénierie de l'usage ou la conception centrée sur l'homme

L'idée d'un modèle rationnel de l'homme est une invention contre-scientifique.

Vous croyez peut-être que l'homme se comporte de manière rationnelle, et que, bon an mal an, il se conforme à ce qu'on attend de lui. Si la machine propose d'appuyer sur un bouton, vous pensez que l'utilisateur va le faire et donc qu'il agit rationnellement. Selon cette logique, vous vous étonnerez si l'utilisateur n'appuie pas sur le bouton, s'il appuie sur un autre bouton, s'il se met à répondre oralement à la machine, s'il éteint la machine, ou s'il se comporte d'une manière totalement incongrue. Pour vous, l'utilisateur n'a aucune raison de ne pas faire ce qu'on lui demande de faire. Et pour cause : en se comportant de manière fortuite, il perd du temps, il risque de commettre des erreurs, il peut mettre en danger le système qu'il utilise ainsi que des personnes, etc. De plus, comme ce comportement n'a pas été prévu par les concepteurs, il y a donc aucun intérêt à l'effectuer. Etre rationnel, c'est donc croire qu'il existe des objectifs clairs et précis et que les individus se comportent en suivant ces objectifs. Dans cette perspective, la conception des produits ou des services peut se définir de manière relativement simple en trouvant les moyens les plus efficaces pour atteindre les objectifs rationnels.

« La technique est violence au niveau de ses objets, de ses procédures et de son idéologie ».

Philippe Roqueplo.

Prenons un exemple. Lorsque vous descendez dans un hôtel, il ne vous vient pas à l'idée de ne pas faire figurer votre petit-déjeuner sur la facture. C'est imparable : celui qui a pris un petit-déjeuner doit le payer et le montant de la collation doit être présent sur la facture. D'ailleurs on ne voit pas comment un hôtel bien organisé et bien géré pourrait avoir plusieurs systèmes de facturation ou de contrôle de gestion. C'est logique, non ? C'est même rationnel. Mais, un hôtel géré avec cette logique rationnelle, aura-t-il encore longtemps des clients ?

Alors qu'il était plus jeune et vigoureux Monsieur M. était descendu, lors d'un voyage professionnel en Espagne, avec sa maîtresse à l'hôtel « Alta-Luxus » de Palencia. Au moment du départ, il demande que sur sa facture ne figurent ni les consommations du mini-bar (deux bouteilles de champagne !), ni un repas pris en chambre, ni un petit-déjeuner. Le logiciel de gestion de l'hôtel ne permet pas pour une même chambre de produire deux factures différentes. En effet, le système informatique globalise les contrôles, suivis comptables et bilans, chambre par chambre. L'hôtelier s'excusa en affirmant qu'il n'y était pour rien, mais que le système informatique ne pouvait pas faire autrement. Il diligenta une secrétaire pour que cette dernière rédige manuellement la facture, non sans protester et manifester quelques insinuations sur la soirée licencieuse de Monsieur M. La maîtresse, quant à elle, estima que Monsieur M. était finalement relativement pingre et le quitta quelques mois après. Monsieur M. ne revint jamais dans cet hôtel, ni dans tous ceux de la chaîne d'Alta-Luxus. Seule Madame M. aurait pu se réjouir du manque d'utilisabilité du système informatique d'Alta-Luxus. Cependant elle n'eut jamais connaissance de cet épisode de la vie troublée de son tendre époux.

Une approche sociale de l'activité de l'homme.

Cet exemple souligne que la conception de dispositifs techniques ne peut pas se fonder sur un modèle rationnel de l'homme. L'homme ne s'adapte que de manière limitée à des contraintes techniques. La détermination des objectifs est finalement assez peu rationnelle. Les objectifs que se fixe l'homme ne découlent pas d'alternatives mécaniques. Les orientations prises par la conduite humaine sont moins imposées par des options rationnelles que par des influences sociales, des relations affectives, des jeux de pouvoir, des coalitions sociales, des us et coutumes et diverses prescriptions. L'homme est un être social et la conception des systèmes techniques doit tenir compte de cette réalité.

Une approche cognitive de l'activité de l'homme.

Cet exemple illustre également que l'homme est aussi un être cognitif. Le logiciel d'Alta-Luxus implique certains types de raisonnements, de procédures, de méthodes de travail qui s'avèrent incapables de satisfaire la requête de Monsieur M. Il souligne qu'avec les nouvelles technologies, le travail change non seulement dans son contenu mais également dans sa forme, si tant est que l'on puisse facilement dissocier le contenant du contenu. Le travail évolue dans le sens d'une augmentation des interfaçages entre l'homme et l'objet de son travail. L'affluence des nouvelles technologies, des distributeurs de billets, des ordinateurs... montre à quel point les interfaces se multiplient dans notre vie quotidienne. En aval de ce dénombrement, ce sont les tâches d'interaction qui deviennent prépondérantes. Dans beaucoup de situations de travail, le principe d'interactivité se développe de manière imparable. Par exemple, le travail d'une secrétaire n'est plus seulement de taper un texte mais de manipuler des informations, des commandes et des documents, grâce à des interactions avec le logiciel. Le travail devient, pour une part de plus en plus significative, ce qui se passe dans l'espace virtuel créé par l'interface. Les nouvelles technologies accroissent les tâches d'interaction. Qui plus est, l'interface devient le lieu où se focalise un grand nombre de problèmes rencontrés par les utilisateurs, notamment celui de la compatibilité entre les caractéristiques des dispositifs techniques et les caractéristiques cognitives de l'opérateur humain. Ainsi, l'implantation massive de l'informatique, l'augmentation des utilisateurs non-spécialistes et l'accroissement du nombre d'interfaces dans notre vie quotidienne ont fait émerger des préoccupations d'adaptation de la machine aux caractéristiques cognitives et sociales de l'homme.

> L'innovation n'est donc technique qu'au second degré, au premier degré elle est sociale, c'est-à-dire que ce n'est pas le train en tant qu'objet qui impose la modification du relief mais la nécessité socialement acceptée, le désir collectivement construit d'utiliser cet objet.
>
> **Alain Gras.**

Dans cette double perspective, à la fois sociale et cognitive, une approche de la conception centrée sur la facilité d'usage implique de placer l'utilisateur final au cœur de la conception. Ce qui n'est pas sans renouveler l'esprit de la conception en insistant sur l'usage, et non plus sur la seule performance technologique.

Concevoir des outils techniques, ce n'est pas concevoir des applications pour des ordinateurs, mais c'est concevoir ce que les gens vont faire avec elles. C'est donc concevoir les usages et la fonction sociale associée à ces outils. Autrement dit, il faut comprendre ce que les machines font, et pas seulement comment elles fonctionnent. Faire apparaître des possibilités

« Designers may think of themselves as typical users, and may be they were before they started, but after they have thought about the task for as long as you need to for proper design, they are no longer typical, they can no longer understand the average user : they know too much ».

Donald Norman.[1]

structurées d'utilisation représente précisément le travail de conception ou d'aménagement des situations d'usage.

Par voie de conséquence, le concepteur ne peut pas se considérer comme étant un utilisateur typique ou moyen. Il ne peut pas concevoir un dispositif en restant dans son fauteuil et en s'imaginant le travail de l'utilisateur final ; il lui faut s'immiscer dans la vie professionnelle ou domestique de l'utilisateur : il lui faut impérativement comprendre l'activité réelle de l'utilisateur.

Pourtant, les approches exclusivement centrées sur la technique, et donc indépendantes de l'usage, peuvent également s'avérer viables. Les utilisateurs font alors des efforts pour s'adapter et finissent par s'approprier les systèmes ainsi conçus. Au mieux, les ingénieurs sont alors vus comme inconscients des conséquences sociales de leurs conceptions techniques ; au pire sont vus comme dangereux par rapport à des offres concurrentielles qui intègrent la logique de l'utilisateur. L'ingénierie de l'usage préconise donc la constitution d'équipes projets interdisciplinaires reposant sur les compétences des sciences pour l'ingénieur et des sciences humaines et sociales.

3. L'utilisabilité : définition, essor et enjeux

A présent, vous devez commencer à comprendre que l'utilisabilité ouvre une alternative pour vivre autrement et concevoir autrement la vie de l'homme avec la technologie : plus facile, plus sûre, plus simple, plus agréable, plus confortable, plus efficace, plus satisfaisante... Il en est de même pour Madame et Monsieur F. qui commencent également à réaliser qu'un dispositif technique doit être facile à utiliser...

1. « Les concepteurs peuvent se considérer comme des utilisateurs typiques, et peut-être le sont-ils avant de commencer (la conception), mais après avoir réfléchi sur la tâche aussi longtemps qu'il est nécessaire pour une conception adéquate, ils ne sont plus des utilisateurs typiques, ils ne peuvent plus comprendre l'utilisateur moyen : ils en savent trop. » Donald Norman.

Depuis quelque temps Madame F. entreprend Monsieur F. pour qu'ils achètent un sèche-linge automatique. Plus intéressé par son magnétoscope et son téléphone portable que par les tâches ménagères, Monsieur F. est peu sensible à l'intérêt d'une telle machine. D'ailleurs, il ne se rend même pas compte des draps, serviettes, chemises et autres habits qui encombrent leur appartement, séchant tantôt dans le salon, dans la salle de bains et parfois même sur le radiateur de leur chambre. La ténacité de Madame F. va pourtant faire capituler son mari. A force de rabâcher ses arguments sur le souhait d'avoir son intérieur en ordre, sur la rapidité du séchage, sur le rangement immédiat des serviettes sans repassage, sur le gain de temps, ce samedi Madame et Monsieur F. se trouvent enfin dans les Grandes Galeries de l'Electroménager. N'y connaissant pas grand-chose, ils se laissent guider par le vendeur qui leur présente une gamme complète de machines à sécher le linge avec des fonctionnalités, des prix et des designs assez variés. Madame et Monsieur F. remarquent assez rapidement qu'il existe deux grandes variantes : séchage par condensation ou par évacuation, et avec minuterie ou avec sonde. Le séchage par évacuation implique de rejeter la vapeur engendrée par le séchage à l'extérieur, hors de la maison par exemple. Vivant en appartement, Madame et Monsieur F. n'ont pas possibilité d'évacuer l'humidité vers un conduit externe. En revanche, le modèle à condensation est doté d'une fonctionnalité qui refroidit la vapeur de manière à la transformer en eau. Cette eau, très souvent pauvre en calcaire, peut d'ailleurs être réutilisée pour le fer à repasser à vapeur. Comme Madame F. a déjà prévu de mettre le sèche-linge dans leur salle de bains, juste à côté de la machine à laver, leur choix se portera donc sur un modèle à condensation. Il leur reste encore à savoir s'ils opteront pour un modèle à minuterie ou à sonde ?

Dans le cas des modèles à minuterie, l'utilisateur sélectionne un type de linge – coton ou synthétique – puis une durée et enclenche le bouton de démarrage du sèche-linge. Après l'écoulement de la durée fixée, la machine s'arrête et l'utilisateur prend son linge. Ce linge, en fonction de ses caractéristiques, de son poids, de son humidité de départ sera soit comme attendu par l'utilisateur, soit trop sec, soit trop humide. Si le linge est trop sec, il n'est pas impossible qu'il ait rétréci ou qu'il soit difficile à repasser. Au contraire, si le linge est trop humide, l'utilisateur doit remettre le linge à sécher durant quelques minutes. Madame et Monsieur F. viennent alors de comprendre qu'un modèle avec minuterie n'est pas centré sur les buts de l'utilisateur, c'est-à-dire sur sa tâche. Au fur et à mesure de ses expériences, l'utilisateur va se constituer, plus ou moins rapidement et avec plus ou moins de risques pour ses vêtements, une expertise de ses interactions avec l'appareil et découvrira les durées précises qu'il faut affecter au séchage pour avoir un linge prêt à ranger, prêt à repasser, très sec ou encore extra sec. On dira que ce type de dispositif technique n'intègre pas une logique d'usage ou qu'il n'est pas orienté utilisateur.

La facilité d'usage est un critère de vente et d'achat.

Quant au modèle à sonde, l'utilisateur n'a qu'à remplir le tambour avec son linge, puis sélectionner le type de linge – synthétique ou coton – et enfin préciser son but : avoir son linge sec, extra sec, prêt à ranger ou prêt à repasser. Une sonde électronique prélève des données sur l'humidité dans le tambour durant le séchage et recalcule en continu la température du tambour et/ou sa durée de rotation. Une fois que la sonde estime que les données prélevées dans le tambour correspondent à l'intention de l'utilisateur, le sèche-linge s'arrête et signale à l'utilisateur que le cycle est terminé. On dira que ce système est orienté vers les buts de l'utilisateur. Son usage vise à satisfaire ses buts. La machine intègre de l'électronique dite enfouie, opaque à l'utilisateur, mais qui évite à l'utilisateur d'estimer et de réestimer les durées de séchage. La facilité d'usage du système à sonde est tout de suite soulignée par le vendeur et immédiatement appréciée par Madame et Monsieur F. De plus, le tableau de bord des commandes et boutons est si simple que sans aucune explication Monsieur F. a réussi de lui-même à décrire ce qu'il faut faire pour satisfaire ses objectifs de séchage[1]*. Inutile de discuter plus longtemps, malgré son prix élevé, Madame et Monsieur F. décident d'acheter le « GGE Sonde Plus » ! L'appareil dont l'utilisabilité est la meilleure a été choisi. Ils quittent le magasin heureux de leur achat et effectivement le « GGE Sonde Plus » sera des plus simples à utiliser, par eux-mêmes, par leurs enfants et même par le beau-père, Monsieur M., qui déclarera que la firme GGE devrait faire des magnétoscopes et racheter la compagnie Tawochi.*

1. Quand l'aspect d'un dispositif de contrôle suggère à l'utilisateur la manière de l'utiliser, alors on parlera « d'affordance ». Par exemple, un bouton cubique avec une surface concave suggère de l'enfoncer, alors d'un bouton cylindrique invite à la rotation.

Utilité, utilisation, usage, fonctionnalité et utilisabilité.

Cet exemple va permettre de préciser quelques définitions et de distinguer l'utilité, l'utilisation, l'usage, la fonctionnalité et l'utilisabilité :

- L'utilité, correspond à la capacité d'un dispositif technique de répondre aux besoins réels des utilisateurs, c'est donc la capacité de l'objet à aider à l'accomplissement d'une activité humaine. Dans notre exemple, l'utilité constitue la motivation initiale de l'acte d'achat : Madame et Monsieur F. pensent que le sèche-linge leur sera utile.
- L'utilisation est le processus par lequel une personne utilise un produit, c'est donc l'action attachée à l'usage d'un produit ou d'un service. Pour Madame F. il s'agira par exemple de mettre le sèche-linge en route.
- L'usage est la mise en activité effective d'un objet dans un contexte social. La famille F., son organisation, la répartition sociale des tâches au sein de la famille constitue le contexte social et impliquera divers usages du sèche-linge.
- La fonctionnalité définit l'appropriation exacte de l'objet technique à un but utilitaire. Le sèche-linge est doté de plusieurs fonctionnalités comme marche, arrêt, alarme, anti-débordement…
- L'utilisabilité ou facilité d'utilisation est une caractéristique des objets qui apprécie la facilité à s'en servir, en l'occurrence : la simplicité du tableau de commande et l'assistance fournie par la sonde.

3.1. Définition générale de l'utilisabilité

De manière étendue, l'utilisabilité représente la facilité d'emploi de l'objet. Elle correspond à la capacité des dispositifs techniques à être utilisés facilement, par une personne donnée, de façon à accomplir la tâche pour laquelle cet objet a été conçu. Un objet présente une bonne utilisabilité lorsque son utilisateur peut accomplir sa tâche avec un minimum d'efforts physique et mental, en préservant son intégrité psychique, physique et sociale, en garantissant un haut niveau de performance et de fiabilité humaines. L'utilisabilité se mesure par le degré de réalisation des objectifs poursuivis en matière d'utilisation (efficacité), par les ressources dépensées pour atteindre les objectifs fixés (efficience), et par le degré d'acceptation (satisfaction) de l'utilisateur.

Voir encadré 1.f.

Encadré 1.f. Les trois caractéristiques initiales de l'utilisabilité

L'utilisabilité est généralement définie par la conjonction de trois éléments : l'efficacité, l'efficience et la satisfaction.

L'efficacité représente ce qui produit l'effet qu'on attend. Elle explicite les causes de la réalisation du phénomène produit par l'interaction entre une personne et une machine. Elle renvoie donc au degré d'importance avec laquelle une tâche est accomplie.

L'efficience est la capacité de produire une tâche donnée avec le minimum d'effort ; plus l'effort est faible, plus l'efficience est élevée. L'effort peut être mesuré de plusieurs manières : par le temps mis pour réaliser une tâche, par le nombre d'erreurs, par les mimiques d'hésitation, etc. L'efficience désigne de manière globale le rendement d'un comportement d'usage d'un dispositif.

La satisfaction se réfère au niveau de confort ressenti par l'utilisateur lorsqu'il utilise un objet technique. C'est l'acceptation du fait que l'objet est un moyen appréciable de satisfaire les buts de l'utilisateur. Bien souvent, la satisfaction est corrélée avec l'efficacité et l'efficience. Elle est vue comme l'aspect le plus important des produits que l'homme utilise volontairement (Jordan, 1998). La satisfaction est ainsi une réaction affective qui concerne l'acte d'usage d'un dispositif et qui peut être associée au plaisir que l'utilisateur reçoit en échange de son acte. La satisfaction est donc une évaluation subjective provenant d'une comparaison entre ce que l'acte d'usage apporte à l'individu et ce qu'il s'attend à recevoir.

Fabriquer des sèche-linge pour satisfaire ou pour contrarier les manières de penser et d'agir des clients ?

Notre exemple de sèche-linge souligne également qu'en matière d'ingénierie de l'usage, deux démarches s'opposent. La première tend à imposer à l'utilisateur la logique de l'automatique. Dans ce cas l'apprentissage du dispositif est long et coûteux, les erreurs fréquentes et la charge de travail élevée. La deuxième démarche vise à implanter la logique de fonctionnement de l'utilisateur dans le système technique, ici sous la forme de l'intelligence embarquée dans la sonde électronique. Dans cet autre cas, l'apprentissage est court, l'utilisation intuitive, la charge de travail diminue, la rentabilité et l'efficacité de l'usage augmentent.

Bien évidemment, la seconde approche est préférable pour :

- *l'utilisateur*, dont les conditions de travail sont améliorées, la satisfaction au travail augmentée et la charge de travail diminuée. L'utilisabilité des outils de travail est primordiale : elle représente une condition nécessaire à la satisfaction voire à la bonne ambiance.

Selon les points de vue de l'utilisateur, du concepteur et du manager, l'utilisabilité est importante car elle est souvent à l'origine du plaisir ou de la frustration, de la réussite ou de l'échec, de l'adapté ou des catastrophes.

« L'a priori technologique est un a priori politique dans la mesure où la transformation de la nature entraîne celle de l'homme, et dans la mesure où les "créations faites par l'homme" proviennent d'un ensemble social et où elles y retournent ».

Herbert Marcuse.

– *le manager*, qui réalise ainsi des gains de productivité et diminue les coûts de formation. Avant de concevoir et de programmer un système technique, il est fondamental de se poser la question, non seulement de son efficacité technique, mais de sa capacité à s'intégrer dans l'activité réelle de son utilisateur, qu'il soit jeune ou âgé, expérimenté ou novice, homme ou femme, etc. L'utilisabilité fait donc partie des missions des managers dans le sens où elle favorise la productivité et la qualité de l'ambiance de travail.

– *le concepteur* qui, en intégrant l'utilisabilité à sa démarche de conception, pense aux comportements et aux représentations mentales de l'utilisateur. *In fine,* l'utilisabilité va donc dépendre de la compatibilité entre les représentations de l'utilisateur et celles du concepteur. Les concepteurs de produits en tous genres savent bien qu'aujourd'hui le choix du client se porte sur le produit le mieux adapté à ses besoins. L'utilisabilité est devenu un critère d'achat au même titre que les fonctionnalités, l'esthétique, le prix ou la publicité. Pour ce faire, l'utilisabilité propose des théories, des méthodes, des recommandations de manière à organiser l'interaction entre l'objet technique et l'homme. Ces préconisations permettent de justifier des choix de conception du contenu et du contenant de l'interaction homme-tâche-technologie en fournissant une métrique de conception, d'évaluation et de maintenance des interactions. Par exemple, elles vont souligner que le nombre de couleurs à utiliser pour la présentation des informations à l'écran ne doit pas dépasser quatre ou six. De la sorte, elles fournissent aux concepteurs un ensemble de connaissances sur la manière dont « fonctionne » l'utilisateur lorsqu'il se trouve dans une situation d'interaction avec un ordinateur, un document, un four micro-ondes, un magnétoscope…, où interviennent des dispositifs d'entrée et de sortie d'informations, des modes d'échanges d'informations et le contexte induit par son travail.

En somme, l'utilisabilité aborde la question de la relation entre les utilisateurs et les objets conçus pour eux. En étant efficace, efficient et satisfaisant, un outil aidera l'utilisateur à accomplir ses tâches de la meilleure manière possible. L'utilisabilité est la qualité d'un dispositif technique qui le rend facile à apprendre, employer, mémoriser, tolérant aux erreurs, satisfaisant, et même source de plaisir. Cette qualité concerne tout type d'instrument destiné à aider l'homme dans son activité professionnelle ou domestique. Le champ d'application de l'utilisabilité est donc extrêmement large.

« The major benefit of usability is satisfied customers who find your product: intuitively easy to use, appropriate to the task, and accommodating to their needs ».

Usability Architects, Inc.[1]

L'utilisabilité possède à son actif de nombreuses explications concernant, par exemple, des crashs d'avions, des incidents dans des centrales nucléaires, des accidents liés à des erreurs humaines, des conversations fatales dans les services d'urgence, des accidents domestiques émouvants, des erreurs médicales tragiques... La littérature sur l'utilisabilité est largement ponctuée par une inflation d'exemples d'erreurs de conception qui sont à l'origine d'accidents mortels, bien plus horribles que les petites insatisfactions de Monsieur F. Sur une note plus optimiste et positive, nombreuses sont aujourd'hui les entreprises qui veillent à créer de nouveaux produits compétitifs présentant des avantages quant à leurs usages (voir encadré 1.g.).

Encadré 1.g. **Quelques exemples d'objets conçus avec un souci d'utilisabilité**

Dans une recherche désormais classique, Mantei et Teorey (1988) avaient précisément cherché à évaluer les incidences économiques d'une intervention d'amélioration de l'utilisabilité d'un logiciel. Leur terrain d'investigation était une entreprise, dans laquelle 250 salariés utilisaient une application de gestion comprenant 32 000 lignes de programmes.

Ce logiciel était déjà utilisé avant leur intervention si bien qu'ils ont pu chiffrer rigoureusement les coûts et les bénéfices de leur travail en comparant l'avant et l'après intervention. Le travail qu'ils ont fait est précis et remarquable.

.../...

1. « L'apport majeur de l'utilisabilité c'est des clients satisfaits qui trouvent votre produit : intuitivement facile à utiliser, approprié pour la tâche et adapté à leurs besoins ». Usability Architects, Inc.

…/…

Tout d'abord ils ont quantifié avec une très grande exactitude le coût global de l'intervention, et ce jusqu'au prix des cassettes vidéographiques ayant servi à filmer les opérateurs. Le montant global fut de 128 330 dollars. Puis une année après la mise en place des aménagements ergonomiques, ils ont mesuré un bénéfice de plus de 250 000 dollars, soit deux fois le prix de l'intervention ! Pour la réussite d'un projet informatique il convient, selon ces auteurs, d'allouer 10 % à 25 % (suivant l'envergure du projet) de la somme totale à l'analyse du facteur humain.

Bien loin des innovations de hautes technologies, les bocaux à cornichons ont grandement évolué et présentent aujourd'hui un niveau accru d'utilisabilité. Actuellement, les fabricants proposent trois types de bocaux en verre doté d'un couvercle.

- Les premiers sont relativement classiques ; les cornichons sont enfermés dans le bocal et aucun attribut d'usage n'est associé à l'acte de dégustation des condiments.
- Le second type de bocal tient compte de l'usage : un support en plastique est placé au centre du bocal et l'utilisateur le soulève d'une main pour saisir de l'autre les cornichons. Ce support en plastique est surmonté d'une petite poignée destinée à faciliter sa préhension. Cependant, à chaque prise le consommateur est obligé de saisir le support et de le soulever. Par ailleurs, si la prise est trop musclée, les cornichons risquent de sortir du bocal et de se retrouver à même la nappe ; ce qui n'est généralement pas du goût de la ménagère.
- Les troisièmes bocaux contiennent également un support en plastique mais ce dernier n'a plus de support central mais périphérique. Ce support périphérique est agrémenté d'encoches qui permettent de maintenir les cornichons hors de leur saumure en faisant reposer l'encoche sur le bord du bocal. De cette manière l'utilisateur n'a plus besoin de monter et descendre le support. Ce troisième type de bocal est donc plus efficient que les deux autres. Les deux types de bocaux dotés d'un support plastique tiennent compte du fait que le bocal peut se retrouver sur la table. Ce bocal est plus pratique à utiliser.

Les représentations psychologiques associées au bocal ont donc évolué. Elles sont passées de celles d'un simple récipient destiné à préserver les qualités gustatives à celles d'une sorte de plat à service. Ceci étant, l'ornementation du bocal reste encore rudimentaire et son apparence externe pourrait être embellie, de manière à lui faire réellement jouer un rôle esthétique.

3.2. *L'essor et les enjeux de l'utilisabilité*

L'ergonomie : « son nom provenant du grec ergon (travail) et nomos (lois) pour la désigner la science du travail, l'ergonomie

L'utilisabilité n'est ni une discipline autonome, ni un concept autosuffisant. Elle ne dispose pas d'un corpus de théories, de concepts et de méthodes qui lui soit propre. Elle emprunte des éléments scientifiques à plusieurs branches disciplinaires et méthodologiques de l'ergonomie et de la psychologie, à

est une discipline qui utilise une approche systémique dans l'étude de tous les aspects de l'activité humaine. Les ergonomes praticiens doivent posséder une large compréhension de l'ensemble du champ de la discipline. Car l'ergonomie préconise une approche holistique qui tient compte de facteurs physiques, cognitifs, sociaux, organisationnels, environnementaux et autres ».

Définition de l'Association Internationale d'Ergonomie.

Les systèmes techniques mis en place au XIXe siècle présentent la relation entre le faire et le voir.

savoir : l'ergonomie cognitive, l'ergonomie organisationnelle, la psychologie cognitive, la psychologie ergonomique, la psychologie sociale, la psychologie interculturelle. Ses développements professionnels sont nombreux et nous la considérons comme une psychologie appliquée à l'étude de l'interaction entre l'homme et la technologie.

En fait, l'utilisabilité prend son origine dans la prise de conscience de la rupture entre l'homme et la technologie et cherche à la combler. Les principes d'utilisabilité trouvent leur fondement dans cette discontinuité entre l'homme et la machine, en cherchant précisément à faire de l'interaction un processus continu. L'écart entre l'homme et la machine est ainsi réduit par le respect des recommandations qui visent à fournir une grammaire de conception et d'évaluation des interactions en tant qu'elles favorisent ou oblitèrent la fluidité des échanges entre l'utilisateur et la technologie. L'utilisabilité s'appuie donc fortement sur l'ergonomie qui est sa discipline-ressource.

L'essor de l'utilisabilité suit un peu celui de l'ergonomie et s'appuie sur cinq raisons.

La première est liée aux évolutions technologiques. En effet, les nouvelles technologies de l'information et de la communication sont en rupture avec le système technique mis en place au XIXe siècle sous l'impulsion de la révolution industrielle. Qu'il s'agisse de l'automobile, des moyens de locomotion, de la mécanique ou de bien d'autres domaines des sciences et techniques, il est patent de constater à quel point les découvertes du XIXe siècle et les inventions qui les ont suivies, ont toujours mis en évidence la relation qui existait entre les apparences de l'objet et ses fonctions. Cette analogie entre l'objet et son utilisation, c'est-à-dire entre l'objet et les modes opératoires d'utilisation de l'objet, révèle également une continuité, à savoir la relation entre l'aspect externe de l'objet et « ce pour quoi il est fait ». Autrement dit, ces objets présentent, de façon intrinsèque, la relation entre le faire et le voir. Les aspects externes de ces objets expriment donc d'une certaine manière ce pourquoi ils ont été conçus. Ce phénomène représente sans doute le trait dominant de tous les objets qui ont été conçus jusque dans les années 1960.

Avec l'ordinateur, et a fortiori avec les technologies digitales, une discontinuité entre l'apparence de l'objet et son usage voit le jour. C'est là une des caractéristiques des nouvelles technologies actuelles : il existe une rupture entre l'apparence des images, sons et textes présents sur les écrans et la technologie qui les supporte, à savoir le microprocesseur.

Dans les nouveaux systèmes techniques, l'apparence ne nous renseigne plus sur les possibilités de l'outil.

Avec le microprocesseur, l'objet, sur le plan matériel, n'est plus déterminé. La diversité apparente des technologies digitales ne doit pas masquer qu'elles reposent toutes sur le même objet. Objet inapparent au possible : la puce. Quand bien même elle évolue, change, se transforme, s'améliore, la puce est l'objet fondamental, l'essence matérielle des environnements digitaux. Elle est omniprésente dans tous ces environnements : télévisions, téléphones, ordinateurs, micro-ondes, magnétoscopes, télécopies, synthétiseurs, consoles de jeux, caisses enregistreuses... Avec la puce, l'esthétique change et évolue. Elle passe d'une esthétique de la forme à une esthétique de la boîte noire. L'esthétique qui s'instaure avec les environnements digitaux est donc liée au rapport qui s'établit entre l'utilisateur et l'intérieur de la machine. L'apparence ne nous renseigne plus sur les possibilités de l'outil. Tous les ordinateurs ont la même apparence. La monotonie de leur forme rompt pourtant avec la diversité de leurs programmes et donc de leurs usages. L'apparence est quasi-identique et les possibilités d'usage quasi-infinies : traitement de textes, téléphonie, simulateurs de vols, gestion de stocks, jeux...

C'est en utilisant les objets que nous en découvrons l'esthétique. Elle n'est donc plus une donnée de fait s'imposant à tous par son apparence. La perception esthétique de l'objet est non plus seulement liée à l'apparence externe de l'objet, mais aussi et surtout liée à la capacité évocatrice des programmes. L'objet prend de la valeur par son usage et son utilisabilité.

L'intégration de la notion de « client » au fonctionnement des organisations.

La deuxième raison du développement de l'utilisabilité est liée à l'évolution de l'organisation du travail. Depuis les années 1980, les entreprises ont fait évoluer leurs formes d'organisation en quittant progressivement le taylorisme, et l'idée selon laquelle l'organisation scientifique du travail devait d'abord produire efficacement avant de vouloir s'adapter à son marché. Les perturbations de l'environnement social et économique ont amené les entreprises à intégrer de plus en plus la notion de client (les relations clients-fournisseurs) interne ou externe et la nécessité de le satisfaire, sous peine de déconvenue voire d'échec économique. Dans le même temps, le courant de la qualité, et notamment la qualité totale, a permis de repenser les procédures de travail (gammes et modes opératoires, consignes écrites...) ainsi que l'usage des produits fabriqués. En deux décennies, les entreprises ont centré la conception des nouveaux produits, l'organisation de la production, et la gestion de la vente sur la satisfaction du client et par voie de conséquence ont cherché à mieux connaître le client, vu comme un utilisateur.

Innover en modifiant les usages.

La troisième impulsion est de toute évidence liée à l'innovation. L'impérieuse nécessité économique de développer des objets nouveaux et de renouveler rapidement les produits existants attire les entreprises vers la voie de l'adaptation continue de leurs produits aux caractéristiques de leur marché et donc de leurs clients et utilisateurs. Ainsi, beaucoup de nouveaux produits ont pour objectif de simplifier nos tâches quotidiennes, d'améliorer la sécurité, de faire progresser la qualité de la prestation.

Lutter contre l'exclusion technologique.

La quatrième raison de l'essor de l'utilisabilité provient des demandes sociales. Le client souhaite se simplifier la vie et ainsi bénéficier de technologies qui optimiseront sa qualité de vie. Frustrés d'avoir dû subir des technologies mal adaptées à leurs besoins, les hommes réagissent en privilégiant des dispositifs simples à utiliser. Par ailleurs, l'accroissement de l'espérance de vie et la volonté de réduire les situations handicapantes vécues par de nombreuses personnes (malvoyants, handicapés moteurs, illettrés...) nécessite de concevoir des objets répondants aux besoins spécifiques de ces différentes populations. Les télécommandes, téléphones portables, sèche-linge et autres objets de la vie quotidienne doivent non seulement satisfaire les personnes dites « normales » mais également les aînés, les jeunes, les déficients sensoriels, moteurs ou mentaux sous peine d'être inutilisés.

De plus, si l'individu n'arrive pas à s'adapter aux nouveaux dispositifs techniques et si la société ne parvient pas à définir des possibilités d'intégration, soit grâce à une formation ou à des aménagements ergonomiques du travail, les personnes à besoins spécifiques seront de plus en plus marginalisées et l'entreprise perdra de plus en plus son rôle de structuration de la société. De ce point de vue, le manque d'adaptation des produits aux personnes handicapées représente un coût social considérable. Dans une société de plus en plus fondée sur la connaissance, l'information et la communication, la carence d'utilisabilité devient un facteur d'exclusion et un frein au progrès individuel et collectif. Manquant des connaissances indispensables à l'autonomie, de tels individus se retrouvent exclus des droits civils d'expression, d'action citoyenne et de représentation politique. Beaucoup d'aînés, de déficients sensoriels, de marginaux, d'illettrés sont ainsi dans l'impossibilité de jouir des libertés et droits, ou de maîtriser leur environnement socioculturel. Ils deviennent des citoyens fragiles, vulnérables, pauvres, précaires et des chômeurs en puissance. Les nouveaux produits doivent donc présenter une facilité d'utilisation suffisante pour ne pas les exclure davantage.

Certifier l'utilisabilité.

ISO 9241, ISO 18529 et ISO 13407, voir chapitre 2.

La cinquième raison de l'évolution découle des normes ISO. L'utilisabilité est, tout comme la qualité, devenue une norme. Elle concrétise de manière assez formelle une volonté de faciliter la vie de l'homme avec les objets techniques.

Encadré 1.h. Les bénéfices de l'utilisabilité

Les enjeux de l'utilisabilité ne se limitent pas à l'utilisateur, qui bien qu'il en soit le premier bénéficiaire, n'en est pas le seul. Ils concernent également l'innovation sur les produits et l'organisation.

Bénéfices pour l'utilisateur :

- Mise à disposition d'un produit simple à comprendre, à apprendre, à utiliser.
- Réduit les coûts d'utilisation par une diminution des erreurs.
- Facilite la maintenance.
- Fait baisser les durées d'apprentissage ou de formation.
- Réduit le stress et la charge de travail.

.../...

…/…

- Augmente la satisfaction de l'utilisateur.
- Augmente la productivité de l'utilisateur en lui permettant de traiter simplement une plus grande diversité de tâches.
- Développe le sentiment d'être pris en compte, ou considéré par les concepteurs.
- Facilite l'installation du nouveau produit.

Bénéfices pour les produits :

- Améliore la qualité du produit.
- Fait progresser la fiabilité globale du produit
- Réduit les coûts d'installation du produit.
- Définit les propriétés de l'objet qui sont sources de satisfaction et d'insatisfaction.
- Évalue l'efficacité de l'objet à atteindre les buts de l'utilisateur.

Bénéfices pour l'organisation :

- Améliore la satisfaction du client.
- Favorise l'appropriation de la notion de client et le souci que l'organisation lui porte.
- Fait progresser la communication entre les concepteurs et les utilisateurs finaux.
- Raccourcit le cycle de développement d'un produit.
- Favorise une innovation continue par la connaissance accrue de l'usage.
- Met en relation la conception et la production du nouveau dispositif.
- Facilite la vente, car le produit est mieux adapté aux clients donc plus facile à vendre pour les commerciaux.
- Réduit les erreurs de conception et donc les coûts de conception, en évitant les modifications tardives.
- Restreint le nombre d'appels téléphoniques adressés aux services de maintenance ou aux centres d'appels de support à la clientèle.
- Réduit les frais d'exploitation.
- Améliore indirectement l'image de l'entreprise.

4. Objectifs et plan du livre

Ca y est !

J'ai compris !

A présent, vous vous dites que l'utilisabilité est un facteur nécessaire à la réussite d'un produit ou d'un service. Vous avez compris que l'utilisabilité cherche à pallier les difficultés d'usage en proposant une démarche de conception ou de correction des produits et services qui soit centrée sur l'utilisateur. Vous pensez que les produits dont la qualité est certifiée par l'usage sont mieux adaptés aux exigences des clients ou utilisateurs et seront plus utilisés donc plus vendus que les autres. D'ailleurs, vous savez bien que les gens préfèrent employer les produits et les services qui satisfont leurs espérances. Vous savez également que s'ils sont satisfaits, ils restitueront leur expérience à d'autres personnes.

C'est bien ce que fait Madame F. Elle ne tarit plus d'éloge sur son sèche-linge et sa mère, Madame M., vient d'acheter le même. Du coup, Monsieur F. devient perplexe. Il se pose la question de savoir si l'achat du sèche-linge par sa belle-mère est un acte de mimétisme. Il faut dire que l'idée que sa belle-mère imite sa femme ne lui plaît guère. Ceci laisserait entendre un processus identificatoire complexe de la mère vers la fille, processus qui pourrait être à l'origine de reproches ultérieurs dont il ne voudrait pas que sa femme soit la cause ou l'origine. Stoppant son psychologisme galopant, et malgré l'ambiguïté de sa relation à sa belle-mère, Monsieur F. réfléchit pour conclure que le succès du sèche-linge est lié seulement à ses caractéristiques intrinsèques : son design, son prix, sa robustesse et sa facilité d'usage.

Le succès de l'usage n'est pas le fruit du hasard.

Le succès des produits ou des services n'est pas le résultat du hasard. Il est le fruit d'un processus systématique de conception qui fait participer les utilisateurs, recueille des données sur les types d'utilisateurs, modélise les usages, conçoit l'utilisabilité, évalue la facilité d'usage et améliore de manière continue le produit.

La facilité d'usage n'existe pas en soi. Elle est toujours une construction progressive de la manière dont les utilisateurs vont se comporter avec une technologie donnée et dont ils vont se satisfaire. Développer la facilité d'usage, c'est donc se soucier, dès le début d'un projet, de ce que les gens vont faire avec un nouveau produit et du plaisir ou déplaisir qu'il va engendrer.

Plan de l'ouvrage.

Pour anticiper, appréhender et concevoir les futurs usages, il faut :

Chapitre 2 – Bien connaître les implications théoriques de l'utilisabilité et les orientations qu'elle suggère, et donc avoir une bonne compréhension de l'approche utilisateur.

Chapitre 3 – Maîtriser les recommandations de base pour mieux spécifier l'utilisabilité et cerner les dimensions exposées dans les normes ISO.

.../...

.../...

Chapitre 4	– Avoir une démarche de conception qui soit une ressource pour intervenir sur le cycle de conception, de correction et de production d'un nouveau produit en soulignant l'importance des caractéristiques à prendre en compte.
Chapitre 5	– Évaluer la facilité d'usage par des tests appropriés qui permettent de corriger et d'améliorer l'utilisabilité du produit examiné. Le courant de l'utilisabilité dispose de méthodes particulières pour apprécier la qualité d'usage des produits et services.

Fiche résumée du chapitre 1

Le chapitre en quelques points

Ce chapitre 1 a :

1	Présenté des exemples d'objets difficiles à utiliser, sources de contrariétés, d'accidents, d'incidents et ne satisfaisant pas les intentions des utilisateurs et les objectifs des entreprises.
2	Souligné que les difficultés d'usage étaient liées à un manque d'utilisabilité.
3	Défini l'utilisabilité comme étant une caractéristique des produits et services qui correspond à leur facilité d'usage, c'est-à-dire à leur adaptation aux buts fixés par l'utilisateur.
4	Mis en évidence que pour être utilisé de manière satisfaisante, un produit doit être conçu en tenant compte de ce que les gens font réellement lorsqu'ils l'utilisent.
5	Présenté une approche de la conception centrée sur l'utilisateur.
6	Avancé que l'utilisabilité conditionne pour partie le succès d'un produit et qu'elle se pense, se conçoit, s'évalue et s'améliore.

DÉFINITIONS FONDAMENTALES

Approche utilisateur ou approche centrée sur l'utilisateur (user centred design)	Démarche qui vise à concevoir ou corriger des dispositifs techniques pour les adapter aux possibilités opératoires, cognitives, sociales ou affectives des opérateurs humains qui, par une interaction adaptée avec le dispositif développeront des formes d'appropriation de la technologie. Cette orientation place la connaissance de l'homme (psychologie, ergonomie et sciences cognitives) au centre de la conception en cherchant à imaginer des situations d'usage qui correspondent le mieux possible aux besoins des utilisateurs. L'objectif devient alors d'accroître la compatibilité entre l'homme, vu comme utilisateur de technologie, et les dispositifs techniques en permettant le développement des capacités sociales, culturelles, affectives et cognitives de l'homme.
Compréhensibilité	Désigne la capacité d'un document textuel, graphique ou pictural à être compris tant au niveau de sa forme que de son fond par un public donné.
Démarche participative	Implication de l'utilisateur final dans un processus de transformation (innovation) de sa propre situation.
Innovation	Processus de transformation visant à produire intentionnellement un changement dans un système (technique, social, productif, organisationnel, éducatif...) dans le but de l'améliorer.
Produit	Objet technique fabriqué en grande série, doté de fonctionnalités et destiné à un usage.
Représentation	Construction mentale d'une réalité. Le terme de représentation désigne un ensemble de constructions mentales allant de schémas mentaux flous et pauvres à des schémas intellectuels denses et riches en contenu et en formes (spatiales, gestuelles, verbales, picturales, sémantiques...).
Utilisabilité	Encore appelée « facilité d'usage » ; elle correspond à l'adaptation de la technologie aux caractéristiques de l'utilisateur (voir aussi la définition du chapitre 2).
Usage	L'usage d'un produit permet à l'utilisateur de satisfaire, de manière simple ou complexe, un objectif. L'usage d'un produit est strictement lié à l'activité réelle de son utilisateur dans un contexte donné.

Chapitre 2

Qu'est-ce que l'utilisabilité ?

Idées clés* du chapitre :

Utilisabilité

Acceptabilité

Efficience

Efficacité

Satisfaction

Apprenabilité et mémorisation

Utilité

Ingénierie de l'utilisabilité

Conception pour tous - universelle

Conception inclusive

* Si nécessaire, voir les définitions dans la fiche résumée du chapitre, p. 75.

Ce chapitre précise la notion d'utilisabilité et en définit les composantes : efficacité, efficience, satisfaction, apprenabilité et mémorisation. Il présente les différentes approches de l'utilisabilité en les situant dans la pratique et dans la recherche. Il expose les implications de l'utilisabilité dans la conception et la correction de produits.

✓ **Les questions auxquelles répond ce chapitre**

- Comment peut-on définir la facilité d'usage ou utilisabilité ?
- Peut-on rendre opérationnelle une définition de l'utilisabilité ?
- Quelles sont les implications des approches de l'utilisabilité ?
- Peut-on concevoir des produits facilement utilisables par tout le monde ?

✓ **Quels sont les objectifs de ce chapitre ?**

- Retracer l'évolution du concept d'utilisabilité.
- Préciser les notions d'efficacité, d'efficience, de satisfaction, d'apprenabilité, ainsi que les mesures associées à ces indicateurs de l'utilisabilité.
- Présenter les grands courants de l'utilisabilité.

1. Le concept d'utilisabilité

Vous souhaitez utiliser un produit ou un dispositif technique. Vous allez implicitement vous poser la question de savoir comment faire pour utiliser ce produit. Si tout naturellement vous arrivez, par votre interaction avec celui-ci, à obtenir ce que vous souhaitez, alors pour vous il sera facile à utiliser. Malheureusement, ce n'est pas toujours le cas.

Sur le lieu de travail de Monsieur F., il y a un distributeur de boissons qui fonctionne d'une manière bizarre. Pour prendre un café plus ou moins sucré, il existe un bouton pour choisir plus ou moins de sucre, représenté par une échelle lumineuse, avec un choix présélectionné sur la valeur moyenne. Lorsqu'on veut un café non sucré, il faut ramener la valeur sur zéro. Mais ensuite, il faut appuyer sur un bouton sur lequel il est inscrit « sucré ». Monsieur F., utilisateur moyen avec son bon sens naturel, a de quoi être désorienté d'une interaction avec un tel dispositif. Et ce n'est pas fini ! Si, à la place du café vous voulez du thé, « plus ou moins sucré » il n'en existe pas ! Tous les thés sont sucrés (le produit pour élaborer le thé dans cette machine contient toujours du sucre), mais l'utilisateur qui a choisi non-sucré ne le saura qu'après avoir bu son breuvage. Et encore ce n'est pas sûr, car ne connaissant pas le fonctionnement du système, il pourra toujours attribuer le résultat obtenu à une mauvaise manipulation et recommencer l'opération et ainsi dépenser plusieurs fois le prix pour un produit qui ne le satisfait pas.

« Usability is the impact of the amalgam of human characteristics and mental models on product performance ».

William S. Green.[1]

Monsieur F., comme tous les utilisateurs, explique et s'explique ses problèmes d'interaction avec les machines. Il se représente les interactions, qu'elles soient satisfaisantes ou pas. L'élaboration d'une explication minimale mais suffisante du fonctionnement pour utiliser un dispositif, requiert une représentation mentale des événements qui ne sont pas directement observables et qui peuvent être inattendus.

Situer les événements inobservables dans le cours d'une tâche peut être extrêmement difficile lorsque le dispositif ne fournit pas d'indice sur son mode de fonctionnement. Certes, derrière le fonctionnement du système, il doit y avoir une

1. « L'utilisabilité est l'impact de l'amalgame des caractéristiques humaines et des modèles mentaux sur la performance d'un produit ». William S. Green.

logique, celle du concepteur ou celle de l'ingénieur, mais ce n'est pas celle de l'utilisateur. Dans cette perspective, serait-il possible de faire un distributeur de boisson plus adapté ? Le cas échéant, quelles connaissances seraient utiles pour réaliser un distributeur plus facile à utiliser ?

« Le défi pour la nouvelle génération de concepteurs est d'arriver à la même efficacité, obtenue avec les structures superficielles des mots et des images, dans les domaines produits par ce que les gens font lorsqu'ils manipulent ces structures ».

Terry Winograd et Fernando Flores.

Les concepts nécessaires à la conception d'un produit facile à utiliser proviennent de ce domaine disciplinaire qu'est l'utilisabilité. Prise dans sa globalité, l'utilisabilité articule deux types de connaissances :

- *des savoirs théoriques* pour aborder un problème ou une situation ;
- *et des savoirs méthodologiques* permettant d'identifier les problèmes, de trouver des solutions, d'arrêter des choix.

Quels sont donc ces savoirs théoriques et méthodologiques vous demandez-vous ? Pour répondre à votre curiosité, nous allons à présent préciser les connaissances qui fondent le concept d'utilisabilité[1], en retraçant rapidement son émergence et son histoire.

1.1. Brève histoire de l'utilisabilité

Les apports théoriques et méthodologiques concernant le concept d'utilisabilité sont nombreux. Cette notion possède de multiples acceptions. Dans son sens le plus large, l'utilisabilité désigne la « facilité d'apprentissage » et la « facilité d'utilisation » d'un produit ou service.

Bien que n'employant pas, à l'origine, le mot « d'utilisabilité » la recherche et la pratique dans ce domaine ont déjà un certain passé.

Historiquement, les recherches sur la facilité d'usage et l'adéquation de systèmes techniques aux capacités cognitives, perceptives et motrices des individus sont issues d'études des systèmes informatiques, lorsque dans les années 1960 et 1970, l'ordinateur est devenu un outil de travail à grande échelle en cessant d'être la panacée de quelques spécialistes. On trouve par exemple, une quantité très importante de travaux consacrés à l'usage de traitement de textes et à l'infor-

1. Bien qu'une grande partie de la littérature dans ce domaine porte sur l'utilisabilité de systèmes de traitement de l'information plus ou moins complexes, nous étayerons notre exposé par des exemples de la vie quotidienne qui illustrent les apports et les limites de cette approche dans la conception de produits et de systèmes techniques.

matisation de tâches administratives. Ceci a donné lieu à un courant de recherche portant sur les Interactions Homme-Ordinateur (HCI, Human Computer Interaction), ou Interaction Homme-Machine (IHM). Ce courant est d'autant plus fort que beaucoup d'intérêts scientifiques et industriels se sont aujourd'hui focalisés sur les interactions entre les hommes et les nouvelles technologies de l'information et de la communication.

Dans les années 1980, d'autres dénominations sont apparues. On parle alors « d'ingénierie cognitive » (Norman, 1987) pour qualifier l'application des connaissances issues principalement de la psychologie cognitive à la conception d'interfaces. On parle également d'« ergonomie cognitive » dont l'objectif est de rendre compatible le fonctionnement des systèmes techniques et les conditions de travail avec le fonctionnement mental de l'homme, par l'étude des représentations et des activités de traitement de l'information.

L'accent concernant les questions d'utilisabilité a été mis principalement sur les activités de traitement de l'information.

L'essor de l'utilisabilité a été principalement lié au développement des activités de traitement de l'information et donc à la part croissante des activités cognitives dans la vie quotidienne : les activités sont devenues plus cognitives et moins physiques. Même si toute activité cognitive requiert à un moment donné un passage à l'acte moteur, aussi rudimentaire soit-il, cet acte moteur implique des activités cognitives, dont la plus simple est le contrôle d'un geste ou la vérification d'un résultat.

Voir encadré 5.s.

Dans cette mouvance qui va s'articuler autour de la psychologie, de l'ergonomie et de l'informatique, l'étude de l'utilisabilité va constituer progressivement un vaste champ de recherche, qui se concrétise actuellement par de nombreuses publications, et par la création dans le monde et naturellement en France de laboratoires d'usage mis à la disposition de chercheurs et d'industriels.

Dans le même temps, la prise de conscience des difficultés d'utilisation souligne la nécessité de fabriquer des produits facilement utilisables. Ceci se traduit aussi par des études ergonomiques commanditées par de grands groupes industriels portant sur l'usage des produits, ainsi que par l'embauche de spécialistes (ergonomes, psychologues).

Il est difficile de trouver une définition globale et unanime de l'utilisabilité.

Toutefois l'engouement suscité par l'utilisabilité ne permet pas de proposer une définition sur laquelle tout le monde s'accorde. Pour définir la notion d'utilisabilité, on pourrait énoncer une boutade, comme l'avait fait Binet[1] lorsqu'on lui demandait « qu'est-ce que l'intelligence ? ». Il aurait répondu « l'intelligence est ce que mesure mon test ! ». De même, le contenu de la notion d'utilisabilité dépend de ce qui est mesuré et de la manière dont cette mesure est réalisée.

La définition de l'utilisabilité dépend donc de la façon de l'opérationaliser. Lorsqu'un expert inspecte l'utilisabilité d'un produit, lorsqu'un enquêteur fait passer des questionnaires sur l'usage d'un autre produit, ou encore lorsqu'un expérimentateur fait tester tel autre produit dans son laboratoire, et bien tous, à leur niveau, donnent un contour différent à la notion d'utilisabilité.

1.2. L'émergence des définitions de l'utilisabilité

Le sens donné à la notion d'utilisabilité dépend de la manière de l'opérationaliser.

D'une manière générale, les années 1980 verront naître les premiers essais de définition de la notion d'utilisabilité, notamment dans les travaux de Shackel (1981, 1986), Eason (1984), Whiteside, Bennett et Holtzblatt (1988), et se développera graduellement l'idée d'une « conception centrée utilisateur » (Norman, 1986 ; Karat & Bennett, 1991).

Dans les premières définitions (Shackel, 1981, 1986), le noyau conceptuel de l'utilisabilité est constitué de quatre composantes : l'efficacité, l'apprenabilité, la flexibilité du système et l'attitude de l'utilisateur envers le système.

Du côté des publications

Shackel, 1981, 1986
Eason, 1984
Whiteside Bennett et Holtzblatt, 1998
Norman, 1986

La définition de Shackel

Dans un des derniers raffinements de la définition, Shackel (1991) décrit l'utilisabilité d'un système comme « sa capacité, en termes fonctionnels humains, à permettre une utilisation facile et effective par une catégorie donnée d'utilisateurs, avec une formation et un support adapté, pour accomplir une catégorie donnée de tâches, à l'intérieur d'une catégorie spécifique de contextes » (p. 24). Cette définition met l'accent sur des mesures classiques de la performance en psychologie expérimentale : vitesse d'accomplissement de la tâche et taux d'erreurs.

1. Psychologue français précurseur des tests d'intelligence.

L'utilisabilité n'existe pas en tant que telle, mais résulte de l'interaction entre variables complexes.

De cette définition ressort l'idée que l'utilisabilité n'existe pas en tant que telle, mais qu'elle est le résultat de l'interaction entre un utilisateur, un dispositif (aussi simple soit-il), les tâches qu'il permet d'accomplir et un ou des contextes d'utilisation (utilisateur, système, tâche et contexte étant eux-mêmes des variables complexes). Du coup, la question de la possibilité de définir *a priori* et une fois pour toutes, voire de normer et de certifier l'utilisabilité d'un système reste une question entière. Néanmoins, il est encourageant de constater que l'Organisation International de Standards (ISO) a commencé à inclure l'utilisabilité dans un certain nombre de normes et rapports techniques (ISO 9241, ISO 13407, ISO 18529).

Ceci peut contribuer dans le milieu industriel à :
- l'intégration des critères d'utilisabilité dans le processus de conception et de production ;
- l'homogénéisation des pratiques dans ce domaine ;
- et aussi à la reconnaissance de l'importance des facteurs humains et à la contribution apportée par l'ergonomie.

La définition de la norme ISO

A cet égard, la définition donnée par les normes ISO et très proche de celle de Shackel (1991) : « Degré selon lequel un produit peut être utilisé, par des utilisateurs identifiés, pour atteindre des buts définis avec efficacité, efficience et satisfaction, dans un contexte d'utilisation spécifié » (ISO 9241-11, 1998).

2. Les composantes de l'utilisabilité et les mesures associées

Vous savez bien qu'il est toujours difficile de trouver dans un domaine en pleine effervescence, une définition qui fasse l'unanimité. Il en est ainsi de l'utilisabilité, pour laquelle beaucoup de chercheurs ont proposé des définitions variées. Quittons ce débat fécond et inachevé pour aborder le contenu de l'utilisabilité.

Selon la norme ISO 9241, le terme d'utilisabilité regroupe trois propriétés d'un produit : l'efficacité, l'efficience et la satisfaction. Mais à côté de cette norme, des travaux actuels ont recensé d'autres composantes et donné de nouvelles extensions à l'utilisabilité. Examinons ce qu'elles recouvrent.

2.1. *L'efficacité*

2.1.1. Définition de l'efficacité

La définition de l'efficacité porte sur la mesure de la qualité du résultat obtenu.

L'efficacité se réfère à la capacité d'un dispositif à atteindre (ou pas, dans ce cas il s'agit d'inefficacité) un objectif donné. La norme ISO 9241 (1998) l'a défini comme « la précision ou degré d'achèvement selon lesquels l'utilisateur atteint des objectifs spécifiés ». Elle représente donc l'effet attendu. La définition de l'efficacité porte ainsi sur la mesure du résultat obtenu (la performance) et non sur le processus ou l'activité qui a conduit au résultat.

D'autres définitions mettent l'accent sur le degré d'acceptabilité de la performance obtenue : « une performance acceptable devrait être atteinte par une proportion définie d'utilisateurs, pour une catégorie donnée de tâches, dans une catégorie donnée d'environnements » (Stanton & Baber, 1996 ; Stanton, 1998).

Qu'est-ce qu'une performance acceptable ?

Reste à savoir ce qu'est une performance acceptable. Dans le monde du travail, celle-ci peut être définie en termes de productivité souhaitée. Mais dans la vie de tous les jours, il peut être plus difficile de l'opérationaliser. Par exemple, beaucoup de gens peuvent ne pas remarquer la différence de performance entre un enregistrement VHS et DVD, d'autres peuvent y être hautement sensibles.

L'acceptation d'une performance peut aussi dépendre du niveau d'expérience de l'utilisateur avec une catégorie donnée de produits. Les habitués à travailler avec des ordinateurs peuvent juger que tel modèle ou telle marque est plus rapide ou possède un temps de réponse plus faible que d'autres. Les premiers clients d'un ordinateur peuvent considérer qu'un modèle objectivement lent sera très rapide comparativement avec leur expérience de l'écriture avec une machine à écrire. L'appréciation d'une performance acceptable est particulièrement délicate pour un produit complètement nouveau. En effet, l'acceptabilité de la performance ne peut être jugée qu'en fonction des repères préalables ou des acquis antérieurs de l'utilisateur.

L'acceptabilité de la performance peut dépendre aussi de l'usage qu'en fait l'utilisateur. Celui qui utilise Internet pour écrire seulement son courrier peut estimer qu'une connexion par ligne téléphonique lui fournit une performance acceptable ; mais celui qui emploie Internet pour d'autres activités (lire un journal, récupérer des images, etc.) peut avoir des exigences d'acceptabilité bien supérieures[1].

2.1.2. La mesure de l'efficacité

Classiquement, deux mesures associées à l'efficacité sont distinguées :

- *La réussite de la tâche :* à savoir la capacité à atteindre minimalement, partiellement ou totalement les objectifs fixés ;
- *Et la qualité de la performance.*

Les deux mesures associées à l'efficacité sont la réussite de la tâche (partielle ou complète) et la qualité de la performance.

L'évaluation de l'efficacité suppose d'avoir défini préalablement, d'une manière plus ou moins précise ou contraignante, les objectifs à atteindre. Ces objectifs peuvent être précisés (par l'individu qui exécute la tâche ou par l'organisation qui prescrit le travail) discrètement (en tout ou rien) ou d'une manière continue (en termes de degré) ; ceci aussi bien d'un point de vue quantitatif que qualitatif : la ménagère qui utilise un robot pour hacher sa viande, peut estimer que son robot exécute, ou pas, ou plus ou moins bien la tâche qui lui permettra de faire des boulettes. La secrétaire qui utilise un traitement de texte pour écrire un courrier, peut estimer que son logiciel lui permet d'accomplir sa tâche si elle arrive à faire le même travail qu'avec une machine à écrire ou, si elle est plus exigeante, si elle arrive à obtenir par exemple un texte formaté.

Dans le domaine de l'industrie, la notion d'efficacité est souvent synonyme de productivité.

Dans le domaine de l'industrie, la notion d'efficacité peut être associée à celle de productivité : la direction de l'entreprise peut considérer que les objectifs ont été atteints si les opérateurs ont produit 95 % de la commande en cours, s'il y a moins de 3 % de rebuts, ou si l'écart entre la pièce usinée et l'étalon est inférieur à 2 millimètres. Souvent la comparaison des objectifs initiaux et des résultats obtenus est un indicateur permettant de juger de l'efficacité d'un système. Cette comparaison sera adossée à une analyse de la tâche de manière à comprendre le contexte de l'efficacité ou de l'inef-

1. Nous reviendrons dans le paragraphe 2.3. sur ce qu'on peut considérer comme l'acceptabilité d'un produit.

ficacité[1]. En effet en ergonomie, évaluer l'efficacité suppose une analyse préalable de la tâche (formalisation, modélisation) qui sert de modèle de référence et de comparaison avec l'activité de l'opérateur.

2.2. L'efficience

2.2.1. Définition de l'efficience

L'efficience est la capacité de produire une tâche donnée avec le minimum d'efforts.

L'efficience est la capacité de produire une tâche donnée avec le minimum d'efforts : plus l'effort est faible, plus l'efficience est élevée. En termes ergonomiques, cette notion renvoie à l'évaluation de la charge de travail (physique ou mentale) plus ou moins imposée à l'utilisateur. Autrement dit, l'efficience désigne le rendement d'un comportement d'usage d'un dispositif.

La norme ISO définit l'efficience en termes de rapports : « rapport entre les ressources dépensées et la précision et le degré d'achèvement selon lequel l'utilisateur atteint des objectifs spécifiés ». Replacée dans un contexte d'utilisation, cette définition peut amener plusieurs cas de figure :

- Parfois on préfère dépenser moins de ressources physiques ou cognitives et se contenter d'un résultat moins satisfaisant ;
- D'autres fois on sera plus exigeant vis-à-vis de la performance technique et l'on préférera dépenser plus de ressources.

Par exemple, Monsieur F. pouvait acheter un magnétoscope qui demandait peu de manipulations mais dont la qualité de l'image laissait à désirer ; ou au contraire acheter un magnétoscope haut de gamme mais qui requérait beaucoup de manipulations en termes de réglages. Entre ces deux extrêmes, se trouvent toutes les variantes, et notamment la variante Tawochi QV785S : utilisation complexe et en prime des performances médiocres !

Il y a quelques années, un des arguments de vente de dispositifs techniques grand public était souvent l'importance de leurs fonctionnalités : des chaînes stéréo avec des fonctions

1. Cette question est détaillée dans les paragraphes 4.2. et 4.3.

> « Usability may be one of the few areas left to manufacturers where it is possible to gain a strong commercial advantage over the competition ».
>
> **Patrick W. Jordan.**[1]

multiples, des fours micro-ondes pouvant accomplir plusieurs tâches, mais dont le maniement restait complexe et difficile… L'électronique – gage de modernité et de performance – était mise en avant. Aujourd'hui, l'électronique cherche à se faire oublier. Tandis que la complexité des dispositifs augmente, la plupart des utilisateurs a des connaissances limitées qui les conduisent à une sous-utilisation ou à une mauvaise utilisation.

Demandez donc à Monsieur M. s'il utilise toutes les fonctions des dispositifs qu'il a chez lui. Avec le développement technologique, les systèmes techniques sont de plus en plus obscurs pour l'utilisateur. Il n'a pas accès à la complexité technique du système qu'il utilise.

Imaginez bien que la nouvelle voiture haut de gamme – le magnifique modèle NewStar – que Monsieur M. vient d'acquérir est dotée de 34 microprocesseurs ! A aucun moment le vendeur n'a pris le risque d'annoncer que l'électronique était omniprésente. Monsieur M. aurait fuit le hall d'exposition à toute vitesse ! Il n'a pas un seul ordinateur à la maison et ne rêve pas d'en avoir 34 dans sa propre voiture !

A côté des arguments de confort et d'agrément de conduite, le vendeur a souligné que toutes les fonctions étaient si faciles à utiliser que beaucoup d'entre elles s'enclenchaient automatiquement. « Arrivez dans un tunnel et hop, les phares s'allument ! Quelques gouttes de pluies et hop, les essuie-glace s'enclenchent ! Un petit creux et hop l'écran vous affiche la liste des restaurants les plus proches tout en vous guidant pour y accéder ! » Présentée ainsi, la NewStar est la voiture la plus facile à utiliser que Monsieur M. ait eu à connaître. Il a bien déduit qu'avec un minimum d'efforts il obtiendrait ce qu'il souhaiterait. De toute évidence la NewStar est efficiente et c'est pour cette raison que Monsieur M. l'a achetée.

Que ce soit dans l'automobile ou dans d'autres secteurs, les technologies nouvelles réalisent automatiquement des chaînes causales fonctionnelles. Elles offrent de plus en plus de fonctions pour des résultats de plus en plus riches, si bien que

1. « L'utilisabilité peut être pour les industriels un moyen d'obtenir un avantage commercial important sur la concurrence ». Patrick Jordan.

l'agencement des modules électroniques (de plus en plus miniaturisées) et la réalisation des chaînes causales fonctionnelles (de plus en plus intégrées) sont de plus en plus cachées à l'utilisateur. Du coup, les problèmes de l'utilité, de l'utilisation et de l'utilisabilité de ces systèmes sont devenus proéminents.

Actuellement, la plupart des systèmes techniques d'une même gamme proposent des fonctionnalités similaires. Ils se différencient souvent par leur niveau d'efficience, c'est-à-dire le niveau de complexité de l'interaction, et le nombre et la nature de manipulations pour faire fonctionner le produit. Par exemple, si vous souhaitez acquérir un four micro-ondes ou une machine à laver, les produits se distinguent très peu en termes de fonctions proposées. Toutes les machines à laver proposent plusieurs cycles de lavage, rinçage et essorage. Mais certaines sont plus intuitives en termes d'informations à traiter et d'actions motrices à exécuter.

2.2.2. La mesure de l'efficience

Globalement quatre types d'indicateurs peuvent être pris en compte dans l'évaluation de l'efficience d'un produit, à savoir :

- Le taux et la nature *des erreurs d'utilisation ;*
- *Le temps* pour exécuter une tâche donnée ;
- *Le nombre d'opérations requises* pour exécuter la tâche principale et les déviations par rapport à la procédure optimale ;
- *La charge de travail.*

L'efficience s'apprécie par le taux et la nature des erreurs...

Le nombre d'erreurs lié à la réalisation d'une tâche au cours d'une période de temps donnée, se mesure facilement par une simple observation. Le taux d'erreurs peut être mesuré lors de la première utilisation, après une période plus ou moins longue d'usage ou après une période d'inactivité. On peut aussi mesurer la proportion d'utilisateurs qui commettent une erreur spécifique.

Quant à la nature des erreurs, il existe une vaste littérature sur le sujet en psychologie du travail et en ergonomie cognitive. Certaines apparaissent de manière sporadique, d'autres de manière systématique. Du point de vue de l'efficience, l'importance d'une erreur est liée à son irréversibilité. Plus une erreur est irréversible, plus elle occasionnera une baisse de l'efficience.

Par exemple, lorsque Monsieur F. commet l'erreur d'appuyer sur la mauvaise touche du téléphone quand il compose un numéro, ce n'est pas très important. Il peut toujours recommencer l'opération. On estime que c'est une erreur bénigne et réversible.

En revanche, s'il se trompe trois fois de suite de code lorsqu'il retire de l'argent dans un distributeur automatique, et que le système avale sa carte, alors l'erreur est plus importante. Dans ce cas, la gravité et l'irréversibilité de l'opération dépendent de ses besoins urgents en liquidités.

Par contre, si Monsieur F. effectue un mauvais branchement électrique lorsqu'il installe un nouveau dispositif, il abîmera irrémédiablement et gravement les composants électroniques.

Une mesure indirecte de l'efficience de certains produits consiste à d'obtenir des indicateurs, auprès des services après-vente et des services de dépannage. Les appels, demandes de renseignements et plaintes qu'ils reçoivent concernant les réglages et les dysfonctionnements sont de fabuleuses sources d'information sur les erreurs commises par les utilisateurs.

...le temps mis pour exécuter la tâche...

Le temps est un indicateur qui ne peut être pris en compte qu'en fonction de la nature de la tâche et du contexte d'utilisation. Les contraintes temporelles sont différentes lorsqu'il s'agit d'effectuer des réglages pour écouter une radio à la maison ou en voiture. De même en situation de travail, les contraintes de productivité font du temps un critère important de l'efficience d'un dispositif, contrairement à beaucoup de situations de la vie courante.

Il existe également un rapport entre le temps et les erreurs : l'utilisateur peut privilégier une logique de qualité (passer plus de temps et commettre moins d'erreurs), ou une logique de rapidité (passer moins de temps en générant plus d'erreurs). Le choix d'une alternative dépendra de l'importance accordée à l'un ou l'autre facteur et du contexte socio-organisationnel dans lequel l'utilisateur se trouve.

L'ergonomie cognitive a mis au point des formalismes et des méthodes d'analyse des tâches et des systèmes techniques[1].

...le nombre d'opérations requises pour exécuter la tâche et les déviations par rapport à la procédure optimale...

Ils peuvent être utilisés à la fois pour prédire l'activité de l'utilisateur et pour mesurer la complexité de l'interaction en termes de nombre de commandes, d'opérations ou de procédures requises. Par exemple, pour cuire un plat au four à micro-ondes, certains systèmes proposent de choisir la température, la durée en fonction du poids et des fonctions complémentaires (chaleur tournante, etc.). Dans d'autres dispositifs, il suffit d'appuyer sur une icône qui désigne le plat à cuire et toutes ses caractéristiques. Il faut cependant souligner, que dans ces deux cas, l'utilisateur n'a pas de garantie de l'efficacité du résultat tant qu'il n'en a pas fait l'expérience. Mais, quoiqu'il en soit, le second cas mobilise moins de manipulations et est donc plus économique du point de vue comportemental.

Parfois, certains dispositifs possèdent plusieurs procédures alternatives pour accomplir une tâche. Certaines procédures sont plus avantageuses que d'autres. Or, les plus avantageuses ne sont pas forcément les plus utilisées ! Les utilisateurs tirent profit des alternatives proposées en fonction de leurs propres connaissances du dispositif et du contexte d'utilisation. Par exemple, la plupart des magnétoscopes proposent différents modes d'enregistrement d'une émission de télévision, mais la plupart des gens utilisent seulement l'enregistrement instantané, ce qui les oblige parfois à attendre un certain temps avant que l'émission ne commence. Ils n'utilisent pas les procédures plus économiques de programmation d'enregistrements.

...et plus généralement par la charge de travail de l'utilisateur.

La charge de travail se réfère au coût cognitif ou physique de la réalisation d'une tâche pour l'utilisateur. Elle n'est pas déductible simplement des caractéristiques techniques ou physiques du produit, mais dépend aussi des exigences liées à la réalisation de la tâche et au contexte d'exécution. Certaines tâches imposent des contraintes de rapidité, de précision, de coordination des sens, etc., d'autres pas. Ainsi, certains dispositifs d'aide à la conduite automobile imposent une charge de travail supplémentaire à l'activité principale de conduite, car ils sollicitent en même temps notre attention.

1. Voir le paragraphe 4.3.

C'est une des raisons pour lesquelles il a été interdit d'utiliser des téléphones portables en conduisant.

Enfin, remarquons que la norme ISO tient compte de la diversité des problèmes posés par la mesure de l'efficience et, en fonction du type de mesure réalisée, distingue plusieurs formes d'efficience :

- *L'efficience humaine* (mesurée par l'efficacité divisée par l'effort humain ou des indicateurs de la charge de travail) ;
- *L'efficience temporelle* (mesurée par l'efficacité divisée par le temps passé) ;
- *Et l'efficience économique* (mesurée par l'efficacité divisée par les coûts).

2.3. La satisfaction

2.3.1. Définition de la satisfaction

La satisfaction se réfère au niveau de confort ressenti par l'utilisateur lorsqu'il utilise un produit. C'est l'acceptation du fait que l'objet est un moyen appréciable de satisfaire les buts de l'utilisateur. La satisfaction correspond à une réaction affective qui concerne l'acte d'usage d'un dispositif et qui peut être associée au plaisir que l'utilisateur reçoit en échange de son acte. La satisfaction est donc une évaluation subjective provenant d'une comparaison entre ce que l'acte d'usage apporte à l'individu et ce qu'il s'attend à recevoir. Sa mesure est un des critères qui permet de rendre compte du degré d'acceptation d'un produit.

Le critère de satisfaction n'a pas la même importance et ne possède pas la même signification dans le domaine du travail que dans celui de produits de grande consommation. Généralement, dans le domaine du travail, l'acheteur d'un produit n'est pas l'utilisateur final ; ce dernier sera obligé de l'utiliser, qu'il lui plaise ou non. Dans ce secteur, le produit acquis sera jugé satisfaisant s'il atteint certains critères d'efficacité et d'efficience, c'est-à-dire s'il contribue à la productivité. Au contraire dans la vie courante, l'efficacité et l'efficience peuvent passer au second plan, car il n'y a pas la contrainte de l'usage ; d'autres aspects de la satisfaction, tels que l'attitude vis-à-vis du produit, ses qualités matérielles et esthétiques, le besoin ressenti, ou le plaisir qu'il procure, peuvent constituer des aspects plus déterminants dans le jugement de satisfaction.

2.3.2. L'évaluation de la satisfaction

La satisfaction vis-à-vis d'un produit correspond à une évaluation subjective, difficile parfois à mesurer et à expliquer.

En tant qu'aspect subjectif de l'utilisabilité, et comme tout aspect subjectif, cet indicateur est difficile à mesurer. Dans la plupart des cas, des échelles d'évaluation dites « subjectives » se sont imposées. A travers un questionnaire de satisfaction, l'utilisateur exprime son sentiment global sur un certain nombre d'aspects liés à l'interaction individu-produit. L'analyse des données subjectives et leur interprétation ne sont pas sans poser quelques problèmes, notamment car elles font référence à des relations complexes entre l'efficacité, l'efficience, la mémoire que l'utilisateur a de l'interaction, les besoins réels, les influences sociales relatives au groupe d'appartenance de l'utilisateur, l'utilité, les motivations, les attitudes et les prix[1].

2.4. L'apprenabilité et la mémorisation

2.4.1. Définition de l'apprenabilité et de la mémorisation

L'apprenabilité ou facilité d'apprentissage et la mémorisation sont des composantes intimement liées à l'efficience d'un système ou d'un produit. En effet, vous voyez mal comment un système facile à utiliser serait difficile à apprendre.

Pour préciser cette notion d'apprenabilité, il est pertinent de rappeler ce qu'on entend communément par apprentissage en psychologie.

Malgré l'utilisation courante du terme apprentissage, sa définition n'est pas aisée. Elle intervient dans une multitude d'activités mentales et dans des situations très diverses d'acquisitions de connaissances. Ceci étant, la majorité des théoriciens attache deux significations générales à l'apprentissage :

- D'une part, celle relative à *une amélioration stable du comportement* ou des activités intellectuelles acquises grâce au vécu expérienciel de l'individu ;
- D'autre part, celle relative à *l'ensemble de processus internes* qui sous-tendent la transformation du comportement et qui permettent les améliorations.

1. Voir le chapitre 5, § 2.1. p. 190, et notamment la partie concernant le questionnaire dans l'évaluation de l'utilisabilité.

La mémorisation quant à elle, fait référence au résultat des apprentissages, c'est-à-dire à la consolidation plus ou moins stable des connaissances en mémoire pour leur usage ultérieur. Dans cette perspective, une grande partie des mesures de l'efficience constituent aussi des mesures de la facilité d'apprentissage et de mémorisation. Il est donc parfois difficile de différencier ces composantes. Cependant des critères de mesure peuvent être proposés.

2.4.2. L'évaluation de l'apprenabilité et de la mémorisation

L'apprenabilité et la mémorisation s'appuient sur plusieurs indicateurs :

- Le niveau *de performance de l'utilisateur lors de la première utilisation ;*
- *L'amélioration et la stabilité* de la performance dans le temps ;
- Le niveau de performance après une période *d'inactivité ;*
- La nature *des processus intellectuels.*

L'apprenabilité et la mémorisation se mesurent par le niveau de performance atteint par l'utilisateur lorsqu'il utilise le produit pour la première fois...

Lors d'une première utilisation, l'interaction et l'apprentissage sont facilités par les caractéristiques intrinsèques du produit. On parle souvent de « transparence » ou « d'affordance » pour rendre compte du fait que dans la première approche d'un dispositif, les propriétés d'usage de l'objet sont si évidentes que l'utilisateur déduit correctement ce qu'il doit faire.

L'affordance d'un produit renvoie à sa capacité à être compris et utilisé sans qu'on ait besoin d'informations supplémentaires. Elle rend explicite le mode d'utilisation et, de ce fait, elle joue un rôle d'incitateur à l'action. Cette propriété est autant valable pour des systèmes techniques plus ou moins complexes que pour les produits de la vie quotidienne.

Ainsi, sur les systèmes informatiques ou électroniques, la symbolique des boutons peut rendre plus ou moins compréhensible le type d'action à exécuter. De même, la présentation des dispositifs d'ouverture de produits de la vie courante (boîtes, cartons, emballages) peut indiquer d'une façon plus ou moins claire la façon de procéder. Ceci peut être d'une importance capitale, lorsqu'on manipule des produits dangereux. Pour que cette propriété soit efficace, elle doit être en accord avec les attentes et les habitudes des utilisateurs ; ceci facilitera sa mémorisation.

La transparence quant à elle, est une notion plus générale. Elle englobe l'affordance. Elle implique la capacité du système à favoriser l'élaboration d'une représentation mentale permettant de se faire une idée de la gestion des interactions, en fournissant des repères sur les effets des actions et les résultats obtenus.

Les notions d'affordance et de transparence sont déterminantes pour les situations où l'utilisateur ne peut pas faire appel à une aide et ne peut pas bénéficier d'une formation suffisante. Elles sont également importantes pour les produits et les systèmes que l'individu n'utilisera qu'une fois ou d'une manière très circonstancielle. Les dispositifs d'achat ou de réservation de billets de train ou les dispositifs électroniques d'information qu'on retrouve dans les aéroports sont utilisés par une grande partie de la population de manière très sporadique, par exemple, au moment de départs en vacances. Il est peu vraisemblable que les individus aient le temps de se livrer à un apprentissage intensif dans ce type de situation.

...et par l'amélioration et la stabilisation de la performance dans le temps...

Une des caractéristiques de l'apprentissage est l'amélioration de la conduite de l'utilisateur ou la stabilisation de ses acquis (même si la notion de stabilité est relative). Certains apprentissages sont acquis de manière définitive (par exemple, beaucoup d'acquisitions de nature motrice) d'autres sont plus volatiles. La mesure de l'amélioration consiste à regarder si au cours des interactions successives avec le dispositif, le temps d'exécution et les nombres d'erreurs diminuent et éventuellement disparaissent, et si l'utilisateur peut se passer d'une aide externe. Ceci est valable pour la plupart des systèmes techniques, que ce soit un téléviseur, un téléphone portable, la radio de sa voiture ou un logiciel. D'un point de vue méthodologique, cela implique d'avoir la possibilité d'effectuer des mesures de la facilité d'usage dans le temps, par exemple sur une période de plusieurs semaines.

Beaucoup de produits et de systèmes techniques ne sont utilisés que de manière intermittente ou partielle : la ménagère qui utilise son robot de cuisine de temps en temps,

...ainsi que par l'évaluation du niveau de performance après une période d'inactivité (réutilisation)...

quelqu'un qui utilise le répertoire de son portable pour saisir les données d'un correspondant, l'individu qui utilise certaines fonctions d'un logiciel... Ici, on étudie spécifiquement la qualité de la mémorisation lorsque l'apprentissage a été déjà effectué une première fois. Si l'utilisateur a l'impression de devoir recommencer à chaque fois l'apprentissage, il y a fort à parier que le système propose de mauvaises conditions de mémorisation. Il est également possible de s'intéresser au nombre de fois où l'utilisateur fait appel au support technique ou à une aide extérieure après une période d'inactivité.

...et enfin aux processus intellectuels mobilisés dans l'accomplissement de l'utilisation.

Enfin, l'évaluation de l'apprenabilité et de la mémorisation fait également appel à l'étude des processus intellectuels mis en œuvre pour accomplir la tâche, et pas seulement aux variables quantitatives. Les sujets en interaction avec un système technique ont souvent l'impression de ne pas comprendre ce que fait le système. Ce phénomène peut être amplifié par l'inadéquation entre le modèle conceptuel qui leur est proposé (par la notice ou l'interface) et la manière dont ils se représentent le dispositif. Dans la plupart des cas, ils essaient de transférer les connaissances qu'ils ont déjà acquises à partir de dispositifs similaires. L'analyse des types de raisonnement et des représentations mentales mises en œuvre, soulignera les problèmes d'interaction, voire les incidents ou les accidents possibles. Ces analyses des processus intellectuels seront dirigées par des investigations portant sur les facteurs cognitifs de l'utilisation, qui sont déterminées par les objectifs que se fixe l'utilisateur, et aussi par des objets ou événements externes dans l'interaction avec les dispositifs.

« Une communication réussie dans des circonstances ordinaires n'est pas le produit de l'absence de problème, mais de leur réparation ».

Lucy Suchman.

2.5. Relations entre les différentes composantes de l'utilisabilité

Les différents composants de l'utilisabilité – efficacité, efficience, satisfaction, apprenabilité et mémorisation – ne sont pas isolés les uns des autres. En effet, plusieurs recherches ont établi des corrélations entre l'efficacité, l'efficience et la satisfaction, mais ce n'est pas toujours le cas. Globalement, ces relations peuvent s'énoncer ainsi :

- Un dispositif efficient et facile à apprendre est nécessairement efficace.
- Un dispositif efficace n'est pas nécessairement efficient.

En effet, un dispositif peut permettre d'exécuter une tâche mais au prix d'un effort important.

- Un dispositif efficace n'aboutit pas forcément à un sentiment de satisfaction. La satisfaction étant une variable complexe, l'utilisateur peut être insatisfait pour des raisons diverses même si le dispositif permet d'accomplir la tâche. Il jugera par exemple le produit comme générant trop d'incidents, ayant un mauvais rapport entre performance et prix, étant peu adaptable selon les contextes d'utilisation.
- Enfin, on peut être satisfait d'un dispositif qui n'est pas forcément efficient. Par exemple, vous pouvez être satisfait de votre magnétoscope parce qu'il restitue une bonne qualité de son et d'image, même si par ailleurs les réglages sont difficiles à effectuer. De même, vous pouvez être satisfait d'un produit pour des raisons psychosociologiques qui peuvent être liées à des effets de mode.

Cherchant un cadeau pour ses enfants, Monsieur F. lit dans un catalogue de jouets : « tente pour enfant, légère et très solide, c'est la tente la plus facile à monter. Une fois pliée, elle prend peu de place (rangée dans un sac de forme arrondie qui fait 35 cm de diamètre par 7 cm d'épaisseur). En plus, une fois sortie de son sac, elle se déploie toute seule et tient d'aplomb sans piquet ni sardine ». Monsieur F. se dit que ce produit a l'air d'être un bon cadeau : facile à manipuler, facile à ranger, facile à transporter et solide. Il fait l'acquisition de la tente, dont le prix, comparativement à d'autres sur le marché est assez élevé ; mais peu importe pourvu qu'elle tienne ses promesses !

Il rentre à la maison, il sort la tente du sac et effectivement, le jeu de ressorts, lorsqu'ils ne sont plus comprimés par le sac en nylon, fait que la tente se déplie toute seule. Jusque là ça va ! Plantée dans le salon, elle fait 75 cm par 75 cm de haut. Les enfants de Monsieur F., sont heureux de pouvoir s'amuser gaiement aux indiens.

Lorsque les enfants sont allés se coucher, Monsieur F., décide de ranger la tente. À première vue sans la notice d'utilisation, cela semble difficile. Il prend la notice et constate que c'est la même pour quatre modèles de tentes vendues par ce fabricant. Les instructions sont données en trois langues. Pour ranger la tente il n'y a que six pliages à réaliser. Monsieur F. réalise les deux pliages sans encombre, mais arrivé à la troisième étape les choses deviennent plus difficiles.

Il regarde comment il faut placer les mains pour réaliser le troisième pliage, et il constate que dans les traductions la main droite en anglais est la main gauche en français et vice versa.

Le pliage de la tente requiert de l'utilisateur qu'il aboutisse à trois anneaux de 35 cm de diamètre qui doivent se superposer pour pouvoir rentrer dans le petit sac en toile. Après plusieurs tentatives infructueuses et en entendant les craquements des ressorts, par peur d'abîmer le produit, Monsieur F. se résigne à ranger la tente avec les deux premiers pliages, ce qui prend quand même une surface assez importante. Monsieur F. qui avait pensé emmener la tente chez ses beaux-parents, devra se résigner aussi, car elle prend trop de place dans le coffre de la voiture. Quelques jours plus tard, un enfant de 7 ans qui était de passage à la maison sauta sur la tente et cassa les ressorts. La tente ne pouvait plus être ni démontée ni rangée ! Monsieur F. n'étant pas satisfait du produit retourna au magasin, pour échanger la tente en arguant qu'elle avait un défaut de fabrication !

Cet exemple permet d'illustrer les rapports complexes entre les composantes de l'utilisabilité :

- Effectivement, la publicité n'était pas mensongère puisqu'elle ne faisait référence qu'au montage de la tente ; en ce sens, le produit était efficace (la tente se dépliait) et efficient (la tente s'est dépliée facilement).
- Cependant, une tente n'est pas faite pour rester montée, surtout si on habite dans un appartement ou si on veut l'emmener à la plage ou en pique-nique. Par rapport à cela, la publicité était muette. Monsieur F. peut donc considérer, compte tenu de ses propres usages, que le produit ne satisfait qu'à moitié les critères d'efficacité et d'efficience.
- En termes d'apprentissage, ce qui importe pour ce type de produit c'est la première utilisation : on peut considérer qu'une fois que Monsieur F. aura plié correctement la tente, il s'en souviendra par la suite. Mais Monsieur F. n'y arriva jamais ! Cet exemple illustre aussi le manque d'utilisabilité de la documentation.
- Enfin, en termes de satisfaction, Madame F. n'est pas contente d'avoir ce produit encombrant qu'elle doit ranger derrière un buffet. Pour le prix payé, la famille F.

aurait pu s'acheter trois tentes, certes, moins faciles à ouvrir, mais peut-être plus faciles à ranger et à transporter. *In fine*, les enfants auraient pu casser trois tentes !

3. Utilisabilité, utilité et acceptabilité

« …the major indicator of usability is whether a product is used… »

Ken Eason.[1]

Vous venez de comprendre que l'utilisabilité est finalement quelque chose d'assez simple qui se résume à l'addition de l'efficacité, de l'efficience, de la satisfaction, de l'apprenabilité et de la mémorisation. En appliquant assez basiquement ces critères, vous vous dites peut-être que vous allez pouvoir réaliser des produits faciles à utiliser… Malheureusement pour vous, ce n'est pas aussi simple. Le fait de satisfaire ces critères ne garantit en rien leur acceptabilité et leur usage effectif. Dommage !

Dans la grande entreprise où travaille Monsieur F., la direction a installé un logiciel intranet pour la gestion de projets, censé être utilisé et renseigné par tous ceux qui sont impliqués dans des programmes de développement. Après quelques mois d'implantation, la direction a constaté que pratiquement personne n'utilisait le logiciel.

Au premier abord, on a pu penser que cela était dû à des problèmes d'utilisabilité. En effet, un cabinet d'ergonomie engagé par la direction, a diagnostiqué des problèmes liés à la présentation de l'interface et du contenu. Certains de ces éléments ont pu être corrigés.

Cependant, en allant voir de plus près ce que pensaient les utilisateurs, la réponse souvent obtenue était qu'ils ne voyaient aucune utilité à ce nouveau produit et qu'ils disposaient déjà d'autres outils plus maniables et qui demandaient moins d'investissement pour effectuer le même travail. Une autre raison évoquée était l'insuffisance de la formation à ce nouveau logiciel. Elle ne permettait pas de se familiariser avec l'ensemble des fonctionnalités du système. Enfin, les utilisateurs regrettaient de ne pas avoir été associés aux discussions concernant la mise en place de ce logiciel et aux changements d'organisation de l'activité souhaités par la direction… Fallait-il s'étonner que les utilisateurs ne se sentent pas concernés par ce logiciel ?

1. « …l'indicateur le plus important de l'utilisabilité d'un produit, est son usage effectif ». Ken Eason.

Cet exemple va nous permettre de souligner que l'utilisabilité n'est pas l'utilité, pas plus que l'utilisabilité n'est l'acceptabilité, et ce malgré les relations de proximité entre ces trois notions.

Du côté des publications
Shackel, 1991

Dans un de ses ouvrages, Shackel (1991) considère que l'acceptabilité d'un produit est une équation impliquant les relations entre fonctionnalités, utilisabilité et prix. Mais cela ne suffit pas. Il faut rajouter l'utilité ressentie par l'individu vis-à-vis du produit. Aussi, pour comprendre pourquoi un produit est accepté, nous faut-il comprendre les paramètres qui interviennent dans l'acceptation, à commencer par les fonctionnalités.

L'acceptabilité d'un produit peut dépendre de la relation entre fonctionnalités proposées et leur facilité d'usage.

La fonctionnalité se réfère à l'ensemble des facilités offertes par un dispositif qui permet d'accomplir les tâches de l'utilisateur. Certains produits d'une même gamme proposent plus de fonctions que d'autres. Ainsi, certains fours à micro-ondes permettent seulement de chauffer des plats, d'autres de faire de grillades, d'autres de cuire avec la fonction « chaleur tournante », d'autres enfin, de faire des frites avec la fonction « crisp ».

Le fait de proposer des fonctionnalités est un critère nécessaire pour l'acceptabilité d'un produit, mais non suffisante si l'individu n'arrive pas à les utiliser, les utilise avec beaucoup d'efforts ou simplement s'il n'arrive pas à les découvrir. L'intérêt des fonctionnalités réside donc dans l'appropriation exacte du dispositif à un but utilitaire, par la définition et/ou la réalisation d'un certain nombre d'activités exercées, directement ou indirectement, par le dispositif technique.

Dans cette perspective, l'acceptabilité d'un produit dépendra de la relation entre ses fonctionnalités et leur facilité d'usage. Mais ce seul critère d'adaptation des fonctionnalités n'est pas encore suffisant pour expliquer l'acceptabilité. En effet, les produits peuvent posséder les fonctions requises et être facilement utilisables sans que pour autant le produit soit accepté par le consommateur ou l'utilisateur. Il faut d'abord que le produit satisfasse certains besoins, c'est-à-dire qu'il soit avantageux, bon, nécessaire, profitable, indispensable, voire salutaire pour lui-même ou son entreprise.

Dans l'entreprise de Monsieur F., l'usage du logiciel de suivi de projets n'est pas considéré comme utile, au sens de nécessaire ou indispensable, car les responsables de projets possèdent déjà d'autres outils pour accomplir les mêmes tâches avec moins d'effort, même si la direction pense le contraire et qu'elle pourrait imposer son usage. Dans ce cas, elle considérerait qu'un produit peut être utile pour les autres (la société, l'entreprise, etc.) sans que pour autant un individu en particulier le considère utile pour lui-même (tout le monde n'a pas envie de se sacrifier pour le bien commun). Cependant, la direction de cette entreprise sait qu'en imposant un produit elle risque de renforcer les attitudes négatives. Elle optera pour une démarche participative qui associera les utilisateurs au projet.

Dans le même ordre d'idées, la ménagère, à qui on propose un robot multifonctions pour préparer ses plats, peut considérer qu'elle n'a pas besoin de ce dispositif complexe, si la seule tâche est de préparer une mayonnaise. Dans ce cas, la ménagère préférera un batteur électrique tout simple, plutôt qu'un produit qui encombre son placard et dont le maniement et le nettoyage peuvent s'avérer compliqués.

La recherche de l'utilité repose sur la connaissance des besoins des utilisateurs.

Tout le problème de l'utilité est de définir les besoins des utilisateurs (ce qui n'est pas simple, tant la notion renvoie à des situations très diverses), ou parfois de créer ceux-ci : c'est essentiellement la tâche de la publicité et des services de marketing.

La nature du produit (connu, émergent) et l'expérience avec des produits similaires, sont des facteurs importants pour l'appréciation de leur utilité et pour leur acceptabilité.

L'acceptabilité d'un produit en termes d'utilité n'est pas la même en fonction de la nature du produit. Certains produits sont des produits qu'on pourrait qualifier « d'usage naturel », car ils font partie de notre cadre de vie et leur utilité a été éprouvée par la plupart d'entre nous (machine à laver, cuisinière, etc).

D'autres sont des produits émergents pour lesquels l'utilisateur, faute d'emploi, ne possède pas de repères. Dans ce dernier cas, l'utilité fait partie d'un processus d'apprentissage, direct ou indirect, et d'acceptation sociale qui requiert parfois quelques années avant de permettre un usage évident. On peut penser au minitel en France qui, après quelques années est devenu un outil d'usage domestique, ou au téléphone portable dont l'usage dans la société occidentale s'est généralisé. La transition peut aussi se faire plus facilement lorsque le nouveau produit se situe dans la continuité des produits existants (par exemple, le four à micro-ondes auquel on ajoute des fonctions supplémentaires).

L'apprentissage de l'utilité peut être aussi canalisé et parfois forcé par les entreprises, les institutions ou les décideurs sociaux : telle entreprise décide de ne plus fabriquer tel produit ou d'arrêter le service après-vente de celui-ci, de sorte que le consommateur est obligé de se rabattre sur un autre qu'il ne connaît pas. Telle institution a supprimé ses renseignements téléphoniques et a mis à la place un serveur vocal, un service minitel ou Internet. Dans tel service public, après une certaine heure, il n'y a plus de vendeur et vous êtes obligé d'utiliser le distributeur automatique. Dans ce beau village de campagne, il n'y a plus de cabine téléphonique et vous avez dû acheter un téléphone portable... Cette liste d'exemples d'utilité forcée est bien longue... Elle souligne les choix socio-économiques opérés à certaines époques.

L'acceptabilité englobe l'utilité et l'utilisabilité mais ne se réduit pas à ces composantes.

En somme, pour rendre compte de l'usage ou du non-usage de produits, services ou systèmes techniques il faut se questionner sur leurs conditions d'acceptabilité. L'acceptabilité englobe l'utilité et l'utilisabilité sans que pour autant l'acceptation d'un produit soit limitée à ces deux composantes ; d'autres variables comme le prix, la valeur affective ou sociale associées au produit, etc. peuvent être aussi déterminantes.

4. Perspectives et avancées de l'utilisabilité

Comme nous vous l'avons indiqué en introduction de ce chapitre, l'utilisabilité s'est développée à partir des recherches expérimentales concernant l'interaction homme-ordinateur dans les années 1960-70, avec comme objectif de proposer des principes ou des règles générales d'adéquation entre les dispositifs techniques et les capacités cognitives des utilisateurs. C'est ainsi qu'un certain nombre de règles de conception concernant principalement la mémoire et la perception avaient été avancées. De ces travaux initiaux et originaux allaient émerger de très nombreuses recherches gravitant autour de l'usage. Pour ce qui concerne les orientations actuelles, elles prennent les formes des courants de :

– L'ingénierie de l'utilisabilité ;
– La conception centrée sur l'utilisateur;
– La conception universelle ;
– La conception inclusive sensible à l'utilisateur ;
– Et la conception inclusive holistique.

Examinons ce que ces approches désignent.

4.1. L'ingénierie de l'utilisabilité

Du côté des publications
Tyldesley, 1990

L'ingénierie de l'utilisabilité a été définie par Tyldesley (1990) comme « le processus permettant de définir l'utilisabilité d'un produit quantitativement et à l'avance ». L'utilisabilité y est envisagée à partir d'un certain nombre de spécifications, déterminées dans les premières étapes de la conception, que doivent satisfaire les produits et dont l'adéquation est testée à partir d'un processus itératif de tests de prototypes. Le processus itératif de test continue tant que les niveaux de performance ou d'utilisabilité fixés par les spécifications ne sont pas atteints. Il s'agit cependant d'une démarche où prime le concept de l'ingénieur ; l'utilisateur est surtout sollicité lors des tests : il n'est là que pour confirmer ou infirmer les concepts issus des réflexions des ingénieurs, sans être une source de créativité. Un certain nombre de techniques de mesure de l'utilisabilité appliquent encore cette démarche.

Emergente dans les années 1980, l'ingénierie de l'utilisabilité (usability engineering) s'est surtout développée dans l'industrie avec des objectifs clairement pratiques et commerciaux (et pas théorique ou scientifique).

4.2. La conception centrée sur l'utilisateur

Progressivement l'idée d'intégrer l'utilisateur à tous les niveaux du processus du développement s'est imposée.

La conception centrée sur l'utilisateur va encore renforcer le rôle de l'utilisateur et l'intégrer à tous les niveaux du processus du développement d'un nouveau produit. Cette démarche implique :

– La prise en compte des besoins des utilisateurs potentiels et de leurs caractéristiques différentielles lors de la conception d'un produit (capacités cognitives et physiques, mémoire, perception, expérience, etc.) ;

– L'implication et la participation active de l'utilisateur final au cours des différentes phases du développement du produit jusqu'à la sortie de celui-ci sur le marché.

Selon les options théoriques et méthodologiques, la manière dont l'utilisateur final est pris en compte peut revêtir des formes variées :

– Utilisateur en tant qu'individualité qui le distingue d'autres par certaines caractéristiques, et parmi celles-ci, les handicaps et les déficits sensoriels, moteurs, cognitifs ou sociaux ;
– Utilisateur en interaction avec le contexte dans lequel son activité se déroule ou se déroulera ;
– Utilisateur en tant qu'individu qui évolue dans un milieu social et interagit avec les autres dans l'exécution de tâches (activités coopératives) ;
– Utilisateur doté d'un niveau d'expertise plus ou moins élevé et d'une capacité d'adaptation plus ou moins importante par rapport aux tâches (flexibilité) ;
– Enfin, utilisateur ancré socialement (valeurs, attitudes, plaisir, etc.).

« Universal design is the design of products and environments to be usable by all people, to the greatest extent possible, without the need for adaptation or specialized design ».

Ron Mace.[2]

Selon ces orientations, l'utilisateur occupe une place centrale, mais le regard qu'on lui porte est dirigé par les objectifs de la conception et les choix des concepteurs.

4.3. Conception universelle – Conception pour tous – Conception inclusive

L'emploi du terme « conception universelle » ou « conception pour tous » est sans doute abusif, car il semble évident qu'on ne peut pas développer un produit qui s'adresse à tous les individus, tant ils diffèrent par leurs caractéristiques et les contextes d'utilisation. Il n'existe pas de produit universel ![1]

1. Nous faisons bien la différence entre un produit universel et un produit mondial : une voiture mondiale se retrouve dans tous les pays du monde ; une voiture universelle peut être utilisée par toutes les personnes du monde, y compris les tétraplégiques !
2. « La conception universelle est la conception de produits et d'environnements qui soient utilisables par tous, le plus largement possible, sans avoir besoin d'adaptation ou d'une conception spécialisée ». Ron Mace.

Ce terme se réfère plutôt à un état d'esprit. Il s'agit d'une approche qui vise à prendre en compte le maximum d'utilisateurs et le maximum de contextes d'utilisation au moment de la conception et du développement d'un produit, en tenant compte de la viabilité économique du projet. Certains préfèrent utiliser la notion de « conception inclusive » pour désigner le fait que des minorités sont prises en compte dans la conception d'un produit qui s'adresse au plus grand nombre.

Il est impossible de concevoir des produits faciles à utiliser par tous, mais on peut concevoir des produits pour le plus grand nombre.

La conception pour tous, vise à réunir deux démarches souvent opposées, à savoir :

- La conception de produits destinés à l'individu moyen, ordinaire, bien portant ;
- La conception de produits destinés aux personnes handicapées ou souffrant d'un déficit moteur, sensoriel, social ou cognitif, plus ou moins sévère.

« ...inclusive design is a moral and, increasingly, a commercial imperative ».

Patrick W. Jordan.[1]

L'approche de la « conception pour tous » ou de la « conception inclusive » essaie d'intégrer ces deux démarches. Elle soutient l'idée que si l'on conçoit un produit accessible aux personnes les plus handicapées alors le produit résultant sera aussi accessible aux personnes avec des déficits mineurs et aux personnes bien portantes. Le handicap est donc vu comme source d'innovation généralisable, sous certaines conditions, à la population normale.

En fonction de la situation, nous pouvons nous trouver tous dans une situation de handicap.

L'objectif d'une démarche « conception pour tous » permet bien sûr de répondre à des questions d'ordre éthique, de réduire l'exclusion de certaines catégories de la population, et de favoriser l'accessibilité à des nouveaux produits pour le plus grand nombre. Mais en arrière-plan il y a aussi l'idée qu'il n'existe pas de coupure radicale entre personnes plus ou moins handicapées ou déficitaires sur des aspects cognitifs, moteurs ou perceptifs, et les personnes bien portantes, mais plutôt une continuité (Newell & Gregor, 2001). Il existe bien sûr des personnes reconnues officiellement comme handicapées, mais avec l'âge et l'augmentation de l'espérance de vie, les déficits fonctionnels ne cessent de s'accroître pour tous.

Voir encadré 2.a.

1. « ...la conception pour tous est un impératif moral et de plus en plus commercial. » Patrick W. Jordan.

Encadré 2.a. **Représentation graphique des pourcentages de personnes atteintes de déficits fonctionnels en fonction de classes d'âge aux USA**

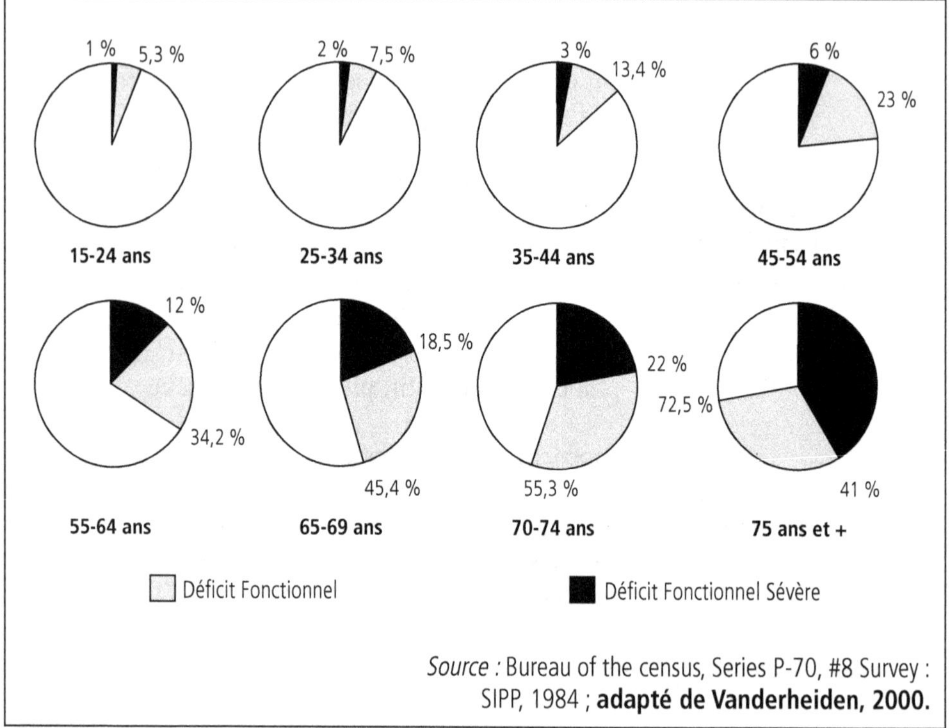

Source : Bureau of the census, Series P-70, #8 Survey : SIPP, 1984 ; **adapté de Vanderheiden, 2000.**

Du côté des publications
Newell, 2001

Une autre idée de cette approche est d'estimer que l'utilisateur moyen ou l'usager bien portant peut se trouver dans un état de handicap en fonction des contextes dans lequel il évolue. Le développement rapide des nouvelles technologies de l'information, et surtout des dispositifs portables ou miniaturisés, pose des problèmes d'utilisabilité à la fois pour les personnes âgées, les personnes handicapées et les personnes bien portantes qui se trouvent dans des conditions de travail ou d'exécution de tâches difficiles. Dans ce cadre, Newell (2001) développe l'idée « d'interaction ordinaire » et « d'interaction extra-ordinaire » pour faire le parallèle entre des personnes ordinaires se trouvant dans des contextes extraordinaires (conditions de travail inadaptées) et des personnes extraordinaires (handicapées) se trouvant des contextes ordinaires. Par

Voir encadré 2.b.

conséquent, cette approche souligne que le handicap n'existe pas en tant que tel, mais que ce sont les situations qui sont handicapantes.

Encadré 2.b. **Tout le monde peut se trouver en situation de handicap. Adapté de Vanderheiden (2000)**

Type d'exécution de la tâche	***Personnes avec un déficit***	***Personnes sans déficit mais sous contraintes environnementales***
Sans vision	Aveugles	Ayant leur vision occupée par une autre tâche (par exemple, conduire et téléphoner). Qui sont dans l'obscurité (par exemple, conduite ou travail de nuit).
Avec vision défectueuse	Avec un déficit visuel	Qui utilisent des dispositifs portables ou miniaturisés (par exemple, dispositifs de type PDA, téléphones portables, euro-calculateurs, ou simplement un document mal photocopié. etc.). Qui sont dans des environnements peu lumineux.
Sans audition	Sourdes	Qui sont dans des environnements trop bruyants (par exemple, dans une usine fabriquant des pièces de tôlerie automobile). Qui ont leur canal auditif occupé par une autre tâche (par exemple, standardistes). Qui sont forcés de travailler en silence (par exemple, en bibliothèque).
Avec audition réduite	Malentendantes	Qui sont dans des environnements trop bruyants.
Avec dextérité manuelle réduite	Avec un handicap physique	Qui évoluent dans des environnements physiquement contraignants (par exemple, les personnes travaillant dans des espaces glissants, réduits, avec des équipements vestimentaires contraignants, mais aussi lorsqu'on travaille avec des dispositifs de saisie de données inadaptés : touches trop petites ou trop près les unes des autres, ou commandes difficilement accessibles).

…/…

…/…

Avec cognition limitée	Avec un déficit cognitif	Qui sont interrompues dans la tâche en cours Qui sont stressées ou paniquées Qui sont sous l'influence de drogues ou médicaments.
Sans lecture et /ou sans compréhension /production	Avec un déficit cognitif	Qui se trouvent en situation d'illettrisme. Qui se trouvent dans un pays étranger ou avec des documents dans une langue étrangère. Qui se trouvent dans l'impossibilité passagère de lire.

L'encadré 2.b. fait apparaître que la conception d'un produit doit tenir compte à la fois de l'utilisateur et du contexte d'utilisation, qu'il soit physique ou social. La prise en compte de tous les facteurs du contexte permet d'orienter la démarche de conception et de choisir les priorités.

A certains égards, la conception pour tous est une approche très ambitieuse. Elle a donné lieu à plusieurs critiques, entre autres :

- Le fait de vouloir satisfaire tous les utilisateurs peut aboutir à un produit qui ne satisfasse personne, tant la diversité des utilisateurs est importante ;
- Diriger la conception en partant des utilisateurs les plus démunis sur le plan physique peut amener à des produits simplistes ou mal adaptés pour d'autres catégories d'utilisateurs.
- Enfin, centrer la conception sur des utilisateurs ayant des déficits peut s'avérer contre-productif pour les autres et, par voie de conséquence freiner l'innovation à long terme.

Voir encadré 2.c.

Malgré ces critiques, le fait de tenir compte dans le processus de conception de certaines minorités ou de certains handicaps, s'accompagne également de bénéfices pour les individus bien portants. C'est le cas de la télécommande du téléviseur qui au départ avait été conçue pour des personnes ayant des déficits moteurs et qui actuellement fait partie intégrante d'un très grand nombre de dispositifs de consommation.

De même, améliorer l'accès à l'ascenseur ou à des bâtiments pour les personnes handicapées se déplaçant en fauteuil roulant, peut profiter aussi aux adultes transportant des enfants dans une poussette ou aux personnes âgées.

Un dernier mérite de cette approche est d'avoir ouvert la voie vers une réflexion sur la nécessité de standardiser et de normaliser des produits, de manière à ce qu'ils soient facilement utilisables, pas par tous, mais par le plus grand nombre.

Encadré 2.c. **Les 7 principes de la conception universelle** (Centre pour la Conception Universelle de l'Université de Caroline du Nord[1])

Un des objectifs de la conception universelle est de proposer des règles qui servent de guide pour la conception de produits et de services facilement utilisables par la plupart d'entre nous. Voici les sept principes qui sont le plus souvent avancés :

- Utilisation équitable – Le produit doit être utile et abordable (en termes de prix) pour les gens ayant des aptitudes et des compétences différentes.
- Flexibilité d'utilisation – Le produit doit s'adapter à un éventail assez large de préférences et d'aptitudes individuelles.
- Utilisation simple et intuitive – L'utilisation du produit doit être facile à comprendre, indifféremment de l'expérience de l'utilisateur, de sa connaissance, de ses compétences langagières et de son niveau d'attention.
- Information perceptible – Le produit doit transmettre l'information nécessaire de manière efficace, indifféremment des conditions ambiantes ou des aptitudes sensorielles de l'utilisateur.
- Tolérance aux erreurs – Le produit doit minimiser les dangers et les conséquences néfastes des actions accidentelles ou non intentionnelles.
- Faible effort physique – Le produit doit pouvoir être utilisé efficacement et confortablement et avec un minimum de fatigue.
- Taille et espace adaptés pour approcher et utiliser le produit – On doit pouvoir approcher, atteindre, manipuler et utiliser un produit indifféremment de la taille de l'utilisateur, de sa posture ou de sa mobilité.

Chacun de ces principes est complété ensuite par des recommandations plus spécifiques (guidelines).

1. Http://www.design.ncsu.edu/cud/index.html.

4.4. Conception inclusive sensible à l'utilisateur (User sensitive inclusive design)

Du côté des publications
Newell et Gregor, 2000 et 2001

Une variante de la conception pour tous a été proposée par Newell et Gregor (2000, 2001) à partir de la comparaison entre « la conception centrée utilisateur » pour les personnes bien portantes et celles présentant des déficits.

Ces auteurs ont souligné les particularités de la conception pour les personnes à besoins spécifiques :

- une grande diversité d'utilisateurs et de besoins en fonctionnalités ;
- des conflits d'intérêt entre les personnes souffrant de différents handicaps (par exemple, la texture du sol peut aider les personnes aveugles à se repérer, mais causer des problèmes aux personnes en fauteuil roulant) ;
- des situations si spécifiques que la conception pour tous n'est pas toujours la réponse adaptée ;
- une nécessité de spécifier exactement les caractéristiques des groupes d'utilisateurs identifiés et des fonctionnalités souhaitées.

Du côté des publications
Newell et Gregor, 2000
Brangier et Pino, 2000a et b

Tout en suivant une approche de conception inclusive, Newell et Gregor (2000) proposent la terminologie de « conception sensible à l'utilisateur », pour souligner l'impact des différents facteurs précités sur le processus de conception. Ces auteurs développent également une démarche pluridisciplinaire qui intègre les personnes handicapées au processus de conception – aussi bien en tant que consultants qu'en tant qu'utilisateurs cibles – et en faisant appel aux cliniciens compétents. Cette approche inclusive n'est pas sans faire surgir quelques problèmes de méthodologie et des problèmes d'éthique lorsqu'on intègre des personnes handicapées dans le processus de conception, notamment :

- L'incapacité de certains (aphasiques, tétraplégiques...) à communiquer leurs pensées et besoins (Brangier & Pino, 2000a et b) ;
- La difficulté d'obtenir un consentement éclairé de leur part pour participer à une recherche ou au processus de conception ;

– Les conflits entre bénéfices apportés et coûts économiques, ou simplement le fait que l'utilisateur ne soit pas l'acheteur final (comme c'est le cas pour la plupart d'équipements institutionnels) ;
– Les conflits entre les droits des handicapés qui sont de plus en plus soutenus par des associations ou des chartes nationales et internationales et les objectifs de recherche et les contraintes méthodologiques.

Lors de la conception d'un produit, il faut préciser les objectifs de l'utilisabilité et les hiérarchiser selon leur priorité.

Du côté des publications
Vanderheiden, 2000

Pour résoudre ces problèmes et concevoir des produits flexibles et réalistes, Vanderheiden (2000) considère qu'il est nécessaire de définir les objectifs de l'utilisabilité et de les hiérarchiser en fonction de leur priorité.

Il propose trois indicateurs de priorité sur lesquels s'appuyer :
– *Accessibilité/utilisabilité* – Le concepteur doit tenir compte des caractéristiques du produit qui peuvent poser des problèmes d'utilisabilité pour un groupe d'utilisateurs-cibles donné, et notamment celles qui rendraient le produit inutilisable pour certains.
– *Indépendance vs codépendance* – Il s'agit de la prise en compte de l'interaction entre l'utilisateur et son contexte social d'utilisation. Les concepteurs doivent examiner les situations dans lesquelles l'utilisateur possède les compétences ou les capacités pour agir seul, et celles où il a besoin d'une aide technique ou humaine. Il s'agit selon les cas de privilégier l'indépendance de la personne ou au contraire de réfléchir aux moyens de codépendance entre la personne et son environnement socio-affectif. L'importance et la nature de l'assistance apportée à l'utilisateur sont donc envisagés à ce niveau. Ce niveau s'attache à mesurer l'importance du support technique (notices, manuels d'utilisation, etc.) qui accompagne le produit. Certains produits sont difficilement utilisables ou partiellement exploités, parce que la documentation qui les accompagne est incomplète ou confuse.
– *Efficience vs urgence* – Le concepteur doit tenir compte du rapport entre efficience (facilité d'accomplissement de la tâche) et contraintes temporelles. Certaines tâches peuvent être exécutées au rythme personnel de l'utilisa-

teur sans affecter le résultat (par exemple, téléphoner de chez soi à un ami). Dans d'autres cas des tâches sont temporellement contraintes, le résultat peut dépendre du temps consacré aux opérations (par exemple, utiliser les bornes téléphoniques sur l'autoroute à la suite d'un accident). Le rapport entre efficience et temps d'exécution de la tâche peut avoir des incidences importantes en termes de productivité et de sécurité, notamment lorsque la situation requiert un temps de réponse bref (par exemple, actionner une alarme dans l'entreprise Scibois encadré 1.d.). Globalement, le compromis entre l'efficience et l'urgence est favorisé par trois facteurs : la réversibilité des actions ; l'importance des conséquences des opérations erronées pour la personne ou pour le système technique ; et la capacité de l'individu à ajuster ses actions lorsqu'il opère sous contrainte temporelle.

4.5. Conception inclusive holistique

Du côté des publications

Jordan, 1999, 2001
MacDonald, 1998
Jordan et Servaes, 1995
Fulton, 1993

Une autre variante de la conception inclusive est celle développée par le courant de l'ergonomie de produits d'inspiration anglo-saxonne (Jordan, 1999, 2001 ; MacDonald, 1998 ; Jordan et Servaes, 1995 ; Fulton, 1993). Ce courant considère que les approches classiques de l'utilisabilité sont insuffisantes pour rendre compte de l'acceptabilité d'un produit. Selon ces auteurs, l'utilisateur n'est pas réductible à des caractéristiques cognitives et physiques, mais doit être pris dans sa globalité (personnalité, aspirations, valeurs, angoisses, peurs, motivations, etc.). Pour Jordan (1999) l'utilisation d'un produit a pour objectif principal de satisfaire un besoin et la recherche du plaisir liée à l'assouvissement de ce besoin. Pour développer son argumentaire, il se fonde sur la hiérarchie de besoins développée par Maslow et sur les principes de fonctionnement de cette hiérarchie. Selon ce psychologue humaniste, il existe une hiérarchie des besoins chez l'individu qui correspond à une tendance qu'a l'individu pour accomplir son développement. Parmi ces besoins, en commençant par le bas de la hiérarchie, se trouvent les besoins physiologiques, ensuite les besoins de sécurité, les besoins d'appartenance familiale et sociale, les besoins cognitifs, les besoins d'estime de soi, et enfin, tout en haut de la hiérarchie, le besoin de s'actualiser et de se réaliser. Le prin-

> « ...products are not merely tools. Products are living-objects with which people have relationships. Products are objects which can make people happy or angry, proud or ashamed, secure or anxious... they have personality ».
>
> **Patrick W. Jordan.**[1]

cipe de fonctionnement de cette hiérarchie est simple : l'individu aura tendance à satisfaire les besoins de base avant de satisfaire les besoins plus élevés.

Jordan (1999) fait un parallèle entre cette hiérarchie des besoins de Maslow, et les besoins que l'on peut rechercher dans l'utilisation de produits et de systèmes techniques. Ces besoins, organisés de manière hiérarchique, sont de trois types : recherche de fonctionnalités, recherche d'utilisabilité, recherche de plaisir (encadré 2.d.). Ces besoins peuvent déjà exister, mais souvent le développement des produits et de systèmes techniques vise aussi à créer de nouveaux besoins.

Encadré 2.d. **Satisfaction de besoins associés à un jouet pour enfant**

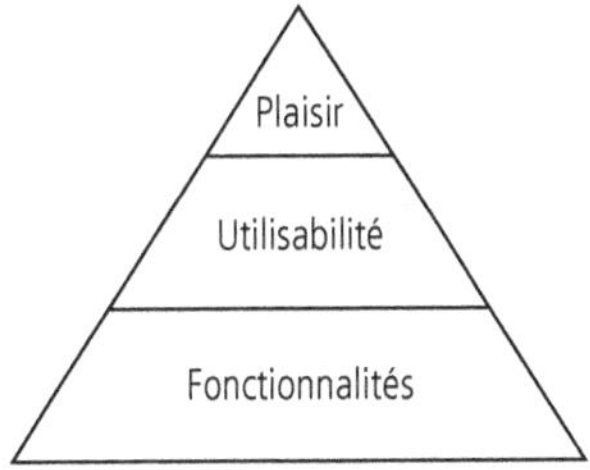

Besoins de fonctionnalités : beaucoup de publicités sur les jouets portent sur ce type de besoin, en mettant l'accent, par exemple, sur la présence de composantes permettant de développer les capacités motrices et cognitives des enfants.

Besoins d'utilisabilité : les parents veillent aussi à ce que les jouets soient adaptés pour un âge donné, pour éviter la frustration ou l'abandon chez l'enfant ; mais aussi, qu'ils soient faciles à ranger, à plier et à transporter.

Besoins de plaisir : le plaisir peut provenir de l'attrait par la nouveauté du jouet, ou correspondre à une question de désirabilité sociale, liée parfois à des effets de mode ou à l'appartenance à un groupe (par exemple, tous les enfants à l'école portent des objets avec telle ou telle marque distinctive).

1. « Les produits ne sont pas uniquement des outils. Les produits sont des objets vivants avec lesquels les personnes ont des relations. Les produits sont des objets qui peuvent rendre l'individu heureux ou furieux, orgueilleux ou honteux, sécurisé ou anxieux... Ils ont une personnalité » Patrick W. Jordan.

Selon la conception inclusive holistique, les spécialistes de l'ergonomie ne peuvent pas se contenter d'étudier les utilisateurs potentiels en termes d'aptitudes physiques et cognitives, mais doivent tenir compte, pour expliquer l'acceptabilité d'un produit, de la relation que l'utilisateur entretient avec celui-ci en fonction des valeurs qu'il véhicule.

Selon Jordan (1999), pour accomplir leurs objectifs, le premier besoin des utilisateurs est d'avoir des fonctionnalités. Sans fonctionnalité, le produit ou le système n'est pas efficace. A un niveau supérieur de la hiérarchie, l'individu voudra des produits, non seulement efficaces, mais aussi efficients. C'est ce qu'on peut entrevoir par la demande croissante de facilité d'usage des produits, qui a donné lieu au développement des approches et des méthodologies de mesure de l'utilisabilité. Enfin, une fois ce besoin d'utilisabilité satisfait, l'individu ne se contente pas des bénéfices fonctionnels du produit, mais il recherchera également d'autres avantages ou plaisirs :

- Plaisirs physiques : en rapport avec la relation corporelle et dérivés de nos organes sensoriels.
- Plaisirs psychologiques : obtenus par l'accomplissement d'une tâche lorsque le résultat est satisfaisant ;
- Plaisirs sociaux : procurés par les interactions avec les autres individus. L'usage de certains produits en situation sociale peut constituer un signe d'appartenance sociale ;
- Plaisirs idéologiques : les produits, de par leur présentation peuvent véhiculer certaines valeurs, et leur usage être un indicateur de l'appartenance idéologique de la personne (par exemple, consommation de produits biodégradables et le mouvement écologiste).

Du côté des publications

Manzini, 1988
MacDonald, 1998
Griffiths et al., 2002

D'autres axes de recherche qui débordent le cadre de l'utilisabilité, mais inclus dans une approche holistique, s'intéressent aussi au langage ou à la sémantique véhiculée par le produit. Les produits ne transmettent pas seulement des informations d'ordre physiologique ou sensoriel, mais aussi des valeurs culturelles et sociales. Manzini (1988) fait le parallèle entre le poids et la forme d'un produit et les valeurs associées (par exemple, un objet avec un faible poids, mais gros, peut être associé à la valeur « fragile », et un objet lourd mais de forme aplatie à une valeur de « bonne qualité »). D'autres chercheurs, tels que MacDonald (1998) s'intéressent aussi aux valeurs véhiculées par l'esthétique du produit et les attitudes vis-à-vis de celle-ci.

Voir encadré 2.e.

Encadré 2.e. **La relation aux dispositifs techniques : l'exemple du téléphone portable i-mode**

Dans une étude traitant de l'usage de dispositifs mobiles de type i-mode, Griffiths et *al.*, (2002) mettent en évidence la relation entre les attitudes et les fonctionnalités. Selon ces auteurs, les fonctionnalités proposées par les téléphones mobiles de type i-mode peuvent être analysées en tenant compte de deux dimensions : la dimension « ludique/pratique », et la dimension « instrumental/symbolique ». La combinaison de ces deux dimensions permet de délimiter quatre catégories de fonctions correspondant aux services proposés :

- La catégorie ludique vs instrumental, permet de définir l'environnement de jeux. Le téléphone est utilisé pour jouer.
- Dans la catégorie pratique vs instrumental, le téléphone est utilisé strictement pour sa fonction traditionnelle, communiquer avec les autres.
- La catégorie ludique vs symbolique, associe le téléphone mobile à un environnement de loisirs.
- La catégorie symbolique vs pratique, permet de relier le téléphone mobile à d'autres éléments définissant l'identité pratique de l'usager, dont l'expression la plus typique est celles des habitudes de travail.

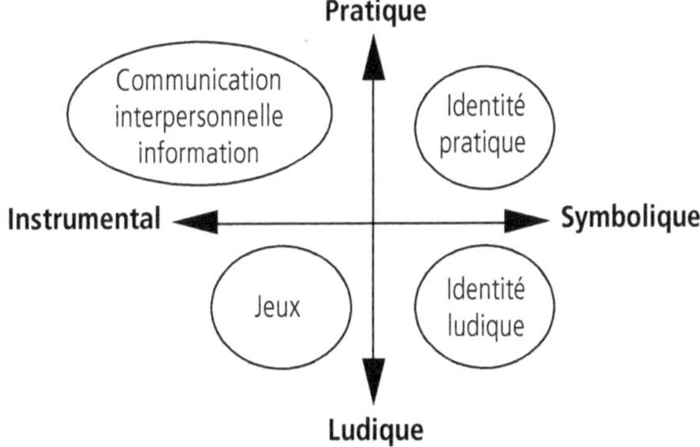

Ainsi, les auteurs remarquent que la relation aux dispositifs mobiles est en train d'évoluer d'un usage purement instrumental vers un usage plus symbolique (possibilité de personnaliser l'outil, devenant un objet parmi d'autres de la construction de l'identité), et d'un usage pratique (communiquer) vers un usage plus ludique (jeux, loisirs). Ces nouvelles possibilités relationnelles offertes par les dispositifs portables conduisent, selon les auteurs, à différentes attitudes des utilisateurs vis-à-vis du produit en fonction des fonctionnalités privilégiées.

…/…

.../...

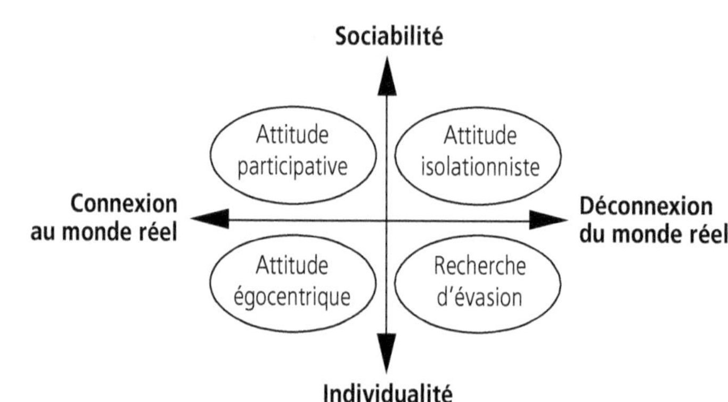

Comme pour les fonctions, les attitudes des utilisateurs peuvent aussi être analysées selon deux dimensions : une dimension « sociabilité vs individualité », et une dimension « connexion au monde réel vs déconnexion du monde réel » ; la combinaison de ces deux dimensions permettant de délimiter quatre catégories d'attitudes :

– *La catégorie sociabilité/connexion au monde réel*, correspond aux services téléphoniques traditionnels permettant d'établir une communication directe et une relation sociale participative (y compris pour les services « chat »).
– *La catégorie connexion au monde réel/individualité,* correspond aux services permettant d'effectuer soi-même une recherche de renseignements (économiques, financiers, d'amour), jeux, tests de connaissance de soi-même, tarot, et services généraux d'information. L'attitude définissant cette catégorie peut être appelée « égocentrique ».
– *La catégorie sociabilité/déconnexion* du monde réel correspond aux services qui proposent de jeux de simulation, comprenant parfois des communautés virtuelles, où l'utilisateur élabore son propre monde. Il s'agit d'une attitude de recherche d'évasion.
– *La catégorie déconnexion du monde réel/individualité* correspond aux services qui proposent de jeux d'adresse (puzzles, etc.) où l'utilisateur s'isole du monde réel.

Ces quatre attitudes se retrouvent dans la façon de choisir et d'utiliser les propriétés fonctionnelles et esthétiques de ce type de dispositif.

En résumé, cette étude met en évidence que la conception d'un système technique, destiné au grand public, ne peut pas se fonder uniquement sur des considérations liées à l'utilisabilité (efficience, efficacité, satisfaction), mais que les composantes affectives ou liées au plaisir (social, individuel, etc.) sont aussi déterminantes pour expliquer l'attitude envers les nouvelles technologies et leur usage effectif.

Fiche résumée du chapitre 2

LE CHAPITRE EN QUELQUES POINTS

Ce chapitre 2 a :

1	Présenté l'origine de l'utilisabilité et défini le concept d'utilisabilité par les notions d'efficacité, d'efficience, de satisfaction, d'apprenabilité et de mémorisation.
2	Expliqué les composantes de l'utilisabilité, telles qu'elles sont définies par la norme ISO 9241(1998), mais aussi par d'autres chercheurs du domaine.
3	Enoncé les principales mesures de l'utilisabilité et leurs interactions réciproques.
4	Présenté les nouvelles orientations de l'utilisabilité : ingénierie de l'utilisabilité, la conception centrée sur l'utilisateur, la conception universelle, la conception pour tous, la conception inclusive, la conception inclusive sensible à l'utilisateur et la conception inclusive holistique.
5	Discuté l'évolution de l'utilisabilité vers la notion d'acceptabilité.

DÉFINITIONS FONDAMENTALES

Affordance	L'affordance d'un produit renvoie à sa capacité à être compris et utilisé sans avoir besoin d'information supplémentaire.
Apprenabilité	Facilité d'apprentissage appréciée lors de la première confrontation au produit ou après une période d'inactivité. Elle désigne également l'amélioration et la stabilité de la performance dans le temps.
Conception centrée utilisateur	Approche de la conception prenant en compte les besoins des utilisateurs et de leurs caractéristiques différentielles lors de la conception d'un produit et intégration participative de ceux-ci dans la démarche de conception.
Conception universelle/inclusive	Approche qui vise à prendre en compte le maximum d'utilisateurs et le maximum de contextes d'utilisation au moment de la conception et du développement d'un produit, en tenant compte de la viabilité économique du projet.
Conception inclusive holistique	Approche de la conception de nouveaux produits prenant en compte non seulement les aptitudes cognitives, motrices et sensorielles des utilisateurs, mais aussi l'ensemble des caractéristiques relatives à leur personnalité et culture pouvant influencer l'acceptabilité d'un produit.
Efficacité	Représente ce qui produit l'effet attendu par l'utilisateur. Elle concerne la précision ou degré d'achèvement selon lesquels l'utilisateur atteint des objectifs spécifiés. (ISO 9241, 1998).
Efficience	La capacité de produire une tâche donnée avec le minimum d'efforts ; plus l'effort est faible, plus l'efficience est élevée. Elle concerne le rapport entre les ressources dépensées et la précision et le degré d'achèvement selon lequel l'utilisateur atteint des objectifs spécifiés. (ISO 9241-11, 1998).
Ingénierie de l'utilisabilité	Processus de conception permettant de définir l'utilisabilité d'un produit quantitativement et prédictivement.

Satisfaction	Se réfère au niveau de confort ressenti par l'utilisateur lorsqu'il utilise un objet technique. C'est une évaluation subjective provenant d'une comparaison entre ce que l'acte d'usage apporte à l'individu et ce qu'il s'attend à recevoir.
Utilisabilité	Dans son acception la plus large, désigne la « facilité d'apprentissage » et la « facilité d'utilisation » d'un produit, service ou système technique. C'est le « degré selon lequel un produit peut être utilisé, par des utilisateurs identifiés, pour atteindre des buts définis avec efficacité, efficience et satisfaction, dans un contexte d'utilisation spécifié » (ISO 9241-11, 1998).

CHAPITRE 3

Principes de spécification de l'utilisabilité

IDÉES CLÉS* DU CHAPITRE :

Principes ergonomiques

Normes ISO

Heuristiques

Règles

Guides de style

Check-lists

* Si nécessaire, voir les définitions dans la fiche résumée du chapitre, p. 119.

La détermination de l'utilisabilité peut être guidée par certains principes. Ils correspondent à des lignes directrices pour la conception et l'évaluation de l'utilisabilité. Ils prennent la forme de normes, de standards, d'heuristiques, de critères ergonomiques, de guides de style et check-lists. Ce chapitre présente d'une part différentes règles d'utilisabilité et expose d'autre part les grands principes des normes ISO 9142 et 13407 concernant l'utilisabilité et l'approche centrée sur l'utilisateur.

✓ Les questions auxquelles répond ce chapitre

- Existe-il des principes ergonomiques suffisamment généraux pour être appliqués à l'utilisabilité de tous les produits ?
- Quelles recommandations peut-on donner pour spécifier l'utilisabilité d'un produit ?
- Quels sont les avantages et les inconvénients d'une approche de l'utilisabilité guidée par des principes généraux ?

✓ Quels sont les objectifs de ce chapitre ?

- Comprendre les standards et normes ISO de l'utilisabilité.
- Cerner les critères d'utilisabilité de manière à spécifier, concevoir ou évaluer l'utilisabilité de produits ou services.

1. Les principes de spécification

Si vous voulez qu'un humain utilise votre dispositif, il vous faut mettre de l'humain dans votre dispositif, et donc respecter des principes qui décrivent la manière dont fonctionne l'humain lorsqu'il interagit avec des machines.

Mais l'humain dont nous parlons est l'homme réel, pas le génial héros musclé échappé des contes à l'eau de rose que lit avec délectation Madame M. Non, celui qui oublie, qui a une patience limitée, qui voit mal, qui tremble devant ce qu'il ne connaît pas, qui vieillit, qui ne comprend pas les consignes, qui assemble les pieds de table à l'envers ou qui va à l'hôtel Alta-Luxus avec sa maîtresse. Quelque peu ressemblant à Mesdames et Messieurs F. et M. quoi !

Depuis plus d'un siècle les psychologues, puis les ergonomes ont cherché à mieux comprendre cet homme et à identifier les lois de sa conduite pour essayer d'en faire des théories. Appliquées au domaine de la relation homme-technologie, ces recherches ont abouti à l'élaboration de très nombreux principes prescrivant ce qu'il faut faire ou pas pour optimiser cette interaction. Tous ces principes trouvent leur fondement dans la discontinuité entre l'homme et la technologie, en cherchant précisément à faire de l'interaction un processus continu.

Les recherches, initiées dans les années 1960-70, ont porté et portent toujours un regard assez mécanique sur la relation homme-machine. Elles cherchent à appliquer à la conception des machines les résultats de recherches menées en psychologie expérimentale sur la vision, la motricité, l'audition, la sensation corporelle, l'apprentissage, la vigilance, pour définir une sorte de métrique de la qualité opératoire des instruments de travail. Il s'agit donc de constituer un corpus de données scientifiques relatives à la psychologie et utilisable dans le domaine de la conception ou de la correction des dispositifs techniques. En fait, cette approche repose sur l'idée que la connaissance de la « machinerie humaine » permet de définir des règles de fonctionnement que l'on peut justement appliquer dans des domaines de la conception des technologies. Dans cette perspective, l'homme est vu comme un système composé de sous-systèmes d'entrée (perception :

vision, odorat, toucher, audition et les autres modalités perceptives), de traitement et de stockage (mémoire, décision, reconnaissance, résolution...) et de sorties (postures et mouvements, langage). Pour chacun de ces sous-systèmes, il est alors envisageable de définir des principes qui soient les mieux adaptés. Ces principes constituent toute une série de prescriptions s'attachant à spécifier à l'avance ce qui sera adapté à l'utilisateur. Il s'agit de guides qui listent des invariants sur la présentation de l'information, le dimensionnement des postes de travail, la signalisation, la forme des commandes, la taille des boutons, etc. Cela correspond encore à une conception ancienne de l'ergonomie, qui n'intègre ni l'analyse du travail, ni les dimensions organisationnelles, sociales ou culturelles du travail. De plus, cette approche fait l'économie de l'utilisateur final et de son environnement, ce qui minimise les coûts financiers et les délais, enfin en théorie, car ces principes restent trop généraux pour être appliqués sans aucune analyse de l'activité de l'utilisateur final. En bref, ces principes peuvent donner l'illusion de l'autosuffisance d'une ergonomie prête à l'emploi. Sans contester leur utilité, ces principes ne peuvent pas cependant rendre compte de la dynamique de l'interaction produit-individu, ni de la richesse comportementale des utilisateurs en situation réelle.

Néanmoins, cette approche présente l'immense avantage de proposer des critères précis et des normes certifiées, et notamment :

- *Toute une constellation de critères, règles heuristiques, check-lists* concernant l'adéquation des produits aux caractéristiques perceptives, cognitives et motrices des utilisateurs. Il s'agit de recommandations visant à fournir une métrique de conception et d'évaluation des interactions homme-produit ;
- *Et des normes (ISO 9241 et 13407)* définissant l'utilisabilité et la conception centrée sur l'utilisateur.

Voir encadrés 3.a., c., d., e., g.

Dans ce chapitre, ces deux points seront développés.

Encadré 3.a. **Quelques conseils : les 10 maximes de l'utilisabilité de Nielsen, (adapté de Nielsen, 1993)**

- *Your Best Guess Is Not Good Enough* / Votre meilleure intuition est insuffisante. Il est difficile pour le concepteur de toujours prévoir ce que fera l'utilisateur. L'utilisateur a toujours tendance à vouloir faire des choses qui n'ont pas été prévues et à choisir des cheminements tortueux.
- *The User Is Always Right* / L'utilisateur a toujours raison. Etant le destinataire final d'un produit, l'utilisateur a des besoins qu'il souhaite satisfaire dans un certain contexte d'utilisation. En ce sens, le concepteur doit tenir compte de l'usager et adapter le produit à ses exigences.
- *The User Is Not Always Right* / L'utilisateur n'a pas toujours raison. On ne peut pas concevoir un produit sur les seules bases des exigences de l'utilisateur, car il se peut qu'il n'ait pas les connaissances ou les compétences nécessaires pour juger de la qualité du produit ou pour décider ce qu'est une bonne performance, surtout lorsqu'il s'agit des produits nouveaux. Par ailleurs, les utilisateurs eux-mêmes ont des opinions divergentes.
- *Users Are Not Designers* / L'utilisateur n'est pas le concepteur. Il n'a pas les compétences techniques pour concevoir les produits ou produire des solutions adaptées ; surtout lorsqu'il s'agit d'utilisateurs novices.
- *Designers Are Not Users* / Le concepteur n'est pas l'utilisateur. Il est parfois tentant de suivre sa propre intuition au moment de la conception. Il est cependant difficile pour le concepteur de se mettre à la place de l'utilisateur et d'imaginer l'usage qu'il fera d'un produit (*cf.* citation de Norman, p. 20).
- *Vice Presidents Are Not Users* / Les PDG ne sont pas les utilisateurs. Les PDG ont tendance à vouloir intervenir dans les décisions de conception. Cependant, ce n'est pas lui l'utilisateur cible, et c'est surtout l'opinion de ce dernier qui compte (le PDG d'une usine de poussettes pour enfant, ne connaît pas forcément les problèmes que rencontrent les mères lorsqu'elles utilisent cet outil). Il faut différencier les compétences en management, des compétences en conception.
- *Less Is More* / Moins c'est parfois plus, ou Le mieux est l'ennemi du bien. Certains produits ou certains systèmes proposent trop de fonctionnalités ou trop de modes opératoires. Tout ajout d'un nouvel élément fait augmenter la charge de travail de l'utilisateur. Parfois il est préférable de faire simple avec juste ce dont l'utilisateur a besoin.
- *Details Matter* / Le détail est important. La façon de rédiger une consigne, de placer un bouton sur l'interface d'un appareil, ..., sont parfois des détails importants. Ces petits détails posent souvent problème à l'utilisateur et bloquent parfois son activité.

.../...

.../...

- *Help Doesn't* / L'aide n'en est pas une. Le fait de fournir une aide à l'utilisateur, ne doit pas constituer un prétexte pour une conception mal soignée. La meilleure aide c'est lorsque l'utilisateur n'en a pas besoin.
- *Usability is a Process* / L'utilisabilité est un processus, impliquant le recours à des techniques de test et d'évaluation. Il n'y a pas de solution toute faite.

2. Les heuristiques et grands principes ergonomiques de l'utilisabilité

Une heuristique est une règle d'action économique mais incertaine.

La notion d'heuristique provient des recherches en psychologie et en intelligence artificielle. Il s'agit des règles d'action dont la justification repose sur une expérience empirique ou sur une expérience acquise dans des situations comparables de la vie quotidienne. Par définition, ce sont des règles incertaines ou probabilistes qui fonctionnent dans la plupart des cas, mais pas toujours, car elles sont dépendantes du contexte d'utilisation.

Il existe des heuristiques qui fonctionnent parce que leur contexte d'utilisation et les connaissances qu'on a de celui-ci sont bien délimitées.

Par exemple, quand Monsieur F. perd les clés de son appartement, il peut les rechercher dans les endroits les plus souvent fréquentés ou dans les endroits où il se trouvait dernièrement. Cela correspond à deux heuristiques ou à deux règles différentes.

Voir encadrés 3.a., c., f., g., j., k.

La littérature sur l'utilisabilité présente un grand nombre d'heuristiques exposées par différents spécialistes du domaine parfois sous forme d'un slogan, d'un proverbe ou d'une blague. Ce sont des grands principes qu'il faut respecter, mais parfois les circonstances amènent à les transgresser.

Il faut donc bien retenir que les heuristiques obéissent à une démarche incertaine, avec une probabilité de réussite, mais pas systématiquement efficaces.

Certaines heuristiques sont à mi-chemin entre le bon sens (expérience empirique) et les données scientifiques issues de la recherche. L'expérience du praticien dans ce domaine permet parfois de faire la part des choses.

Les recommandations ergonomiques quant à elles, correspondent à un ensemble de règles de conception, qui tient compte de la manière dont l'opérateur humain traite l'information (mémoire, perception, langage, etc.), qui sont dérivées d'une recommandation plus générale (d'une heuristique) pour être appliqués dans un domaine spécifique d'activité. En anglais, on les appelle « guidelines ». A titre d'exemple, il existe des guidelines pour la conception de logiciels, pour la conception de sites web, pour la rédaction de la documentation technique, etc.

Les principes ergonomiques ou « guidelines » correspondent à des recommandations générales, mais spécifiques à un domaine d'activité.

Les recommandations ergonomiques constituent un ensemble de résultats, d'analyses, voire de théories, issus de travaux de laboratoire et de terrain. Elles représentent un système d'aide à la conception en fournissant des caractéristiques du produit qui soient adaptées ou mieux adaptables à un grand nombre d'utilisateurs. Elles concernent généralement des aspects de surface de l'interaction, en s'attachant à dire ce qu'il faut ou ne faut pas faire en matière de présentation des informations, de rédaction de manuels, de structuration des menus, etc. En d'autres termes, les recommandations abordent essentiellement les couches superficielles de l'interaction homme-technologie, c'est-à-dire sa partie visible. Elles permettent de justifier des choix de conception du contenu et du contenant de l'interaction en fournissant une métrique de conception, d'évaluation et de maintenance des interactions homme-produit. De la sorte, elles fournissent aux concepteurs un ensemble de connaissances sur la manière dont « fonctionne » l'utilisateur lorsqu'il se trouve dans une situation d'interaction, où interviennent des dispositifs d'entrée et de sortie d'informations, des modes d'échange d'informations et un contexte d'utilisation.

Les heuristiques et les recommandations ergonomiques permettent de justifier des choix de conception.

Tous ces principes, heuristiques et recommandations ont pour objectif de proposer aux concepteurs, analystes, ingénieurs, ergonomes, des outils d'évaluation et de vérification de l'utilisabilité prêts à l'emploi pour concevoir des produits centrés sur l'utilisateur.

En dehors des normes standardisées ou certifiées, trois niveaux de recommandations se distinguent :

Les recommandations pour concevoir un produit peuvent être très générales (heuristiques ou très spécifiques (check-lists).

– Au niveau le plus abstrait, les heuristiques ou les règles générales qui s'appliquent à plusieurs domaines ;
– A l'intérieur desquelles s'articulent les principes ergonomiques ou « guidelines » qui constituent un niveau intermédiaire et qui sont valables pour diverses situations d'un même type ;
– Et, enfin, les check-lists qui sont des recommandations très détaillées et dépendantes d'un domaine très spécifique.

2.1. Les principales heuristiques

La diversité des heuristiques proposées dans la littérature sur l'utilisabilité est attestée par les encadrés 3.a., c., f., g., j., k., mais aussi leur recouvrement et redondance, car les principes sont souvent reliés.

Ces différents principes peuvent être regroupés selon quelques axes qui orientent la recherche de l'utilisabilité et qui ont pour objectif de :

– Faciliter l'apprentissage lors de la première approche d'un produit ou système technique ;
– Faciliter la recherche d'information, sa perception, sa reconnaissance et sa compréhension ;
– Faciliter le contrôle de l'activité : planification et exécution des actions, contrôle des résultats et gestion des incidents et erreurs ;
– Enfin, prendre en compte le contexte d'utilisation et les exigences des utilisateurs.

2.2. Faciliter l'apprentissage lors de la première approche d'un produit ou d'un système technique

Du côté des publications

Barcenilla, Leproux et Poitrenaud, 2003

Certains principes mettent l'accent sur le fait que les connaissances nécessaires à l'utilisation des nouveaux produits ou systèmes doivent être en accord avec les connaissances que possède déjà l'utilisateur sur des produits semblables, de manière à faciliter le transfert de connaissances entre domaines et minimiser ainsi les nouveaux apprentissages (Barcenilla, Leproux & Poitrenaud, 2003). Dans cette perspective, plusieurs règles doivent être suivies.

2.2.1. Établir des correspondances naturelles

Faciliter la correspondance entre intention, perception et action.

Norman (1988) a développé le concept de « correspondances naturelles » entre intention, perception et action, comme étant un des facteurs déterminants de la facilité d'usage de dispositifs techniques.

Du côté des publications
Norman, 1988

Un des exemples bien connus de Norman (1988) est celui de la correspondance entre les boutons d'une cuisinière et le type de plaque qu'ils allument. En fonction de la disposition des boutons, les relations de cause à effet, peuvent être établies plus ou moins facilement par l'utilisateur. Dans l'encadré 3.b., le schéma A ne présente aucune relation entre la disposition des boutons et leurs effets, ce qui oblige le concepteur à rajouter de l'information textuelle pour indiquer les correspondances ; en plus d'augmenter la charge de travail de l'utilisateur et de risquer de générer des erreurs. Dans le schéma B, il existe une correspondance partielle correspondant à la dimension gauche et droite, mais reste le problème de la dimension avant-arrière. Les schémas C et D représentent des correspondances naturelles qui facilitent le traitement de l'information et minimisent l'apparition d'erreurs.

Encadré 3.b. **Exemple de correspondances entre actions et réponses, dont certaines sont naturelles (schémas C et D) et d'autres pas (schémas A et B). Adapté de Norman (1988, pp. 76-77).**

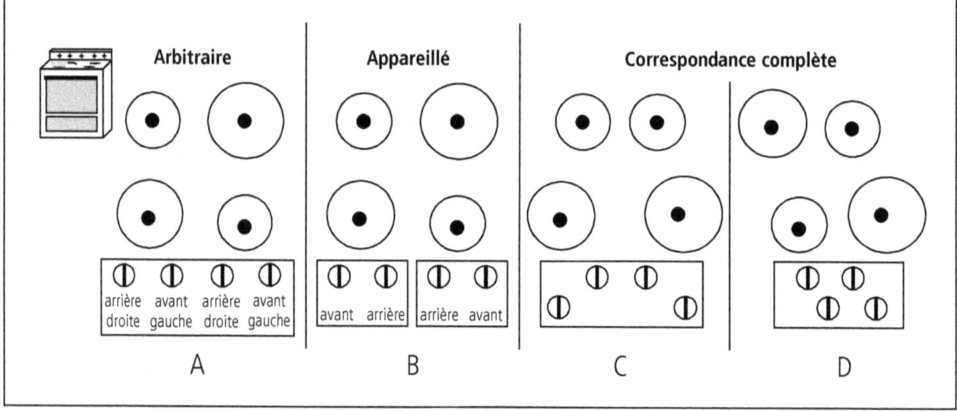

Affordance : les bonnes correspondances naturelles sont celles qui indiquent explicitement à l'utilisateur l'action à accomplir.

Cette notion de correspondance renvoie à celle d'affordance[1]. Les bonnes correspondances naturelles sont celles qui indiquent explicitement à l'utilisateur l'action qu'il doit accomplir. Elles permettent de faire l'économie d'explications superflues et par conséquent suppriment des traitements cognitifs inutiles chez l'utilisateur.

Encadré 3.c. **Les sept principes adaptés de Norman (1988, pp. 188-189) pour transformer les tâches difficiles en tâches faciles**

- *Utiliser à la fois la connaissance dans le monde et la connaissance interne à l'individu.* Du point de vue de la mémoire, on sait qu'il est plus facile de reconnaître une information que se la rappeler entièrement. La connaissance nécessaire pour une tâche doit être disponible dans le monde extérieur. Elle ne doit pas avoir besoin d'être rappelée par l'individu. L'utilisateur doit être capable d'inférer le comportement du système lorsqu'il interagit avec celui-ci.
- *Simplifier la structure de la tâche.* Les tâches doivent être simples et éviteront dans la mesure du possible de faire appel à une planification complexe.
- *Rendre les choses visibles.* Diminuer l'écart entre exécution et évaluation. Les concepteurs doivent faire en sorte que l'utilisateur connaisse à chaque étape les actions qu'il doit exécuter et les résultats de ses actions. Les actions doivent correspondre aux intentions et les états du dispositif doivent expliciter où se trouve l'utilisateur. C'est le principe de transparence. Il s'agit de s'assurer que l'écart entre exécution et évaluation a été comblé.
- *Effectuer les bonnes correspondances.* Il est important d'exploiter les correspondances naturelles. Les concepteurs doivent s'assurer que les utilisateurs peuvent inférer les relations entre ses intentions et les actions possibles, entre les actions et leurs effets sur le produit. Souvent les utilisateurs développent des comportements superstitieux vis-à-vis des produits qu'ils ne connaissent pas.
- *Exploiter la puissance des contraintes, à la fois naturelles et artificielles.* Il est important d'utiliser parfois des contraintes techniques qui semblent naturelles à l'utilisateur, de manière à limiter le nombre d'actions possibles à partir d'un état du système. (encadré 3.i.)
- *Concevoir un produit en ayant en tête qu'il y aura toujours des erreurs.* Il est rare qu'un produit soit toujours utilisé de manière optimale, surtout lorsqu'il s'agit de systèmes techniques. Il faut offrir à l'utilisateur des fonctionnalités pour récupérer facilement les actions erronées ou les incidents et lui permettre d'explorer le système sans qu'il ait peur de l'abîmer. Si l'utilisateur a peur de commettre des fautes irréversibles, il se peut qu'ensuite il sous-utilise le système.
- *Quand tout échoue, standardiser.* Quand le concepteur a essayé plusieurs solutions et qu'elles ont échoué, l'auteur recommande de s'en remettre à des solutions bien connues et de standardiser le produit. C'est l'idée sous-jacente aux principes ergonomiques et normes.

1. Voir le chapitre 2, paragraphe 2.2.4.

2.2.2. Structurer l'information conformément aux connaissances et aux attentes préalables des utilisateurs

Organiser l'information de manière conforme avec les connaissances préalables de l'utilisateur en facilite la recherche, la reconnaissance et la mémorisation.

La perception et la reconnaissance d'informations, mais surtout leur mémorisation peuvent être facilitées lorsque l'utilisateur retrouve une structure cohérente de données qui correspond à ses connaissances préalables. Cette correspondance porte aussi sur la connaissance de procédures pour l'utilisation de dispositifs techniques.

Du côté des publications
Mandler et Parker, 1976

Beaucoup d'études en psychologie portent sur les effets bénéfiques de l'organisation du matériel sur son stockage en mémoire et sur sa récupération ultérieure. L'encadré 3.d. montre un exemple extrait de Mandler et Parker (1976), avec des données non organisées (scène A) et des données organisées (scène B). N'importe qui pourra faire l'expérience que lors d'une première présentation, on se rappelle beaucoup plus d'information du schéma organisé que du schéma non organisé.

Encadré 3.d. **Le matériel organisé (schéma B) est mémorisé plus facilement que le matériel non organisé (schéma A) (Mandler & Parker, 1976)**

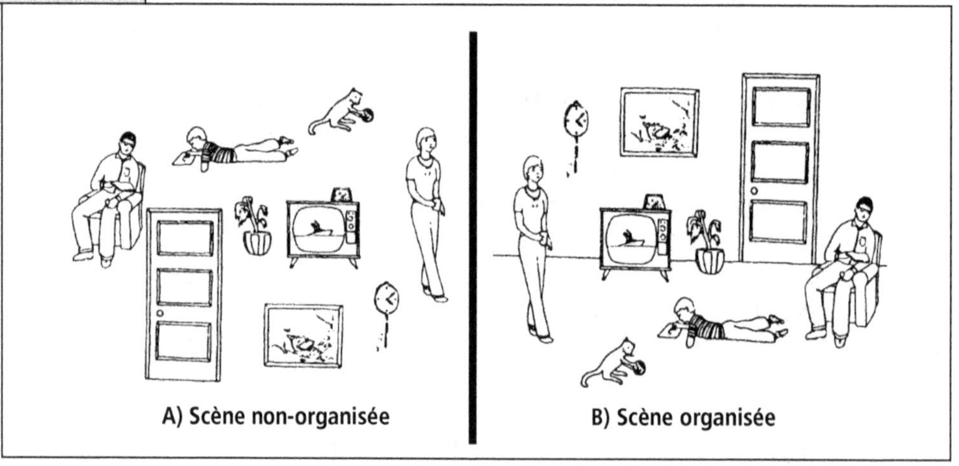

2.2.3. Respecter les habitudes des utilisateurs en termes de liaisons sensori-motrices

À force d'utiliser des produits et des dispositifs techniques, l'utilisateur a acquis des habitudes qui sont fortement automatisées et pour lesquelles il a du mal à se défaire. Un certain nombre de principes mettent l'accent sur le respect de ces habitudes lorsqu'on conçoit des nouveaux produits. En psychologie du travail, on appelle celles-ci des stéréotypies. Elles correspondent « à des liaisons attendues, spontanées chez un groupe de sujets entre systèmes de signaux et systèmes de réponse » (Gillet, 1987). L'encadré 3.e. présente quelques-unes des stéréotypies les plus courantes pour les situations de la vie quotidienne.

Du côté des publications
Gillet, 1987

Encadré 3.e. Quelques stéréotypies du quotidien

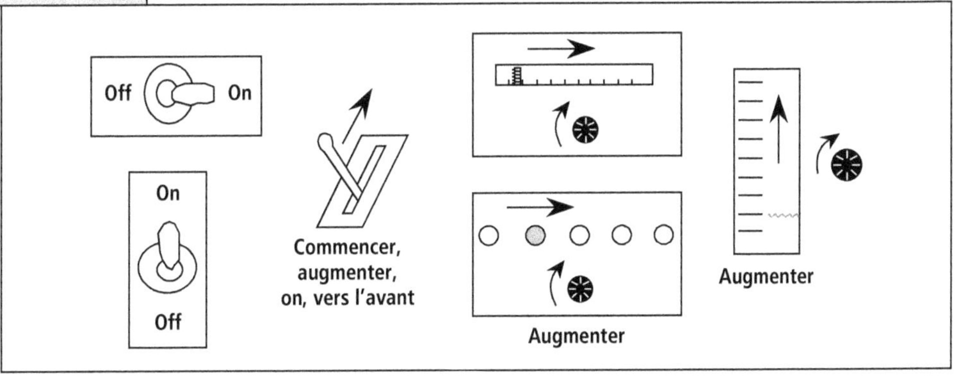

Le respect des stéréotypies, la compatibilité entre les signaux (les affichages ou les résultats) et la réponse motrice de l'individu facilitent l'apprentissage et diminuent l'apparition d'erreurs.

L'usage des stéréotypies est un des facteurs essentiels pour répondre aux situations d'urgence.

L'usage des stéréotypies est un des facteurs essentiels pour répondre aux situations d'urgence. Automatisées, elles permettent de répondre dans des délais très brefs. Imaginez quelqu'un devant un incendie et qui se mettrait à lire les instructions pour savoir comment déclencher le dispositif d'alarme. On trouve beaucoup de produits dans la vie quotidienne qui ne respectent pas ces habitudes et pour lesquels il faut rechercher la logique de conception.

Comme pour toute recommandation, il existe toujours des exceptions, notamment ici, lorsque l'utilisateur manipule des produits dangereux (ouverture d'une bouteille d'acide), ou lorsqu'une utilisation trop hâtive risquerait d'endommager le produit.

Le respect des correspondances naturelles, la structuration des connaissances en fonction des connaissances préalables de l'individu et le respect des habitudes en termes de liaisons sensori-motrices correspondent aux heuristiques visant à la compatibilité, au transfert approprié de technologie, à la consistance externe et au respect de normes standards, en bref à la correspondance entre le système et le monde réel.

Encadré 3.f. **Les principes d'utilisabilité adapté de Nielsen (1994)**[1]

Nielsen a développé plusieurs versions des principes, appliqués à l'interaction homme-machine, qu'il propose pour une bonne utilisabilité. Dans sa version de 1994, il a dérivé 10 heuristiques générales à partir d'une analyse factorielle effectuée sur 249 éléments d'utilisabilité.

- *Visibilité de l'état du système.* Le système doit toujours informer les utilisateurs de l'activité en cours, en lui fournissant un feed-back (rétroaction) adapté dans des délais raisonnables.
- *Correspondances entre le système et le monde réel.* Le système doit utiliser le langage de l'utilisateur, avec des mots, des phrases et des concepts familiers à l'utilisateur, plutôt qu'utiliser des termes techniques. En suivant les conventions rencontrées dans le monde réel, on donnera l'impression que les informations sont présentées sous une forme naturelle et logique.
- *Contrôle de la part de l'utilisateur et liberté.* L'utilisateur emploie parfois sans le vouloir des fonctions erronées. Il doit disposer de fonctions qui lui permettent de quitter rapidement l'état dans lequel il se trouve sans être obligé de passer par une interaction complexe. Il s'agit donc de proposer des fonctions qui permettent de défaire ou de refaire une action.
- *Consistance et normes.* Les utilisateurs ne doivent pas se demander si des mots, des actions ou des situations différentes possèdent la même signification. A un objet doit être attaché une signification, et inversement à une signification sera attaché un objet et un seul.
- *Prévention des erreurs.* Il est préférable de concevoir un bon produit qui évite à l'utilisateur de commettre des erreurs, que de présenter des bons messages d'erreurs.

.../...

1. Voir aussi son site internet : www.useit.com.

.../...

- *Reconnaissance plutôt que rappel.* Les objets, les actions et les options doivent être visibles. L'utilisateur ne doit pas se rappeler des informations lorsqu'il passe d'un état de l'interaction à un autre. Les instructions pour utiliser le système doivent être visibles ou facilement récupérables lorsque l'utilisateur en a besoin.
- *Flexibilité et efficience de l'utilisation.* Des accélérateurs ou des raccourcis – cachés à l'utilisateur novice – peuvent faciliter l'utilisation chez l'individu expert. Le système doit ainsi pouvoir s'adapter aussi bien à l'utilisateur expérimenté qu'à l'utilisateur débutant. Permettre aussi à l'utilisateur de personnaliser ou de standardiser les actions qu'il exécute le plus fréquemment.
- *Conception simple et minimale.* Les dialogues ne doivent pas contenir des informations qui ne sont pas pertinentes pour la tâche en cours ou qui sont rarement utilisées. Chaque information supplémentaire peut entrer en compétition avec l'information pertinente et réduire sa visibilité.
- *Aider l'utilisateur à reconnaître, diagnostiquer et récupérer les erreurs.* Les messages d'erreurs doivent être rédigés en langage naturel, en évitant les codes abscons. Il s'agit d'expliquer les problèmes précisément et de suggérer une solution constructive.
- *Aide et documentation.* Même s'il est préférable que le système puisse être utilisé sans documentation, il se peut qu'il soit nécessaire de proposer une aide. Cette aide devrait être facile à trouver, sans être trop volumineuse. Centrée sur la tâche de l'utilisateur, elle liste concrètement les étapes à réaliser.

2.3. Faciliter la recherche d'information, sa perception, sa reconnaissance et sa compréhension

Des heuristiques proposent des recommandations pour faciliter le codage et la mémorisation de données et diminuer la charge de travail.

Les heuristiques fournissent des recommandations sur les aspects d'ordre perceptif ou sur les stratégies de lecture et de recherche de l'information.

Certaines heuristiques s'attachent à fournir des recommandations sur les aspects d'ordre perceptif. Il s'agit de veiller à la lisibilité, clarté visuelle des informations ou de favoriser les stratégies de lecture et de recherche de l'information (taille minimale des caractères, perception des contrastes, perception des couleurs, importance prioritaire accordée aux données qui se trouvent en haut et au centre, par rapport aux données du bas ou de la périphérie, etc.).

D'autres mettent l'accent sur la compréhension des données. Elles renseignent sur la signification des codes, des dénominations et des icônes. Elles permettent d'adopter le langage des utilisateurs. Elles veillent également à la structu-

D'autres heuristiques mettent l'accent sur la compréhension des données ou sur la structuration cohérente des informations.

ration cohérente des informations (homogénéité, cohérence interne de la présentation des données, groupement et distinction des données par leur format). Ces recommandations, comme celles de la rubrique précédente s'appliquent aux informations contenues dans les dispositifs techniques, mais aussi aux informations contenues dans les aides textuelles qui accompagnent les produits.

Voir encadré 5.u.

Enfin d'autres heuristiques portent sur les problèmes de mémoire et de charge de travail. Elles conseillent de garantir la brièveté, la concision, la densité informationnelle, la reconnaissance plutôt que le rappel, la sollicitation de la mémoire à court terme, et la prise en compte des ressources cognitives et physiques des utilisateurs. Ce type de recommandation s'appuie sur des données issues de la recherche sur la mémoire qui montrent qu'il est plus facile de traiter les données lorsqu'elles sont présentées à l'individu et qu'il doit simplement les reconnaître parmi d'autres, que lorsqu'il doit se rappeler l'information sans aucune aide. Ces recommandations s'appuient aussi sur les limites de la mémoire de travail de l'individu humain en termes de capacité et de temps de stockage. Lorsqu'il s'agit de traiter des nouvelles données qui requièrent de l'attention, l'individu ne peut stocker que 7 ± 2 unités d'informations (par exemple, lorsque quelqu'un doit effectuer un calcul mental, se rappeler d'un nouveau numéro de téléphone, etc.). Ces informations disparaissent très vite si elles ne font pas l'objet d'une répétition. On trouve des principes ergonomiques portant sur cet aspect concernant la longueur des menus dans les dialogues homme-machine, les alternatives proposées, le nombre de niveaux à parcourir dans un document pour trouver une information, etc.

Enfin d'autres heuristiques pallient les problèmes de mémoire et de charge de travail.

Les activités nécessitant de l'attention et impliquant la mémoire de travail, surtout si elles sont simultanées, augmentent la charge de travail, c'est-à-dire le coût ou l'effort cognitif chez l'utilisateur. Il est important de minimiser la quantité d'informations à traiter et la durée des traitements de manière à ce que la charge mentale reste à un niveau acceptable pour l'utilisateur. Un excès de charge entraînerait une augmentation des erreurs, un abandon rapide de la tâche ainsi qu'une fatigue prématurée.

Encadré 3.g. Les principes de l'utilisabilité adapté de Jordan (1998)

- *Consistance.* Concevoir un produit pour que les tâches similaires soient exécutées de la même façon. Ceci concerne aussi bien les objets manipulés que les procédures utilisées.
- *Compatibilité.* Concevoir un produit de telle manière que son mode d'utilisation soit compatible avec les attentes des utilisateurs provenant de l'utilisation d'autres produits.
- *Prise en compte des ressources des utilisateurs.* Concevoir un produit de telle manière que son mode d'utilisation prenne en compte les exigences de la tâche et les ressources de l'opérateur pendant l'interaction avec le produit.
- *Feed-back.* Concevoir un produit de telle sorte que l'utilisateur sache quelles sont les actions qu'il doit réaliser. Fournir des indications pertinentes sur le résultat des actions.
- *Prévention et récupération des erreurs.* Concevoir un produit de telle sorte que les erreurs possibles de la part de l'utilisateur soient minimisées, et si des erreurs se produisent, qu'il puisse les récupérer rapidement et facilement.
- *Contrôle de la part de l'utilisateur.* Concevoir un produit de manière à maximiser le contrôle de l'utilisateur sur ses propres actions, sur le produit, et sur l'état dans lequel se trouve le produit.
- *Clarté visuelle.* Concevoir un produit de telle manière que l'information affichée puisse être lue facilement et rapidement sans qu'elle prête à confusion.
- *Priorité des fonctionnalités et de l'information.* Concevoir un produit de telle sorte que les fonctionnalités et les informations les plus importantes soient facilement accessibles à l'utilisateur.
- *Transfert approprié de la technologie.* Faire une réutilisation appropriée de la technologie développée dans d'autres contextes pour maximiser l'utilisabilité du produit.
- *Transparence (Explicitness).* Concevoir un produit en donnant les indications qui renvoient clairement à ses fonctionnalités et aux procédures disponibles.

2.4. Faciliter le contrôle de l'activité : planification et exécution des actions, contrôle des résultats et gestion des incidents (erreurs)

Contrôler l'activité signifie avoir la possibilité de planifier à l'avance le déroulement de la tâche et de pouvoir :

- Anticiper les résultats ;
- Exécuter la tâche ;
- Contrôler les résultats des actions ;
- Diagnostiquer l'état du dispositif ;
- Et corriger les erreurs.

Pour ce faire, des recommandations portent premièrement sur le déroulement normal de l'activité et, deuxièmement, sur les situations d'incident.

2.4.1. Le déroulement normal de l'activité

Des heuristiques facilitent l'exécution normale de la tâche.

Voici quelques heuristiques qui traitent du déroulement normal de l'activité. Il s'agit de :

- Simplifier la structure de la tâche ;
- Donner des indications qui renvoient aux fonctionnalités et aux procédures disponibles ;
- Présenter clairement les fonctionnalités et les informations qui sont prioritaires pour accomplir la tâche (fournir un bon guidage) ;
- Rendre les choses visibles pour diminuer l'écart entre exécution et évaluation ou expliciter l'état dans lequel se trouve le système, c'est-à-dire offrir un feed-back informatif et immédiat (temps de réponse brefs) ;
- Offrir des possibilités pour utiliser des raccourcis ;
- Permettre un contrôle explicite de la part de l'utilisateur, c'est-à-dire lui permettre de contrôler le déroulement des traitements en cours ;
- Concevoir des interactions qui indiquent quand la tâche est finie ou interrompue.

2.4.2. Les situations d'incident

L'utilisateur n'est pas toujours fiable, il commet des erreurs. Certaines heuristiques visent à minimiser les erreurs de l'utilisateur.

Du côté des publications
Zapt et Reason, 1994

Zapt et Reason (1994) distinguent trois phases dans le traitement des erreurs et des incidents (encadré 3.h.) : la production de l'erreur, son diagnostic et sa récupération. Les recommandations ergonomiques peuvent porter sur chacune de ces étapes.

Des heuristiques permettent de prévenir les erreurs.

Certaines heuristiques portent sur la production des erreurs en tâchant de les prévenir : protéger contre les erreurs, exploiter la puissance des contraintes, limiter les possibilités offertes à l'utilisateur.

L'agencement matériel d'un certain nombre de produits de la vie quotidienne peut imposer des contraintes sur des modalités d'action, et ainsi contraindre l'utilisateur à un type d'usage. L'encadré 3.i. présente trois modalités d'ouverture de porte.

Encadré 3.h. **Les étapes du traitement des erreurs (Zapt & Reason, 1994)**

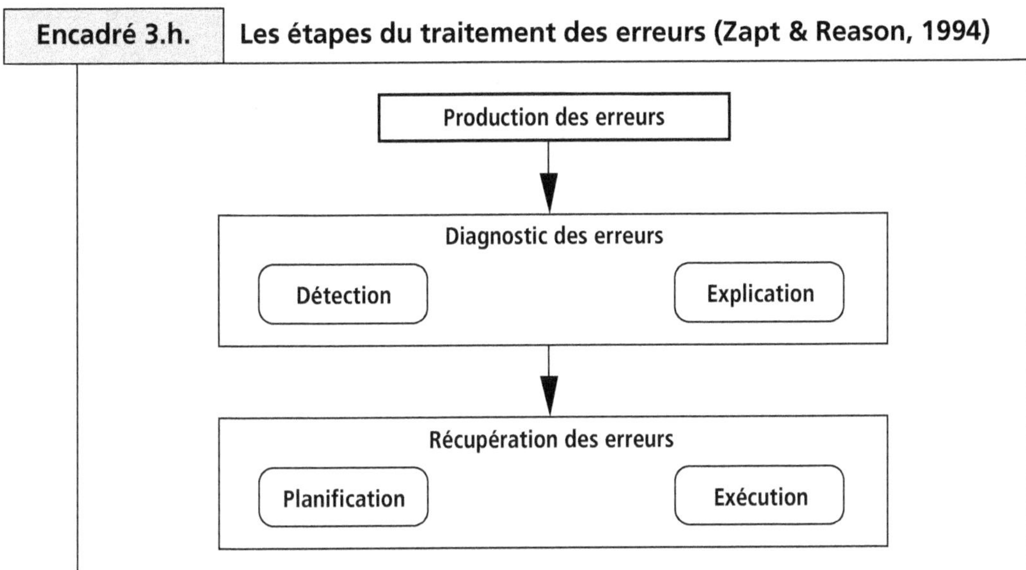

Dans les schémas A et B de l'encadré 3.i., les contraintes physiques montrant comment il faut tirer ou pousser pour ouvrir une porte ne sont pas clairement indiquées surtout lorsqu'il s'agit de portes vitrées. Au contraire dans la figure C, l'utilisateur peut seulement pousser la porte. Il faut en plus que cette disposition soit adaptée au contexte d'utilisation : par exemple sortie unique sans possibilité de retour.

Encadré 3.i. **Usage de contraintes naturelles pour indiquer l'action à réaliser sur une porte (adapté de Norman, 1988)**

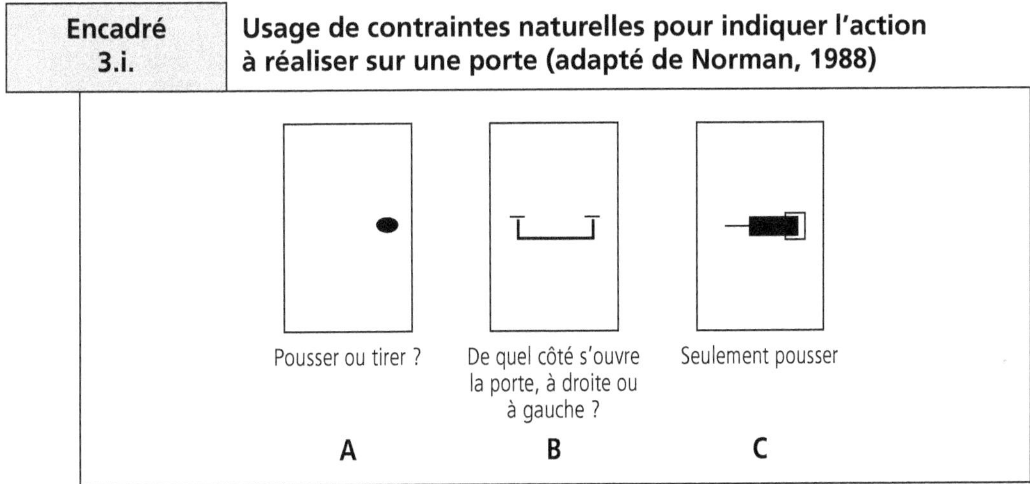

Cet usage des contraintes peut être profitable pour beaucoup de produits dangereux qui peuvent être à l'origine d'accidents.

Des heuristiques servent à diagnostiquer et corriger les erreurs.

La deuxième étape du traitement de l'erreur est celle de son diagnostic et sa récupération. Un certain nombre d'heuristiques conseillent de concevoir un produit en ayant en tête qu'il y aura toujours des erreurs. Il s'agit d'aider l'utilisateur à reconnaître, diagnostiquer et récupérer les erreurs, offrir des possibilités simples de récupération des erreurs, proposer des possibilités faciles pour défaire les actions qui viennent d'être faites (réversibilité), proposer des messages d'erreurs adaptés.

Le diagnostic de l'erreur peut être différencié en détection et explication de l'erreur. La détection correspond à la prise de conscience par l'utilisateur qu'une erreur a eu lieu, indépendamment du fait qu'il connaisse la nature ou la cause de l'erreur. En situation de travail, les erreurs qui ne sont pas détectées pendant une longue période peuvent avoir des effets très néfastes. Cette détection peut être d'ordre interne, par comparaison entre les intentions et le résultat obtenu, mais elle peut être aussi externe ou technique lorsqu'elle est facilitée par des messages informatifs ou par l'interdiction de la poursuite de la tâche tant que l'erreur n'a pas été corrigée. Une des critiques majeures faite aux aides en ligne et aux manuels d'utilisation est, justement, la mauvaise qualité des explications concernant les situations d'incident.

La qualité des aides est essentielle pour corriger les incidents.

Enfin, il ne suffit pas d'avoir compris la nature des erreurs, il faut aussi pouvoir les récupérer (planifier la solution et exécuter la tâche). À nouveau, c'est surtout la qualité des aides qui est essentielle pour accomplir cette troisième étape.

Les systèmes techniques doivent être tolérants aux erreurs, car l'utilisateur est faillible, sujet à l'oubli, sensible, d'une patience limitée et d'une vigilance fluctuante. On pensera donc aux erreurs de l'opérateur en prévoyant les plus typiques et en les rendant impossibles. La réversibilité des actions (commandes « Annuler – Répéter ») sera privilégiée, pour permettre le retour d'action non souhaitée vers celle désirée. Les messages d'erreur seront validés auprès des opérateurs.

Du côté des publications
Shneiderman, 1988

Pour résumer, les recommandations exposées jusqu'à maintenant, visent à fournir à l'utilisateur une certaine transparence du système ou du produit, au sens large du terme, c'est-à-dire qui laisse voir son fonctionnement et les possibilités action : la bonne consistance ou cohérence interne, la bonne compatibilité ou cohérence externe, les feed-back immédiats et adaptés et la qualité des messages et de l'aide contribuent chez l'utilisateur à l'élaboration d'un modèle mental approprié du produit.

Encadré 3.j. **Les principes d'utilisabilité (adapté de Shneiderman, 1988) pour concevoir des dialogues interactifs entre l'homme et un ordinateur**

- *Rechercher la consistance.* Proposer des séquences d'actions similaires pour des situations semblables. Utiliser la même terminologie pour les messages incitatifs, les menus et les écrans d'aide. Les exceptions, comme la confirmation d'une action d'effacement, ou l'entrée d'un mot de passe, doivent être limitées.
- *Permettre aux utilisateurs réguliers d'utiliser des raccourcis.* Les utilisateurs expérimentés recherchent des temps de réponse courts du système. Par ailleurs, même si les utilisateurs débutants passent plus de temps à explorer le contenu d'un écran, ils ont cependant la possibilité de répondre à leur rythme. Par conséquent, il est préférable d'avoir des systèmes qui fonctionnent le plus rapidement possible.
- *Offrir un feed-back informatif.* Il devrait y avoir un feed-back pour chacune des actions des utilisateurs. Celui-ci peut être simple, lorsqu'il s'agit des actions fréquentes ou sans importance, et plus conséquent pour les actions rares ou qui ont une grande incidence sur le fonctionnement du système.
- *Concevoir des dialogues qui indiquent quand la tâche est finie.* Les actions doivent être organisées avec un début, un milieu et une fin, et comme les histoires : bien rédigées ! Un feed-back informatif à la fin de la séquence permet à l'utilisateur de constater la fin de sa tâche.
- *Offrir des possibilités de récupération d'erreurs simples.* On doit proposer à l'utilisateur des mécanismes simples pour corriger les erreurs, lorsqu'il utilise des commandes erronées ou qui aboutissent à des résultats incompréhensibles.
- *Proposer des possibilités faciles pour défaire les actions.* Les actions doivent être réversibles. Ceci diminue l'anxiété car l'utilisateur sait qu'il peut récupérer ses erreurs possibles. Ceci encourage également l'exploration du système car l'utilisateur sait qu'il peut défaire facilement ce qu'il vient de faire ou mal faire.
- *Faciliter le contrôle du système par l'utilisateur.* Les utilisateurs expérimentés apprécient de se savoir maîtres de la situation et d'avoir la possibilité de contrôler le fonctionnement du système. On doit donner à l'utilisateur la possibilité d'initier une séquence d'actions.

.../...

…/…

- *Réduire la charge de travail de la mémoire à court terme.* Les affichages doivent être simples. On doit permettre un temps d'apprentissage suffisant. On doit se rappeler des contraintes de mémorisation pour ce qui relève de la pensée consciente et veiller à ne pas sur-solliciter la mémoire de l'utilisateur.

2.5. Prise en compte du contexte d'utilisation et du type d'utilisateur

Les systèmes doivent satisfaire aux critères de flexibilité et d'adaptabilité.

Une dernière catégorie de recommandations porte sur la flexibilité ou l'adaptabilité des dispositifs techniques. Cette flexibilité correspond à la capacité du dispositif à être adapté ou à s'adapter aux caractéristiques des utilisateurs. Elle peut être recherchée en donnant à l'utilisateur :

- La possibilité d'accomplir une tâche de plusieurs manières en fonction du contexte d'utilisation (par exemple, généralement, j'utilise le combiné de mon téléphone pour communiquer, mais si je suis occupé à réaliser une autre tâche, je peux utiliser le haut-parleur) ;
- Des marges d'initiative ou de contrôle ;
- Des possibilités de personnaliser ou individualiser le système technique en fonction de son expérience ou de ses exigences.

Ainsi, lorsque Madame F., utilise son radio-réveil, elle peut utiliser seulement la fonction réveil, ou programmer aussi des stations de radio qui accompagnent le déclenchement de la sonnerie. Avec son téléphone portable, le fameux Kooltel One Mind 115, cette fonction de personnalisation a pris beaucoup d'importance puisque Madame F. a décidé d'harmoniser la sonnerie de son téléphone avec sa tenue vestimentaire. Quel raffinement ! Côté personnalisation, Monsieur F. est plus sérieux. Mais lorsqu'il utilise un traitement de texte, il ne se contente pas d'utiliser les fonctions de base, il rajoute des options et des préférences pour réaliser des tâches plus sophistiquées.

Du côté des publications
Bastien et Scapin, 1993

La flexibilité prend en compte la notion de différence interindividuelle au sein des populations d'utilisateurs. Le système doit être flexible, c'est-à-dire qu'il doit pouvoir s'adapter aux différents niveaux de besoins, de désirs et d'expérience des personnes.

Encadré 3.k. **Les 8 critères ergonomiques (et sous-critères) dédiés à l'ergonomie des logiciels extraits de Bastien et Scapin (1993)**

Extrait du rapport technique n° 156 de l'INRIA : Critères ergonomiques pour l'évaluation d'interfaces utilisateurs

1. *Guidage.* C'est l'ensemble des moyens mis en œuvre pour conseiller, orienter, informer, et conduire l'utilisateur lors de ses interactions avec l'ordinateur (messages, alarmes, labels, etc.). Un bon guidage facilite l'apprentissage et l'utilisation du système en permettant à l'utilisateur : de savoir, à tout moment où il se trouve dans une séquence d'interactions, ou dans l'accomplissement d'une tâche ; de connaître les actions permises ainsi que leurs conséquences ; d'obtenir de l'information supplémentaire.

   La facilité d'apprentissage et d'utilisation qui s'ensuivent conduisent à de meilleures performances et permettent de limiter les erreurs.
   - 1.1. Incitation. Moyens pour l'utilisateur de connaître les actions disponibles, les alternatives, l'état du contexte où il se trouve.
   - 1.2. Groupement/Distinction par le format ou le groupement. Organisation visuelle des items d'information les uns par rapport aux autres. Il prend en compte la localisation et le format pour indiquer les relations entre les divers items affichés, et leur appartenance ou non à une même classe d'items.
   - 1.3. Feedback immédiat. Une réponse doit être fournie à l'utilisateur le renseignant sur l'action accomplie et sur son résultat, avec un délai de réponse approprié et homogène selon les types de transactions (souvent, délai immédiat).
   - 1.4. Lisibilité. Caractéristiques matérielles de présentation des informations qui doivent en faciliter la lecture (typographie, espacement, ...).

2. *Charge de travail.* Ce critère concerne l'ensemble des éléments de l'interface qui ont un rôle dans la réduction de la charge perceptive ou mnésique des utilisateurs et dans l'augmentation de l'efficacité du dialogue. Plus la charge de travail est élevée, plus grands sont les risques d'erreurs. De même, moins l'utilisateur sera distrait par des informations non pertinentes, plus il pourra effectuer sa tâche efficacement. Par ailleurs, plus les actions requises seront courtes, plus rapides seront les interactions.
   - 2.1. Brièveté. Limiter le travail de lecture et d'entrée d'information. Concision, pour les éléments individuels d'entrée ou de sortie. Actions Minimales : limiter le nombre d'actions successives nécessaires pour atteindre un but.
   - 2.2. Densité informationnelle : réduire au maximum la charge informationnelle.

3. *Contrôle explicite.* Ce critère concerne à la fois la prise en compte par le système des actions explicites des utilisateurs et le contrôle qu'ont les utilisateurs sur le traitement de leurs actions.

.../...

…/…

Quand les entrées des utilisateurs sont explicitement définies par eux-mêmes et sous leur contrôle, les ambiguïtés et les erreurs sont limitées. De plus, le contrôle qu'ont les utilisateurs sur le dialogue est un facteur d'acceptation du système.

3.1. Actions Explicites. La relation entre les actions de l'utilisateur et les réponses du système doit être explicite, c'est-à-dire que le système doit exécuter : seulement les actions demandées par l'utilisateur au moment où il (elle) les demande.

3.2. Contrôle Utilisateur. L'utilisateur doit toujours pouvoir contrôler le déroulement des traitements informatiques en cours.

4. *Adaptabilité*. L'adaptabilité d'un système concerne sa capacité à réagir selon le contexte, et selon les besoins et préférences des utilisateurs. Plus les façons d'effectuer une même tâche sont diverses, plus les chances que l'utilisateur puisse choisir et maîtriser l'une d'entre elles, au cours de ses apprentissages, sont importantes. Il faut donc fournir à l'utilisateur des procédures, options, et commandes différentes lui permettant d'atteindre un même objectif. Par ailleurs, une interface ne peut convenir à la fois à tous ses utilisateurs potentiels. Pour qu'elle n'ait pas d'effets négatifs sur l'utilisateur, cette interface doit, selon les contextes, s'adapter à l'utilisateur.

4.1. Flexibilité. Réfère aux moyens disponibles à l'utilisateur pour personnaliser son interface de façon à prendre en compte ses stratégies de travail et/ou ses habitudes et les exigences de ses tâches.

4.2. Prise en compte de l'expérience. Les différents moyens disponibles pour prendre en compte le niveau d'expérience de l'utilisateur (expérimenté, débutant, occasionnel).

5. *Gestion des erreurs*. Ce critère concerne tous les moyens permettant d'une part d'éviter ou de réduire les erreurs, et d'autre part de les corriger lorsqu'elles surviennent. Les erreurs sont ici considérées comme des saisies de données incorrectes, des saisies dans des formats inadéquats, des saisies de commandes avec une syntaxe incorrecte, etc… Les interruptions provoquées par les erreurs ont des conséquences négatives sur l'activité des utilisateurs. De manière générale, elles rallongent les transactions et perturbent la planification. Plus les erreurs sont limitées, moins il y a d'interruptions au cours de la réalisation d'une tâche et meilleure est la performance.

5.1. Protection contre les erreurs. Réfère aux moyens disponibles pour détecter et prévenir (avant validation) : les erreurs d'entrée de données, les erreurs de commandes, les actions à conséquences destructrices.

5.2. Qualité des messages d'erreur. Réfère à l'expression et au contenu des messages d'erreur : leur pertinence, leur facilité de lecture, leur précision quant à la nature des erreurs, l'indication des actions de correction.

5.3. Correction des erreurs. Réfère aux moyens disponibles pour l'utilisateur pour corriger immédiatement ses erreurs.

…/…

.../...

6. *Homogénéité/Cohérence.* Ce critère se réfère à la façon avec laquelle les choix de conception de l'interface (codes, dénominations, formats, procédures, etc.) sont conservés pour des contextes identiques, et sont différents pour des contextes différents. Les procédures, labels, commandes, etc., sont d'autant mieux reconnus, localisés et utilisés, que leur format, localisation, ou syntaxe sont stables d'un écran à l'autre, d'une session à l'autre. Dans ces conditions le système est davantage prévisible et les apprentissages plus généralisables ; les erreurs sont réduites. Le manque d'homogénéité peut augmenter considérablement le temps de recherche. Le manque d'homogénéité est aussi une raison importante de refus d'utilisation.

7. *Signifiance des Codes et Dénominations.* Ce critère concerne l'adéquation entre l'objet ou l'information affichée ou entrée, et son référent. Des codes et dénominations « signifiants » disposent d'une relation sémantique forte avec leur référent. Lorsque le codage est signifiant, le rappel et la reconnaissance sont meilleurs. De plus, les codes et dénominations non significatifs pour les utilisateurs peuvent leur suggérer des opérations inappropriées et ainsi conduire à des erreurs.

8. *Compatibilité.* Elle se réfère à l'accord pouvant exister entre les caractéristiques des utilisateurs (mémoire, perceptions, habitudes, compétences, âge, attentes, etc.) et des tâches, d'une part, et l'organisation des sorties, des entrées et du dialogue d'une application donnée, d'autre part. De plus, la compatibilité concerne également le degré de similitude entre divers environnements ou applications. Le transfert d'information d'un contexte à un autre est d'autant plus rapide et efficace que le volume d'information à recoder par l'utilisateur est réduit. L'efficacité est accrue lorsque : les procédures nécessaires à l'accomplissement de la tâche sont compatibles avec les caractéristiques psychologiques des utilisateurs ; les procédures et les tâches sont organisées de manière à respecter les attentes, ou habitudes des utilisateurs ; les traductions, les transpositions, les interprétations, ou références à la documentation sont minimisées. Les performances sont meilleures lorsque l'information est présentée sous une forme directement utilisable.

2.6. Intérêts et limites des heuristiques

Globalement, les avantages des heuristiques reposent sur leur facilité et rapidité d'application.

Les heuristiques constituent une synthèse des recherches et des pratiques en ergonomie, et un savoir plus ou moins formalisé qui peut être utilisé pour l'évaluation de produits et l'amélioration de leur qualité lorsque pour différentes raisons (secret professionnel, coût économique, absence de spécialiste de l'ergonomie dans l'équipe de conception, etc.), on ne peut pas faire appel à l'utilisateur final. Elles permettent de passer en revue un certain nombre de problèmes généraux qui ont été déjà recensés et bien documentés par la littérature dans ce domaine. Elles peuvent être appliquées à tous les stades de la conception (concept, prototypage, test, produit final). Ne véhiculant pas de connaissances trop techniques, elles sont facilement assimilables et peuvent aussi être un moyen d'échange d'informations avec des non-spécialistes de l'ergonomie.

Étant des règles décrites à un niveau très général, elles constituent un moyen d'évaluation rapide et simple. Lorsque le produit a été réellement mal conçu, elles permettent de dépister rapidement les problèmes et éventuellement d'orienter vers une solution. Cependant elles ne donnent pas les indications précises sur la manière de résoudre des problèmes, puisqu'ils dépendent du domaine ou d'un produit spécifique.

Les critiques des heuristiques concernent leur trop grande généralité et imprécision.

Un des premiers problèmes posé par les heuristiques de spécification de l'utilisabilité est celui de leur choix. Compte tenu de la diversité proposée par les différents auteurs (encadrés 3.a., c., f., g., j., k.)[1] le lecteur se retrouvera vite désemparé. Son choix pourra alors se porter sur les règles faites pour son domaine. Or, force est de constater que la plupart de ces critères portent sur l'ergonomie des logiciels et des interfaces informatiques. Peu d'auteurs, à l'exception de Jordan (1998) ou Norman (1988), adoptent une approche assez générale qui puisse être appliquée à la conception de n'importe quel type de produit. Ceci étant, beaucoup de principes énoncés pour le domaine de l'informatique peuvent être généralisés à d'autres domaines.

Du côté des publications
Jordan, 1998
Norman, 1988

Ces heuristiques sont imbriquées les unes dans les autres et il est difficile parfois de constituer des catégories exclusives et bien délimitées.

Viennent ensuite les problèmes du recouvrement et du contenu des principes. Tous les auteurs n'énoncent pas les mêmes principes. Ce que certains auteurs mettent dans une règle, d'autres le placent dans une autre. Un des problèmes cruciaux est également celui de l'interprétation des concepts en fonction des auteurs et des conflits entre les règles. Par exemple, le concept de flexibilité ou d'adaptabilité peut se référer à la fois à l'adaptabilité du système ou à l'adaptabilité des utilisateurs. Le concept de transparence peut avoir un sens bien délimité (donner des informations claires sur les procédures et les fonctions du produit) ou un sens plus large

1. Les encadrés présentés ne recensent que quelques-unes des heuristiques proposées dans la littérature. Il en existe beaucoup d'autres.

(fournir une bonne vue d'ensemble sur les possibilités du système). De même, l'élaboration des règles dérivées du fonctionnement de la mémoire de travail, telles que « ne pas présenter plus de 7 items à la fois pour ne pas saturer la capacité de la mémoire humaine » peuvent sembler abusives si on ne tient pas compte du type de matériel à mémoriser et des caractéristiques des utilisateurs, car la définition d'un item d'information ne peut se faire qu'en référence à la façon dont nous regroupons et organisons les informations.

Ces problèmes d'interprétation des heuristiques se répercutent ensuite sur la façon de les opérationaliser, et donc de mesurer l'utilisabilité. Il y a sans doute autant d'opérationalisations de règles que d'interprétations possibles. L'usage et la pertinence des heuristiques dépendent de l'interprétation qu'en fait celui qui les applique.

Standard : « a document, established by consensus and approved by a recognized body that provides , for common and repeated use, rules, guidelines or characteristics for activities or their results, aimed at the achievement of the optimum degree of order in a given context ».

(ISO/ICE Guide 2)[1]

Enfin, l'approche heuristique peut sembler une approche trop dogmatique de l'utilisabilité (application de principes, voire de recettes), qui ne fait que peu de place à l'analyse de la spécificité de l'utilisateur, de son activité et de son contexte d'utilisation.

Malgré ces défauts, cette approche heuristique a permis l'établissement de normes visant à certifier l'utilisabilité des produits. Présentons ces normes.

3. Les normes ou standards

Les normes ou standards d'utilisabilité sont un ensemble de règles qui définissent le cadre général de la conception et du développement d'un produit facile à utiliser. Ces principes déterminent les limites (en termes de qualité, de sécurité, etc.) à l'intérieur desquelles doit se conformer le produit. Étant des règles générales, elles s'appliquent à des domaines parfois très vastes (équipements électroniques, produits ménagers, ingénierie mécanique, protections personnelles au

1. Une norme (standard) est définie comme « un document établi par consensus et approuvé par des autorités reconnues, qui fournit, pour des usages communs et répétitifs, des règles, des principes ou les caractéristiques pour les activités ou pour leurs résultats, visant l'objectif d'un degré optimal d'ordre dans un contexte donné » (ISO/ICE guide 2).

travail, signalisation, etc.), et ne constituent pas des solutions arrêtées en matière de conception.

La normalisation ou la standardisation peut revêtir plusieurs formes. Elles peuvent être internes ou externes à l'organisation du travail (encadré 3.l.).

Encadré 3.l. Différentes formes de standardisation ou de normalisation

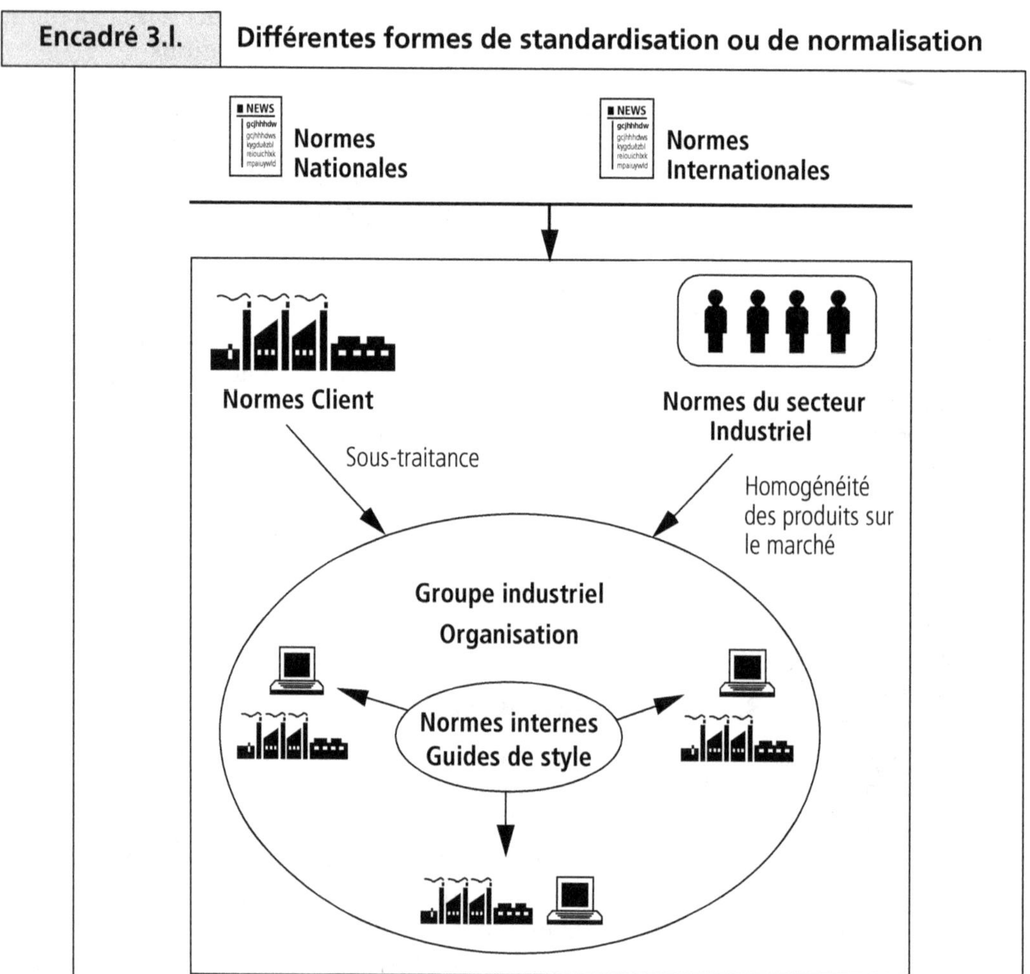

Standardisation interne à l'organisation du travail. La production industrielle est de plus en plus délocalisée et sous-traitée. La standardisation est un moyen de s'assurer que plusieurs sites fabriquant le même produit adoptent la même démarche, et que plusieurs sous-traitants d'un produit remplissent les mêmes exigences. Dans le domaine de l'informatique, par exemple, les « guides de style » constituent un ensemble de spécifications concernant la présentation des interfaces. Ces guides de style doivent être respectés par les développeurs de systèmes ou de logiciels (par exemple, pour Apple, « Human Interface Guidelines » ; pour IBM le guide « Motif »). Cette forme de standardisation permet d'assurer une bonne consistance et cohérence entre les applications et de réduire ainsi le temps d'apprentissage. Ces guides de style contiennent des recommandations sur le contenu des menus, sur l'apparence de l'interface en termes de couleur, taille des caractères, style des icônes, etc.

Standardisation dans un secteur industriel.

Parfois un secteur industriel peut élaborer ses propres normes de façon à homogénéiser certaines caractéristiques essentielles d'une gamme de produits ou à capitaliser des pratiques professionnelles.

Les normes nationales et internationales (ISO).

Dans d'autres circonstances, les normes nationales et internationales peuvent être imposées lorsqu'elles s'inscrivent dans un cadre juridique (par exemple, normes de sécurité d'un produit). Les concepteurs ou industriels sont alors obligés de les adopter sous peine de sanctions financières et juridiques en cas d'accident, malfaçon ou mauvais fonctionnement du produit. L'adoption de normes peut être aussi obligatoire pour certaines spécifications techniques (par exemple, pour l'Europe, le format DVD, la norme VHS d'un magnétoscope ou encore la technologie unifiée standard GSM des téléphones portables). Dans d'autres cas, l'industriel est libre de les adopter ou pas (les normes qualité ISO série 9000, par exemple), mais leur adoption peut être perçue comme une garantie de qualité de la part des clients et permettre ainsi d'acquérir des nouvelles parts de marché.

« La normalisation n'est souvent perçue par les entreprises qu'au travers de son corollaire, la certification, passage obligé pour être reconnu par ses pairs, voire sanction indispensable pour être présent sur un marché ».

Philippe Fenoulière.

La normalisation s'accompagne de la production d'une foultitude de documents techniques sur les produits. Ces documentations servent à la fois aux concepteurs et techniciens lorsqu'il s'agit de corriger, d'améliorer ou de maintenir le produit. Ces documents sont également destinés au client de manière à l'informer des dénominations des produits, de leurs contenus, des instructions d'usage ou de la compréhension de symboles et de pictogrammes.

Il existe en ergonomie de nombreuses normes. Dans ce chapitre, nous présenterons uniquement deux normes ISO qui recommandent d'adopter une démarche d'utilisabilité ou de conception centrée sur utilisateur.

3.1. Quelques éléments sur la norme ISO 9241-11

La norme ISO 9241 a comme objectif explicite « l'utilisabilité ».

La norme ISO 9241 définit les lignes directrices de l'utilisabilité dans le secteur des produits informatiques. Elle est sous-titrée : « exigences ergonomique pour le travail de bureau avec des terminaux à écran de visualisation ». Cette norme concerne tant les composantes matérielles que cognitives du travail informatisé. Elle comprend 17 parties[1] : les neuf premières concernent l'équipement et l'environnement de travail, les normes suivantes traitent de la partie logicielle.

Nous aborderons ici, plus spécifiquement, la partie 11 de la norme. Elle présente les lignes directrices concernant l'utilisabilité. Cette norme AFNOR et ISO « définit l'utilisabilité et permet d'identifier les informations à prendre en compte pour la spécification et l'évaluation de l'utilisabilité en termes de mesure des performances et de satisfaction de l'utilisateur ». Plutôt que de décrire la norme en détail (le document AFNOR est très bien fait, il suffit de le lire) nous soulignerons seulement trois points-clés de cette norme : sa structure générale, l'importance donnée au contexte d'utilisation et enfin les moyens proposés pour mesurer l'utilisabilité.

3.1.1. La structure de la norme

Voir encadré 3.m.

La structure de cette norme s'appuie sur les éléments de la situation de travail devant être pris en compte pour spécifier et mesurer l'utilisabilité. L'usage d'un produit est vu comme le résultat de l'interaction d'un ensemble d'éléments de la situation de travail (utilisateur, tâche, équipement, environnement physique et organisationnel), ces différents éléments définissant le contexte de l'interaction (encadré 3.o.). Dans ce cadre, le degré d'utilisabilité est mesuré (par des évaluations des composantes de l'utilisabilité)[2] en termes d'écart

1. Chacune des différentes parties de la norme présente en annexe les relations existant avec d'autres normes ISO.
2. Les techniques d'évaluation de l'utilisabilité sont présentées dans le chap. 5.

entre les objectifs définis à l'avance et le résultat de l'utilisation (écart entre la tâche prescrite par l'organisation et la tâche effectivement réalisée). De ce point de vue, cette norme repose sur un présupposé systémique qui, mettant en relation les différents éléments de la situation, se propose de caractériser et de mesurer l'utilisabilité par l'écart entre les objectifs et les résultats. Les éléments de la situation constituent un système dont la régulation est optimisée si l'efficacité, l'efficience et la satisfaction sont élevées. Au contraire, lorsque les niveaux de composantes de l'utilisabilité sont faibles, c'est alors l'utilisateur qui supporte les coûts physiques et psychologiques du manque d'utilisabilité. L'évaluation des résultats peut se faire par rapport à différents niveaux :

- L'objectif général a-t-il été atteint ?
- A-t-on trouvé des difficultés aux niveaux intermédiaires ?
- A-t-on eu des difficultés lors de la mise en œuvre des modes opératoires ?

Sous un angle complémentaire, cette norme montre également comment l'utilisabilité d'un produit peut être inclue dans un plan-qualité.

Encadré 3.m. **Présentation de la structure générale de la norme NF EN ISO 9241-11**

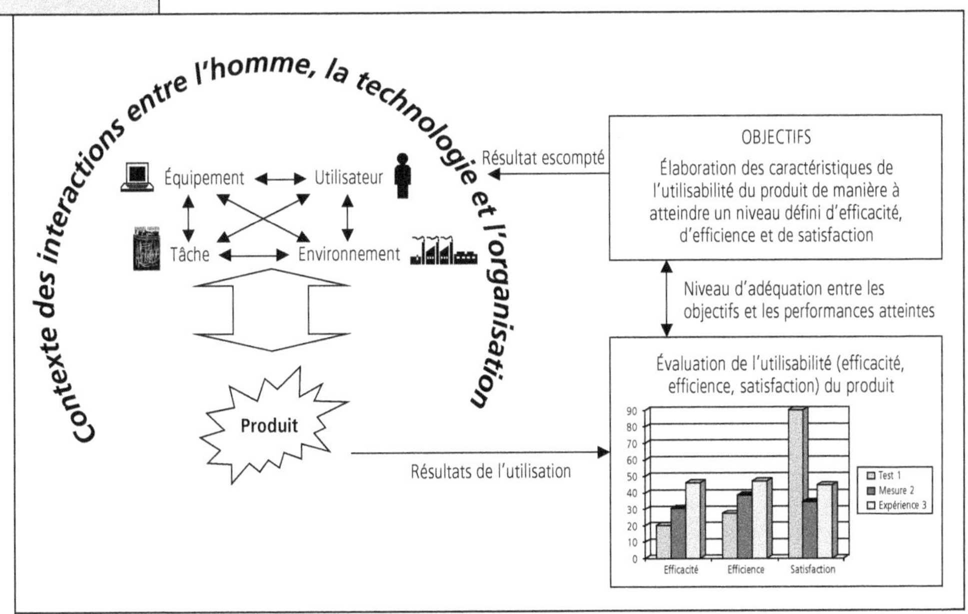

La définition des objectifs de l'utilisateur devrait s'appuyer sur une analyse et une modélisation des tâches.

Pour la définition des objectifs des tâches et des intentions des utilisateurs, la norme renvoie de manière implicite à certaines analyses de la tâche[1] qui cherchent à décomposer les tâches en éléments mieux appréhensibles pour être traduits en spécifications. Ce type de décomposition permet une analyse hiérarchique de la tâche de l'opérateur en allant des composantes générales aux plus spécifiques.

Encadré 3.n. Nécessité de décomposer les tâches en sous-tâches pour préciser les objectifs et spécifier les modes opératoires. Exemple d'une tâche informatisée dans le domaine de la relation commerciale au client

Dans cet exemple, l'objectif peut être défini de manière globale : le dispositif informatique doit être capable de maintenir le niveau des commandes des clients. Ou pour être plus précis, l'objectif peut être décomposé en sous-tâches ou sous-objectifs.

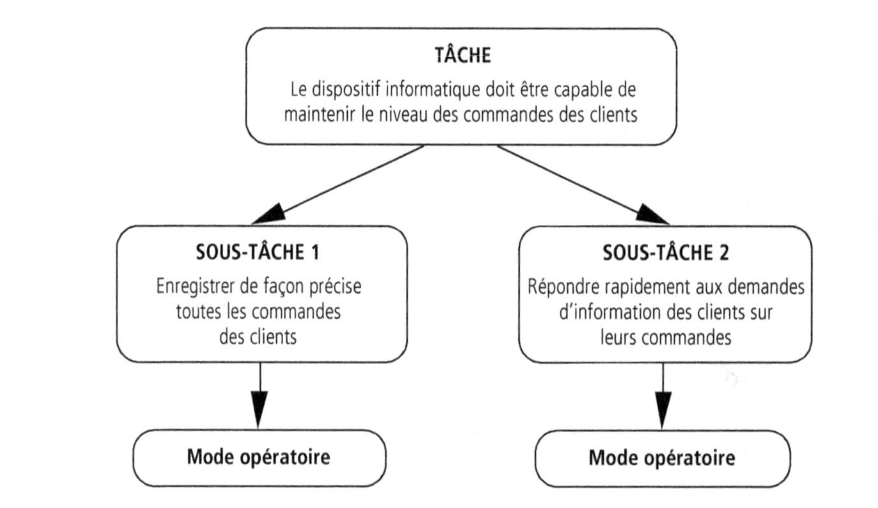

3.1.2. L'importance donnée au contexte d'utilisation

Cette norme ISO souligne le poids relatif des éléments du contexte qui peuvent exercer une influence sur l'utilisation d'un dispositif ou d'un produit.

1. Pour plus de détails, le chapitre 4 consacre le paragraphe 4.2. à la présentation de modélisation de la tâche.

La prise en compte de caractéristiques du contexte d'utilisation requiert parfois un savoir spécialisé et l'emploi de méthodologies spécifiques.

L'étude de certaines caractéristiques du contexte d'utilisation requièrent parfois un savoir spécialisé et l'usage de méthodologies spécifiques qui relèvent de la psychologie du travail et de l'ergonomie. Par exemple, la mesure d'aptitudes intellectuelles, fait appel à l'usage de tests psychologiques ; la décomposition des tâches fait appel à des formalismes d'analyse et de description du travail, la description de l'environnement acoustique ou thermique, fait appel à des méthodologies utilisées en ergonomie physique qui requièrent l'usage d'instruments particuliers.

Encadré 3.o. **Données élémentaires permettant de caractériser le contexte d'utilisation (contexte des interactions entre l'homme, la technologie et l'organisation du travail)**

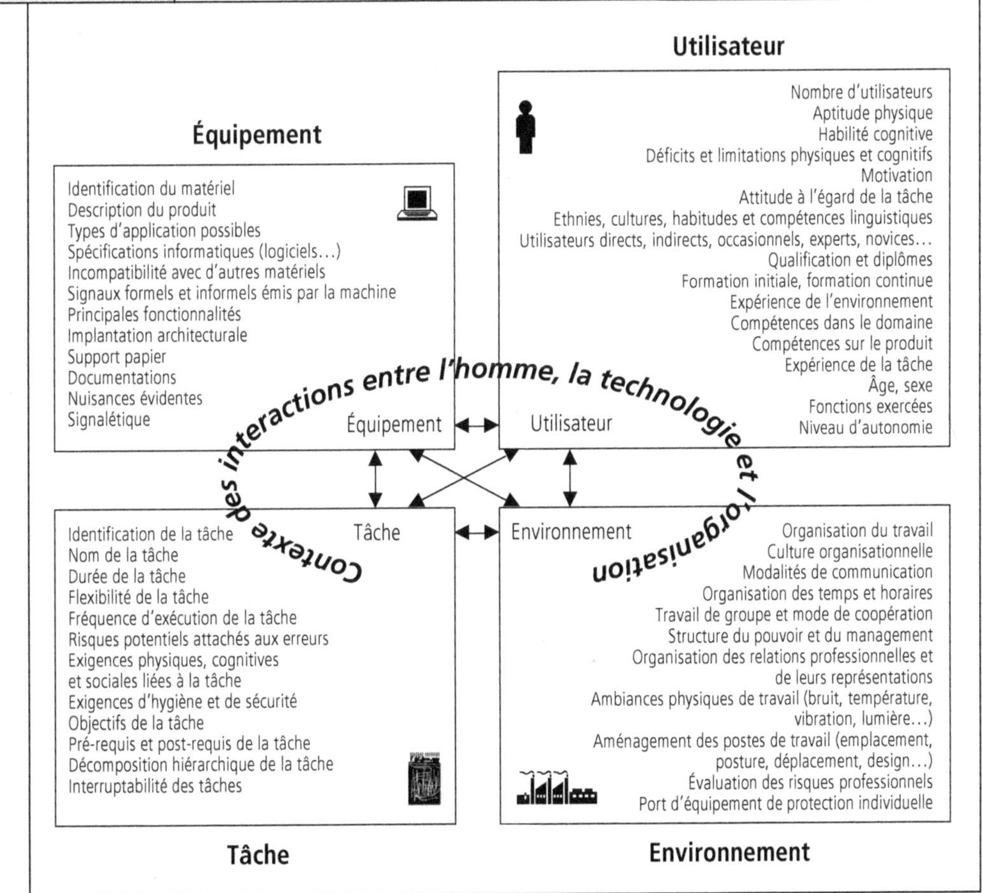

Remarquons enfin qu'hormis quelques caractéristiques spécifiques (comme la compétence dactylo) le cadre proposé par cette norme est assez général pour être appliqué à d'autres produits que les dispositifs informatiques. La ligne de normalisation tracée par cette norme constitue une trame suffisamment précise et globale pour permettre quelques généralisations à des produits de la vie courante, à des produits de grande consommation ou à des produits très spécifiques comme ceux dédiés aux personnes handicapées.

3.1.3. Des éléments de mesure de l'utilisabilité

Voir encadré 3.p.

La norme ISO 9241-11 décrit deux approches pour mesurer l'utilisabilité : la mesure de l'utilisabilité globale pour une tâche ou un ensemble de tâches, et des mesures d'utilisabilité partielles concernant :

- *Soit le type d'utilisateur ou d'utilisation* (utilisateur expérimenté, utilisateur débutant, utilisation intermittente) ;
- *Soit l'utilisabilité de certains aspects de la situation* (recours aux supports techniques, facilité d'apprentissage, tolérance aux erreurs, lisibilité).

Cependant, la mise en œuvre de ces évaluations requiert des compétences techniques[1] et des savoir-faire en ergonomie. Vous êtes certainement en train d'acquérir certaines de ces connaissances par le lecture de cet ouvrage[2].

1. Pour lesquelles la norme renvoie à une bibliographie présentée succinctement (méthodes d'analyse de la charge de travail, élaboration de questionnaires de satisfaction, etc.).
2. Le chapitre 5 est entièrement consacré aux techniques d'évaluation. Le lecteur peut se référer également au rapport technique ISO/TR 16982 qui présente « les méthodes d'utilisabilité pour la conception centrée sur l'opérateur humain », ses avantages et ses limites, aussi bien lorsqu'on utilise des techniques qui impliquent la participation directe de l'utilisateur (par exemple, observations, tests d'utilisation, etc.) que lorsque l'utilisateur final est absent de la démarche de conception (analyse et formalisation de tâches, méthodes d'inspection ergonomique, check-lists, etc.).

Encadré 3.p. **Mesures de l'utilisabilité globale et de l'utilisabilité souhaitée pour un produit selon la norme NF EN ISO 9241-11 (Extraits)**

Objectifs de l'utilisabilité	Mesures de l'efficacité	Mesures de l'efficience	Mesures de la satisfaction
Mesure de l'utilisabilité globale	Pourcentage d'objectifs atteints. Pourcentage d'utilisateurs terminant leur tâche de façon satisfaisante. Précision moyenne des tâches terminées.	Temps de réalisation d'une tâche. Tâches terminées en une unité de temps. Coût économique de réalisation d'une tâche.	Échelle d'évaluation de satisfaction. Fréquence d'utilisation libre. Fréquence de plaintes.
Mesure partielle : *Répond aux besoins des utilisateurs formés*	Nombre de tâches évoluées exécutées. Pourcentage de fonctions appropriées utilisées.	Efficience relative par rapport à un utilisateur expert.	Échelle d'évaluation de satisfaction en ce qui concerne les fonctions évoluées.
Mesure partielle : *Répond aux besoins des utilisateurs non formés*	Pourcentage de tâches réussies dès le premier essai.	Temps requis pour le premier essai. Efficience relative au premier essai.	Temps d'utilisation spontanée.
Mesure partielle : *Répond aux besoins d'une utilisation peu fréquente ou intermittente*	Pourcentage de tâches réussies après une période indiquée de non-utilisation.	Temps consacré à réapprendre les fonctions. Nombre d'erreurs répétées.	Fréquence de réutilisation.
Mesure partielle : *Minimisation des recours aux supports*	Nombre de consultations de la documentation. Nombre d'appels au support. Nombre de recours à l'aide.	Temps productif. Temps d'apprentissage pour atteindre les critères de compétence.	Échelle d'évaluation de satisfaction en ce qui concerne les installations de support.

.../...

…/…

Mesure partielle : *Facilité d'apprentissage*	Nombre de fonctions apprises. Pourcentage d'utilisateurs qui réussissent à atteindre le critère de compétence.	Temps d'apprentissage pour atteindre les critères de compétence. Temps de réapprentissage pour atteindre les critères de compétence Efficience relative durant l'apprentissage	Échelle d'évaluation de facilité d'apprentissage.
Mesure partielle : *Tolérance aux erreurs*	Pourcentage d'erreurs corrigées ou signalées par le système. Nombre d'erreurs utilisateurs tolérées.	Temps passé à corriger les erreurs.	Échelle d'évaluation du traitement d'erreurs.
Mesure partielle : *Lisibilité*	Pourcentage de mots lus correctement à une distance de vision normale.	Temps nécessaire pour lire correctement un nombre indiqué de caractères.	Échelle d'évaluation de la gêne visuelle.

Présentée sous la forme d'une norme, l'utilisabilité n'est pas pour autant devenue un label certifiant la simplicité des produits. Encore inconnue du public et mal maîtrisée des industriels, la certification de l'utilisabilité n'a pas encore fait la preuve de son intérêt commercial.

3.2. Quelques éléments sur la norme ISO 13407[1]

Cette norme internationale « énonce des recommandations relatives aux activités de conception centrée sur l'opérateur

1. Se référer également au rapport technique ISO 18529 portant sur « Ergonomie – Ergonomie de l'interaction homme/système – Descriptions des processus cycle de vie centrées sur l'opérateur humain ».

ISO 13407 : Processus de conception centrée sur l'opérateur humain pour les systèmes interactifs.

humain durant toute la durée de vie des systèmes interactifs informatisés. Cette norme s'adresse aux personnes responsables de projets et fournit un guide des sources d'information et des normes traitant de l'approche centrée sur l'opérateur humain ». D'un point de vue méthodologique, elle est assez contraignante, dans la mesure où le concepteur doit prouver que l'application de la norme a fait l'objet de tests obéissant à une démarche rigoureuse impliquant un échantillon représentatif et suffisant de futurs utilisateurs.

La norme ISO 13407 exige une démarche pluridisciplinaire.

En outre, la norme énonce quelques principes auxquels doit satisfaire une conception centrée sur l'opérateur humain :

- *Participation* active des utilisateurs et compréhension claire des exigences liées à l'utilisateur et à la tâche ;
- *Répartition* appropriée des fonctions entre utilisateurs et technologie ;
- *Démarche méthodologique* impliquant l'itération des solutions de conception ;
- Conception *pluridisciplinaire,* avec des représentants de l'utilisateur final, des acheteurs, des spécialistes du domaine, des concepteurs d'interface, du marketing, et des experts en facteurs humains et en ergonomie, etc.

Comme le montre l'encadré 3.q, le point de départ qui motive l'adoption de cette norme procède d'un questionnement sur la nécessité d'adopter un processus de conception centré sur l'opérateur humain. Cette approche résulte d'un compromis entre bénéfices pour l'utilisateur et pour l'organisation, et les exigences humaines, techniques, financières, organisationnelles, qu'implique la conception de produits centrée sur l'utilisateur. Nous avons déjà évoqué (cf. encadré 1.h.) les principaux bénéfices de cette démarche pour l'utilisateur, le produit et l'organisation.

L'analyse de l'activité de l'opérateur constitue le point central d'une démarche centrée sur l'utilisateur.

Suivre une démarche centrée sur l'opérateur humain, suppose d'intégrer l'utilisateur aux différents niveaux du processus de conception et de production, notamment par la prise en compte des objectifs, des tâches et des exigences de l'utilisateur. Dans ce sens, l'analyse de l'activité de l'opérateur humain constitue le point central de cette approche et les résultats de ces analyses doivent être intégrés aux cours des différentes activités de conception/production/évaluation.

Analyser et comprendre le contexte dans lequel le produit sera utilisé.

Comme pour la norme ISO 9241-11, il s'agit tout d'abord de connaître les besoins des utilisateurs finaux et de comprendre le contexte dans lequel le produit sera utilisé. L'analyse des interactions multiples entre les caractéristiques des utilisateurs, les tâches, les équipements et l'environnement organisationnel et physique doit être réalisée (cf. encadré 3.o).

Encadré 3.q. Démarche de conception centrée sur l'utilisateur final

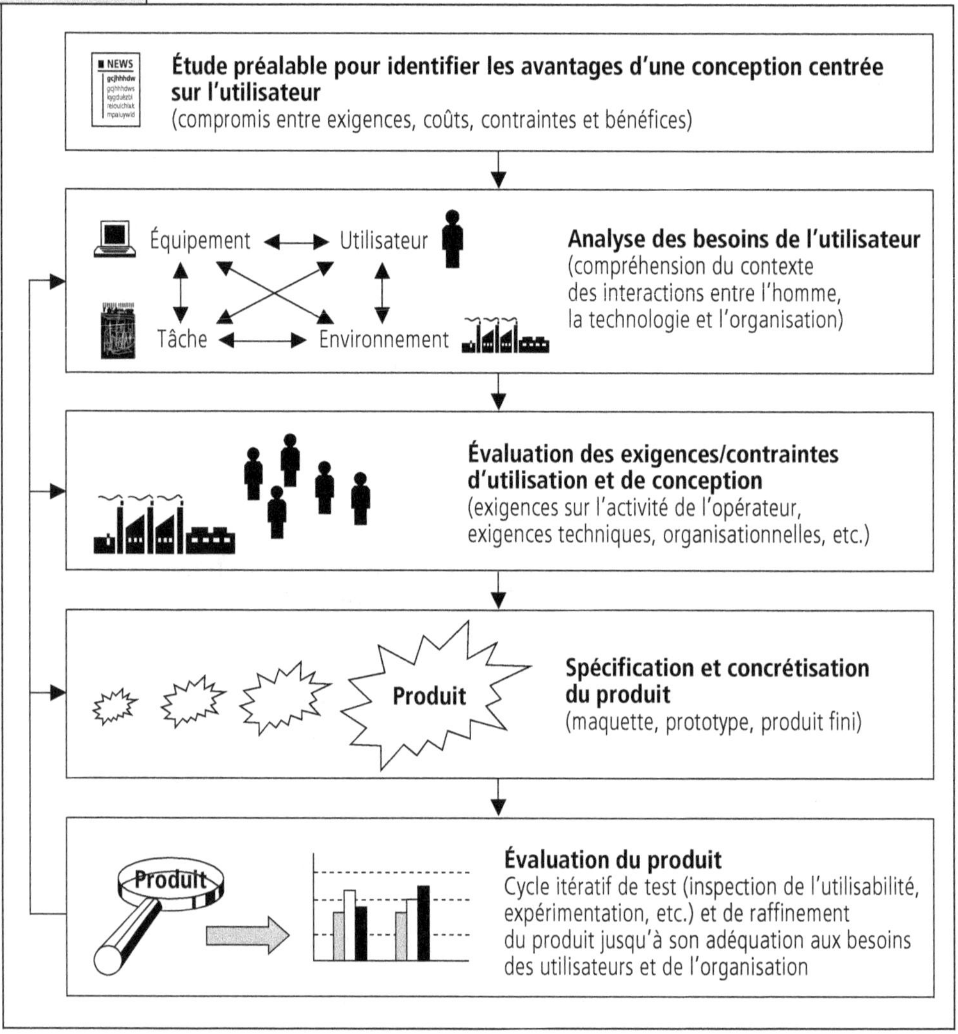

Étude préalable pour identifier les avantages d'une conception centrée sur l'utilisateur
(compromis entre exigences, coûts, contraintes et bénéfices)

↓

Équipement ⟷ Utilisateur
Tâche ⟷ Environnement

Analyse des besoins de l'utilisateur
(compréhension du contexte des interactions entre l'homme, la technologie et l'organisation)

↓

Évaluation des exigences/contraintes d'utilisation et de conception
(exigences sur l'activité de l'opérateur, exigences techniques, organisationnelles, etc.)

↓

Produit

Spécification et concrétisation du produit
(maquette, prototype, produit fini)

↓

Produit

Évaluation du produit
Cycle itératif de test (inspection de l'utilisabilité, expérimentation, etc.) et de raffinement du produit jusqu'à son adéquation aux besoins des utilisateurs et de l'organisation

Spécification des exigences/contraintes pour l'utilisateur et pour l'organisation.

Vient ensuite la spécification des exigences liées à l'utilisateur et à l'organisation. Les exigences liées à l'opérateur ayant une incidence sur la charge de travail ont été bien étudiées par la psychologie ergonomique (exigences liées à la prise d'information, aux traitements cognitifs, à la communication, coordination et coopération entre opérateurs, etc.). D'autres exigences impliquent l'étude des aspects techniques, financiers, juridiques et les exigences organisationnelles liées à la gestion du changement. Ces exigences de natures diverses servent à l'élaboration des spécifications qui s'exprimeront sous la forme d'un cahier des charges, voire d'une maquette ou d'un prototype.

Spécification des solutions de conception (maquettage, prototypage, produit final) et des méthodologies de test.

Le concepteur doit donc spécifier les solutions retenues pour la conception. Cela implique l'utilisation de connaissances existantes dans le domaine, la matérialisation pendant la phase de développement des solutions de conception en termes de maquettes et de prototypes, auxquels seront confrontés les utilisateurs potentiels (cf. chapitre 4, § 5.2.) et enfin l'enclenchement d'un processus itératif de test sur les solutions de conception, jusqu'à l'adéquation du produit final aux besoins et exigences des utilisateurs et de l'organisation (cf. chapitre 5).

Enfin, le concepteur est tenu de rédiger un rapport décrivant l'ensemble de la démarche pour justifier son adéquation à la norme (en annexe de la norme est fourni un exemple de rapport d'évaluation).

Encadré 3.r. La normalisation peut aussi constituer un frein à l'utilisabilité

Regardons les dispositifs de saisie de données numériques de la vie quotidienne : distributeur de billets de banque, calculatrice, euro-calculateur, télécommande de la radio ou du téléviseur, téléphones fixes et portables, etc.

Nous sommes face à deux systèmes : un système qu'on pourrait appeler non normalisé ou les nombres sont présentés du haut en bas et de gauche à droite dans l'ordre (schéma A de la figure) et un système représenté par le schéma B. Ce dernier correspond à une présentation normalisée que l'on retrouve à ses origines sur les claviers des ordinateurs, mais qui ne correspond pas aux habitudes de lecture et de recherche des données d'un utilisateur peu habitué au maniement de ces outils.

.../...

.../...

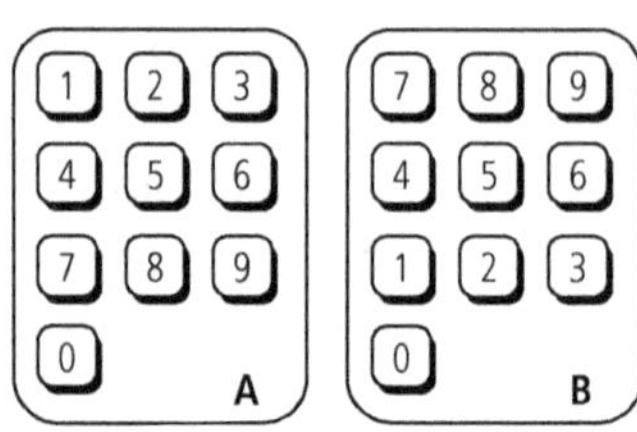

La normalisation peut aussi poser des problèmes lorsqu'elle arrive trop tard. Elle peut rendre surannés certains outils et systèmes techniques.

La normalisation est le résultat d'un compromis entre des intérêts très divers.

Les normes ne sont pas forcément l'aboutissement d'une approche scientifique. Le résultat de la normalisation est un compromis avec des enjeux et des intérêts scientifiques, politiques, économiques, sociaux, et techniques. Cette recherche de compromis entre des objectifs et des contraintes peut parfois constituer un frein à l'évolution des dispositifs.

Voir encadré 3.r.

Reste à savoir qui sera le spécialiste compétent pour appliquer la norme une fois qu'elle aura été adoptée par le concepteur ou l'industriel.

Certains peuvent penser que pour appliquer les normes il suffit d'appliquer le bon sens si bien connu de Monsieur F.

Mais les pratiques dans le domaine de l'utilisabilité montrent qu'on ne peut pas se passer d'une démarche objective qui implique un savoir scientifique et méthodologique ; c'est pourquoi le psychologue ergonome, entre autres, est désigné pour participer aux projets qui requièrent une conception ou une évaluation de la facilité d'usage.

C'est ce que nous allons voir dans les chapitres 4 et 5.

Fiche résumée du chapitre 3

Le chapitre en quelques points

Ce chapitre 3 a :

1	Présenté les grands principes permettant de spécifier l'utilisabilité des produits. A partir de l'explication de la notion d'heuristique, des règles ergonomiques de conception et d'évaluation de l'utilisabilité des produits ont été énoncées.
2	Résumé les très nombreuses recherches sur les critères ergonomiques sous la forme de quatre règles générales : (1) Faciliter l'apprentissage lors de la première approche d'un produit ou système technique ; (2) Faciliter la recherche d'information, sa perception, sa reconnaissance et sa compréhension ; (3) Faciliter le contrôle de l'activité : planification et exécution des actions, contrôle des résultats et gestions des incidents et erreurs ; (4) Enfin, prendre en compte le contexte d'utilisation et les exigences des utilisateurs.
3	Expliqué les caractéristiques fondamentales des normes ISO 9241 et 13407, en indiquant quelques obligations et avantages de ces normes.

DÉFINITIONS FONDAMENTALES

Norme ou Standard	Les normes ou standards sont un ensemble de règles ou principes qui définissent le cadre général de la conception et du développement d'un produit. Ces principes déterminent les limites (en termes de qualité, de sécurité, etc.) à l'intérieur desquelles doit se conformer le produit. Les normes nationales et internationales (ISO) sont élaborées par des commissions et homologuées par des organismes agréés.
Norme NF EN ISO 9241	La norme ISO 9241 définit le cadre de conception avec comme objectif explicite « utilisabilité » pour les outils de bureau comportant des écrans de visualisation ; aussi bien pour les composantes matérielles que pour les affichages et modalités d'interaction individu-système. Elle comprend 17 parties, les neuf premières concernent l'équipement et l'environnement de travail, les normes suivantes traitent de la partie logicielle.
Norme ISO 13407	Cette norme énonce des recommandations relatives aux activités de conception centrée sur l'opérateur humain, durant toute la durée de vie des systèmes interactifs informatisés.
Heuristique	Ensemble de principes ou de règles générales qui spécifient les modalités de traitement de l'information au niveau perceptif, cognitif et moteur lorsque l'utilisateur interagit avec des produits ou des systèmes techniques.
Principes ergonomiques (guidelines)	Ensemble de règles de conception, qui tient compte de la manière dont l'opérateur humain traite l'information. Ces règles sont dérivées de recommandations plus générales (ou heuristiques) pour être appliquées dans un domaine spécifique d'activité. En anglais, on les appelle « guidelines », lignes directrices.

CHAPITRE 4

Concevoir l'utilisabilité

IDÉES CLÉS* DU CHAPITRE :

Connaître l'utilisateur

Analyse de la tâche

Analyse de l'activité

Modélisation de l'utilisateur et de l'utilisation

Métaphore

Spécification de l'utilisabilité

Maquettage et prototypage selon les critères d'utilisabilité

L'objectif de ce chapitre est d'étendre à la conception de l'utilisabilité des produits l'esprit scientifique en montrant qu'elle est réductible à des rapports de cause à effet, et qu'une opération faiblement rationnelle, comme l'est a priori un exercice de créativité, peut être transformée en des règles de conception qui abordent dans leur interdépendance les choix humains, sociaux et techniques.

✓ **Les questions auxquelles répond ce chapitre**
- Comment concevoir des produits faciles à utiliser ?
- Comment organiser une démarche de conception centrée sur l'utilisateur ?
- De quels moyens dispose le spécialiste de l'utilisabilité pour développer des produits compatibles avec les caractéristiques des utilisateurs et de leurs tâches et activités ?

✓ **Quels sont les objectifs de ce chapitre ?**
- Comprendre l'utilisateur.
- Identifier les caractéristiques physiques, psychologiques et sociales de l'utilisateur final.
- Avoir des techniques pour analyser et modéliser les tâches et activités de l'utilisateur.
- Spécifier l'utilisabilité d'un dispositif technique.
- Réaliser une maquette ou un prototype de ce critère d'utilisabilité.

* Si nécessaire, voir les définitions dans la fiche résumée du chapitre, p. 177.

1. Les principes de la conception centrée sur l'usage

Si vous voulez qu'un utilisateur comprenne votre produit, vous devez d'abord comprendre l'utilisateur. Sans quoi, la conception centrée sur l'utilisateur n'est pas possible.

Donc, votre première tâche va être de comprendre réellement l'utilisateur, non pas ce que vous pensez de lui, ni ce que vous croyez qu'il pense de lui-même, ni ce que son supérieur hiérarchique ou sa femme pensent de lui… Mais ce que lui-même pense et fait tous les jours. Enfin, par souci d'économie de temps et de moyens, vous vous limiterez à le comprendre les jours où il utilise ou devrait utiliser votre produit ou ceux de vos concurrents.

« Les bénéfices attendus d'une présence sur Internet ont créé un empressement qui a bien souvent eu des effets négatifs sur la qualité des sites développés. Ces effets négatifs résultent généralement du peu de temps accordé à l'identification des besoins des utilisateurs finaux, de la prise en compte des caractéristiques de ces derniers, de l'identification et de l'analyse des tâches à réaliser et d'une méconnaissance de leurs environnements de consultation ».

Christian Bastien, Corinne Leulier & Dominique Scapin.

Monsieur M. a notamment appris cela aux dépens de l'hôtel Alta-Luxus, de son gendre et de l'entreprise Tawochi dont le magnétoscope est inutilisable. Il sait bien qu'un produit doit être facile à utiliser. Cela lui a été confirmé par le sèche-linge que sa femme a acquis sur conseil de sa fille, et qu'il n'a eu aucune peine à employer. Sa petite-fille va lui donner l'occasion de mettre à profit les leçons qu'il a retirées de ces expériences.

Depuis longtemps sa petite-fille de 6 ans lui réclame une maison de poupée, et comme c'est bientôt Noël, il a décidé de lui réaliser la plus belle maison de poupée du monde. Pas moins ! Il a pleins d'idées en tête, pour le toit, les murs, la chambre, la cuisine… Mais il est prudent. Il sait que ces idées sont les siennes et pas celles de sa petite-fille.

Il va donc se centrer sur sa petite-fille pour comprendre ce qu'elle attend et espère de sa maison de poupée. Il va observer sa petite-fille jouer à la poupée, comprendre ce qu'elle leur raconte et même noter des histoires qu'elle imagine lors de ses jeux. Il va recueillir des données sur ses poupées, leurs tailles, leurs habits, leurs gadgets, leurs objets… Il va demander à sa fille, Madame F., où sont rangées les poupées et où sa petite fille joue. Il va se renseigner pour savoir comment ranger la maison de poupée après avoir joué. En bref, il va rassembler une précieuse somme d'informations sur sa petite-fille, ses poupées et son environnement physique et social de jeu. Muni de toutes ces informations sur les caractéristiques de sa petite-fille et sur les contraintes imposées par sa fille pour le rangement de la maison, Monsieur M. va dessiner un plan.

Le plan est magnifique : en couleur, à l'échelle, avec des vues de dessus, de face et de côté, le tout sur du papier glacé. A première vue, sa petite-fille est émerveillée par le plan de son grand-père. Elle trouve les dessins splendides. A priori, le grand-père est heureux de l'écho favorable de sa petite-fille, qui trépigne d'impatience de voir sa maison réalisée.

> « La nature a toujours constitué une réserve d'inspiration pour la réalisation d'artéfacts utiles à l'homme. Il suffit de voir comment Léonard de Vinci passait avec bonheur de ses croquis d'anatomie à ceux d'ingénierie ».
>
> **Hugues Bersini.**

Mais le grand-père est perspicace. Il sait qu'on ne peut pas tenir compte du seul critère d'enthousiasme de l'utilisateur pour engager la fabrication d'un objet. Il faut recueillir d'autres informations, qui reposent sur l'usage réel. La satisfaction apparente de sa petite-fille peut tout simplement provenir du fait qu'un adulte lui porte non seulement un intérêt ou de la considération mais tout l'amour d'un grand-père. Il sait aussi que l'engouement de sa petite-fille peut résulter de la beauté de son dessin. Dans ce cas, sa réaction positive ne correspond pas forcément à la compréhension de l'architecture de la maison, mais tout simplement à la beauté de son plan ainsi qu'à l'imaginaire enfantin qu'il suscite.

C'est donc particulièrement vigilant que Monsieur M. décide d'inciter sa petite-fille à commenter son plan. Il se refuse à lui expliquer et pense, à juste raison, que pour bien concevoir, il faut comprendre ce que comprend l'utilisateur futur. Quel n'est pas alors son étonnement de saisir que sa petite-fille est loin d'avoir la même représentation que lui ! Par exemple, elle ne comprend pas la vue de dessus, qui ne représente qu'un rectangle rouge (les tuiles) avec un carré noir (la cheminée) au centre. Une fois compris la signification du carré noir, la petite-fille demande pourquoi dans la maison il n'y a pas de cheminée dans le salon. De plus, elle s'étonne qu'il n'y ait qu'une seule chambre et se pose la question de savoir où dormiront les poupées de ses amies, lorsqu'elles joueront ensemble. Où est l'escalier pour accéder aux étages ? Et ainsi de suite… Au bout de quelques minutes, Monsieur M. se dit que son projet est à réaménager. Cet exercice de verbalisation ne fait que lui confirmer ce qu'il savait déjà : sa petite-fille a une imagination sans fin ! Il en conclut qu'il va falloir travailler avec elle pour concevoir la plus belle maison de poupée du monde.

C'est donc pas à pas, de manière itérative, progressivement qu'il va concevoir, évaluer, réaliser, modifier la maison de poupée. De toute évidence, le travail est plus long qu'un achat d'une maison toute faite au supermarché, mais le résultat est sans commune mesure, tant au niveau :

– *Technique : la maison est vraiment très belle, robuste, utilisable, « jouable », et facile à ranger ! Elle n'est pas qu'un bel objet ; elle est réellement utilisée et source de plaisir pour la petite fille.*
– *Qu'humain : le grand-père et la petite-fille ont passé de fabuleux moments ensemble. Voilà la véritable récompense du grand-père !*

1.1. Généralités sur la conception

La conception par l'usage se centre sur les dimensions humaines, sociales et cognitives de l'utilisation d'un objet.

Cet exemple attendrissant montre qu'il ne s'agit pas de concevoir des produits pour eux-mêmes, mais pour en faire bénéficier l'homme. La satisfaction de l'utilisateur en est donc la résultante fondamentale. Dans cette perspective, le concepteur se centre essentiellement sur ce que les gens font ou feront des produits utilisés.

Concevoir en se centrant sur l'usage implique de comprendre ce que les hommes font réellement avec les machines...

Aussi, concevoir un outil technique, c'est dans un premier sens analyser une situation de travail afin de construire un dispositif technique qui remplace ou assiste l'opérateur humain. Néanmoins, dans ces deux cas, l'intervention de l'homme n'est pas nulle. Si dans le premier cas la question de l'utilisation ne se pose pas ou se pose moins que dans le second, la question de la panne (et donc celle de la maintenance) reste toujours présente. Ainsi, concevoir un outil technique, c'est également penser aux pannes. En effet, les propriétés des objets manipulés émergent aussi de la confrontation d'un système cognitif avec un échec d'utilisation. Les dénombrements des erreurs, des échecs et des pannes permettent la détermination des possibilités d'utilisation, même s'il est impossible d'entrevoir tous les échecs possibles. L'utilisation conduit à des comportements spécifiques que l'anticipation, même la plus précise, ne peut prévoir. Ces « pannes » de la communication homme-machine apparaissent surtout avec la pratique. De ce fait, les méthodologies de conception doivent intégrer l'erreur comme un trait pertinent de la conception.

...de rechercher la symbiose dans l'interaction homme-machine...

Concevoir, c'est donc aussi créer un style de communication, de conversation entre une machine et un individu. Le défi de la conception devient alors de construire un dialogue qui soit aussi efficace que celui obtenu par le langage dans le domaine de ce que les personnes font lorsqu'elles manipulent le langage. La clarté de l'interaction est très importante dans la conception des outils techniques.

...de veiller à l'apprentissage de l'outil...

Concevoir, c'est encore modifier les possibilités d'action des utilisateurs, les conduisant à développer des stratégies opératoires d'appropriation du nouvel outil. Dans ce sens, la conception renvoie à l'apprentissage de l'utilisation. Elle doit donc prévoir et intégrer la façon dont l'utilisateur va s'y prendre pour appréhender le fonctionnement de l'outil conçu.

...de favoriser l'intégration du dispositif dans les pratiques sociales...

La conception a également un retentissement social. Concevoir des outils c'est aussi modifier notre rapport à la nature en tentant de la soumettre. La technique est un lieu de la pratique sociale. Tout comme les grandes évolutions industrielles, les technologies nouvelles bousculent notre rapport à la nature. Mais à la différence de la vapeur ou de l'électricité, les technologies nouvelles modifient également notre rapport à la culture. Certaines techniques issues de l'informatique, et plus encore de l'intelligence artificielle, touchent le cœur même du social en multipliant les possibilités des individus d'intervenir sur leur propre culture : elles accroissent les capacités de l'homme d'agir sur ses cognitions, sur son savoir-faire et finalement sur l'ensemble de ses conduites. En d'autres termes, ils affectent les hommes dans ce qu'ils connaissent, dans ce qu'ils se communiquent, et donc dans ce qu'ils sont. Ici s'opère une rupture sociale fondamentale qui banalise l'activité humaine, dans le sens où elle tend à être prise en compte dans les nouveaux dispositifs.

...d'optimiser la relation homme-technologie-organisation....

Du côté des publications
Brangier, 2002-2003

En bref, une approche de la conception qui se centre sur la facilité d'usage s'oppose aux approches classiques car elle cherche à optimiser, d'une part la relation entre la technologie et l'homme et d'autre part la relation entre le système technique et l'environnement humain, organisationnel et social (Brangier 2002-2003). De ce point de vue, la conception centrée sur l'usage présente un avantage sur les approches classiques. Ceci étant, les projets symbiotiques ne trouvent leur pertinence que lorsque l'homme est encore présent dans les situations de travail. En cas d'automatisation complète, il est difficile d'envisager un compromis entre une augmentation de l'attrait du travail et l'élimination du travail par l'automatisation.

...d'opter pour une démarche participative et globale.

Dans le cadre d'une approche centrée sur l'homme, les démarches de travail sont toujours participatives : les avis des opérateurs sont systématiquement pris en compte dès le début de la conception du système et jusqu'à la validation du produit final. Ce type de démarche met donc l'accent sur la satisfaction personnelle et professionnelle en amenant les futurs utilisateurs à participer à la conception ou à l'aménagement d'une situation d'usage. Les méthodes utilisées pour collecter des données visent à connaître et reconnaître l'utilisateur et son activité. Il s'agit là d'une forme de démocratisation qui s'oppose au dirigisme d'une approche strictement technique. Cependant, la démocratisation n'est pas toujours une valeur en soi. Elle est un aspect de la production des données sur l'opérateur nécessaire à l'intervention, tout en étant aussi un moyen d'augmenter la probabilité de faire accepter le nouveau système par les futurs usagers.

Encadré 4.a. Quelques idées-clés de la conception centrée sur l'utilisateur

Développer une démarche centrée sur l'utilisateur implique d'adhérer à certaines idées, que nous récapitulons selon des postulats, des principes et des connaissances.

Postulats de base :

- Il existe un corpus scientifique sur les dimensions humaines et sociales de l'usage des technologies. Ce dernier s'appuie fortement sur l'ergonomie et la psychologie cognitives et organisationnelles ainsi que sur certaines dimensions des sciences pour l'ingénieur (automatique, informatique, gestion de production, qualité, sûreté de fonctionnement...). Ce corpus scientifique est quasiment inexistant dans les formations d'ingénieurs et de techniciens[1]. Si bien que les enseignements en conception ont très souvent tendance à faire dominer un modèle rationnel de l'usage qui ne satisfait pas les besoins des utilisateurs, des clients, des entreprises et parfois de la société.
- Ce corpus scientifique doit devenir une discipline à part entière, qui doit centrer ses efforts sur la compréhension du fonctionnement mental et social de l'utilisateur, de l'usager et du client.

.../...

1. A la suite de la catastrophe de l'usine AZF à Toulouse, le rapport « Le Déau » a constaté la quasi-inexistence d'enseignement en sûreté de fonctionnement, fiabilité humaine, gestion des risques industriels, organisation de la sécurité, prévention des conduites professionnelles à risques dans toutes les écoles d'ingénieurs françaises. Le système éducatif et professionnel français privilégiera-t-il encore longtemps l'enseignement de l'anglais sur celui de la prévention des risques ?

.../...

- Ce corpus scientifique fait dominer ce qui relève de l'utilisation réelle sur ce qui relève des possibilités techniques. Ce corpus scientifique débouche sur la définition de l'utilisabilité d'un produit, qui n'est pas un supplément d'âme que l'on apporte aux machines, ni un adjuvant, mais est conçue dans le produit lui-même.

Principes de base :

- Pour aménager des situations d'usage, il faut commencer par comprendre les utilisateurs – ce qu'ils font et ce dont ils ont besoin – et donc identifier les besoins des utilisateurs-cibles.
- Ces besoins ne peuvent pas être recueillis sans la participation effective et réelle de l'utilisateur final, de manière à recueillir les données objectives et subjectives de son activité. Ce que l'utilisateur sent, touche, voit et imagine doit être intégré à la conception de manière à cerner précisément les usages.
- Ces besoins doivent dominer la conception des modes opératoires et des raisonnements en œuvre entre l'utilisateur et le dispositif technique. En bref : les besoins doivent permettre de décrire l'activité future probable de l'utilisateur. L'analyse de l'activité réelle de l'utilisateur sert donc à anticiper son activité future.
- Ce recueil des données articulé autour de l'activité réelle doit permettre au groupe de pilotage de la conception de prendre en considération des critères de satisfaction de l'utilisateur, en plus des critères économiques et techniques. Les données recueillies doivent également permettre d'envisager l'intégration du nouveau dispositif au fonctionnement organisationnel (entreprise) et socio-affectif (domestique).
- Seulement après avoir conçu des possibilités d'usage (et recenser les contraintes techniques), la conception du reste du système technique peut être envisagée.
- Une fois conçue et développée, la facilité d'usage du nouveau système doit être testée et validée selon des critères relatifs à l'utilisateur (satisfaction, confort, efficacité, sentiment de puissance, autonomie...).
- Enfin, durant toute la vie du produit il s'agit de continuer à écouter l'utilisateur, afin de gérer l'évolution du produit et d'en comprendre les nouveaux usages. Une observation continue et régulière de l'utilisateur est donc nécessaire.

Connaissances de base :

- Les connaissances nécessaires à une conception centrée sur l'homme impliquent trois types de savoir : l'utilisateur qui connaît son travail, l'ingénieur qui connaît la technologie et le psychologue ergonome qui connaît les principes de la cognition et de la conduite humaine dans les situations technologiques.
- Seuls des spécialistes particulièrement bien formés ou des équipes pluridisciplinaires peuvent mener à bien la conception d'un système anthropocentré (centré sur l'homme).
- Ces équipes pluridisciplinaires mettent en œuvre un ensemble de connaissances qui inclut la manière dont le produit est imaginé, conçu, fabriqué, annoncé, commandé, acheté, emballé, maintenu, installé, administré, documenté et amélioré.

1.2. Les dimensions à prendre en compte

Comment peut-on décrire l'utilisabilité des composants d'un produit à concevoir ou à améliorer ?

La conception correspond à un ensemble complexe de phénomènes plutôt qu'un phénomène simple et observable. Elle fait intervenir de multiples dimensions parmi lesquelles on trouve :

- La détermination des besoins des utilisateurs ;
- La collecte des informations sur le contenu, l'organisation et les conditions de travail des futurs utilisateurs finals ;
- La connaissance des utilisateurs ;
- L'analyse des tâches des utilisateurs ;
- La détermination des concepts généraux du système ;
- La détermination des objectifs des produits, logiciels ou services et des contraintes de leur conception ;
- La définition des performances du système homme-dispositif ;
- La conception des aspects sémantiques (définition des buts, des organigrammes de tâches, de l'organisation des opérations en unités, des structures de données, des aspects de la sécurité et des niveaux de confidentialité) ;
- La conception des fonctionnalités du système, définition des entrées et sorties ;
- La conception des structures syntaxiques (définition de la syntaxe du dialogue, des fonctions, des commandes, des formats d'affichage et de réponse du système, des messages d'erreur, et de l'aide en ligne) ;
- La spécification des dispositifs d'entrée et de sortie ;
- La conception des dispositifs de formation de l'opérateur (manuel utilisateur, aide en ligne, formation sur le lieu de travail) ;
- L'implémentation du système (modalités d'implémentation, participation des utilisateurs aux divers points de visibilité du développement) ;
- Le maquettage, prototypage ;
- Les tests du produit ;
- La validation ;
- L'amélioration du produit par raffinements successifs ;
- L'évolution et la maintenance.

Se centrer sur l'utilisateur revient à identifier ses caractéristiques, analyser et modéliser les situations d'utilisation, spécifier l'utilisabilité du point de vue de l'utilisateur, réaliser une maquette puis l'évaluer.

Pour donner une vision claire et quelque peu simplifiée de la conception de l'utilisabilité d'un produit, ces différents éléments peuvent être regroupés en quatre étapes.

Premièrement, il est nécessaire de se centrer sur l'utilisateur et donc d'avoir identifié ses caractéristiques physiques, cognitives et sociales qui seront mobilisées dans l'utilisation du produit. Il s'agit de faire un produit qui soit compatible avec les caractéristiques de l'utilisateur et donc qui l'oblige le moins possible à s'adapter à des contraintes qui lui seraient imposées de l'extérieur. La conception d'un produit doit donc partir de la connaissance de la situation dans laquelle se trouve l'utilisateur de manière à identifier ses besoins.

Deuxièmement, la connaissance de cette réalité de l'utilisateur se fonde sur l'analyse psychologique de ses activités, c'est-à-dire sur ce qu'il fait réellement et pas sur ce qu'on attend qu'il fasse. En effet, en interagissant avec un produit, l'utilisateur mobilise une série de processus psychologiques qu'il est indispensable de connaître pour que les futurs actes d'utilisation du produit soient compatibles avec ses processus mentaux. Ensuite, l'analyse de la situation de l'utilisateur final est à l'origine d'une modélisation qui synthétise à la fois les caractéristiques des utilisateurs et les tâches qu'ils réalisent ou réaliseront avec le produit. Ce travail de formalisation est centré sur les activités réelles et actuelles de l'utilisateur ou sur une description de ses activités futures probables.

Troisièmement, la connaissance des processus psychologiques de l'utilisation d'un produit permet de spécifier l'utilisabilité du produit, autrement dit : les éléments d'utilisabilité que le produit sera à même d'offrir.

Quatrièmement, la conception se concrétisera par une maquette ou un prototype qui sera évalué, testé, amendé, corrigé et validé. Reprenons et détaillons ces quatre grandes lignes de la conception de l'utilisabilité.

2. L'analyse de l'utilisateur et de ses besoins

Qu'est-ce que vous voulez que votre produit fasse pour l'utilisateur ? Si, en tant que concepteur, designer ou fabricant vous pouvez déjà répondre précisément à cette question, nous nous étonnons vraiment que vous ayez lu ce livre jusqu'ici. En effet, si vous nous avez bien suivi, vous devriez vous dire qu'il est impossible de répondre à ces questions sans avoir analysé l'activité réelle de l'utilisateur, le contexte d'utilisation et sans avoir envisagé les modalités d'acceptation du nouveau produit.

> « Le début d'une lignée d'objets techniques est marqué par cet acte synthétique d'invention constitutif d'une essence technique ».
>
> **Gilbert Simondon.**

Le point de vue de l'utilisateur n'est pas le vôtre, ni celui du financeur de votre projet ; ou plus savamment : le modèle mental de l'utilisateur n'est pas celui du concepteur. Par voie de conséquence, le travail du concepteur est d'analyser les représentations de l'utilisateur de manière à en déduire des éléments formalisables et implantables dans un objet technique. Voilà pourquoi, le spécialiste de l'utilisabilité se livre à une analyse psychologique et ergonomique de la situation de travail de l'utilisateur final.

Généralement, cette analyse appréhende à la fois l'utilisateur, ses besoins spécifiques et les tâches qu'il accomplit ou qu'il est censé accomplir avec un produit dans un contexte donné.

2.1. La détermination des caractéristiques de l'utilisateur

Vous comprenez bien que vous ne pouvez pas faire le même produit pour une petite-fille ou un senior, pour un voyant ou un aveugle, pour un handicapé mental ou un tétraplégique, pour un contrôleur financier ou un gestionnaire de portefeuille, pour un salarié illettré ou un diplômé de polytechnique, etc. Chaque utilisateur et chaque situation d'utilisation sont différents, c'est pourquoi chaque personne a des besoins spécifiques, quand bien même des principes généraux s'appliquent à tous les hommes. En fonction des différences, les fonctionnalités des produits seront différentes, l'utilisabilité le sera également, l'utilisation du produit sera différente, les modes d'utilisation se distingueront également et les impacts sociaux du produit seront encore particuliers. Ainsi, la conception d'un produit s'appuie toujours sur la connaissance des caractéristiques de l'utilisateur final.

Pour appréhender les utilisateurs finaux, Faulkner (2000) a proposé d'en distinguer quatre types :

- « *L'utilisateur direct* » utilise lui-même le produit de manière à accomplir sa mission ;

Du côté des publications
Faulkner, 2000

– *« L'utilisateur indirect »* demande à l'utilisateur direct d'utiliser un dispositif pour satisfaire ses demandes. Il s'agit par exemple d'un client à un guichet qui sollicite son banquier pour avoir des informations sur son compte. Le banquier est ici utilisateur direct, le client utilisateur indirect du système informatique.
– *« L'utilisateur éloigné »* n'utilise pas le système mais en profite indirectement et à distance. Lorsqu'un client d'une banque reçoit ses relevés de compte à domicile, il est un utilisateur éloigné.
– *« L'utilisateur support »* correspond à l'ensemble des personnes qui dans l'entreprise assure le bon fonctionnement du système technique. Dans le cas d'une banque, il s'agit des responsables hiérarchiques des utilisateurs directs, des techniciens, des formateurs...

Cette catégorisation souligne qu'un produit doit non seulement satisfaire les exigences de l'utilisateur direct, mais aussi de tous les utilisateurs qui sont en contact avec lui. En complément de cette catégorisation, Faulkner (2000) a identifié deux autres groupes d'utilisateurs, qui se superposent aux précédents :

– *« L'utilisateur obligé »* doit utiliser le système pour réaliser son travail. Le système a un caractère obligatoire. L'utilisateur obligé est très souvent un professionnel.
– *« L'utilisateur discrétionnaire »* n'est pas obligé d'employer un dispositif particulier pour accomplir ses tâches. Lui-même choisit le produit qu'il désire utiliser selon ses propres critères. Généralement, l'utilisateur discrétionnaire est un client, un consommateur ou un utilisateur domestique.

Au-delà des critères de proximité ou de distance et d'obligation ou de discrétion, la connaissance de l'utilisateur implique également d'identifier son niveau d'expertise.

Aussi, différencions :

– *L'expert :* il sait tout ce qu'il est utile et nécessaire de savoir sur le produit et son utilisation.
– *Le spécialiste ou l'intermédiaire :* son modèle de connaissance n'est pas aussi étendu que celui de l'expert. Ces

« Novice user : someone who is afraid that if they touch the keyboard they will break the system. Expert user: someone who breaks other people's computers ».

Xristine Faulkner.[1]

connaissances lui permettent de se constituer un modèle pratique et/ou théorique plus ou moins riche de l'utilisation d'un système technique.

- *Le novice ou débutant* a peu ou pas d'expérience d'utilisation. Il peut être très méfiant, angoissé, voire résistant au changement technologique.
- *L'intermittent* utilise de manière occasionnelle un dispositif technique.

Pour être utilisable, un système devra être adapté à la fois aux novices, aux intermédiaires, aux intermittents et aux experts. Selon les utilisateurs, le système technique devra proposer des modalités d'interaction, des fonctionnalités, des aides à l'apprentissage, des notices d'utilisation spécifiques à chaque besoin. Par ailleurs, les débutants ne restent pas novices longtemps et les systèmes doivent les accompagner dans leurs apprentissages et favoriser l'acquisition de nouvelles connaissances et modes opératoires.

Attention aux catégories toutes faites !

Beaucoup de précautions doivent être prises pour classer les utilisateurs dans des catégorisations préexistantes. En effet, si la répartition des utilisateurs dans des classes peut être intéressante pour cerner la population ciblée par la conception, cette catégorisation se fait au détriment de la dynamique d'utilisation et du contexte mouvant de l'utilisation future. Chaque environnement d'usage étant différent et les utilisateurs étant d'une étonnante plasticité comportementale, ces catégorisations se révèlent être d'une opérationalisation limitée, car trop générales, descriptives des personnes et peu explicatives des besoins spécifiques de ces personnes.

2.2. La compréhension des besoins spécifiques

Le but de l'analyse des besoins est d'établir un dialogue avec les utilisateurs finaux qui permette d'appréhender leur problème et leur demande en comprenant leur travail.

1. « L'utilisateur novice : quelqu'un qui a peur que s'il touche le clavier il endommagera le système. Utilisateur expert : quelqu'un qui casse les ordinateurs des autres ». Xristine Faulkner.

Dans son travail, Madame F. est familiarisée à l'informatique et utilise quotidiennement son micro-ordinateur. Depuis plusieurs semaines, elle déclare avoir « besoin » du logiciel Shmoldu.

Un entretien non-directif centré sur la compréhension de ses tâches, fait apparaître que son besoin n'est pas de bénéficier des fonctionnalités offertes par Shmoldu, mais de pouvoir retravailler des fichiers tenus à jour par une de ses collègues se trouvant dans un autre bâtiment que le sien. Actuellement, l'échange de ces fichiers ne pouvant se faire du poste de sa collègue vers le sien, notre utilisatrice est chaque fois obligée d'aller travailler ailleurs que dans son bureau, ce qui donne lieu à des coûts sociaux, psychologiques et économiques inutiles. Dans ce cas, nous voyons clairement que le besoin de Madame F. n'est pas tant d'avoir Shmoldu, que de pouvoir travailler sur les mêmes fichiers que sa collègue. Malgré les tentatives de Monsieur F. d'expliquer à sa femme l'intérêt de l'utilisabilité, Madame F. confond toujours demande et besoin!

> « Ma réponse est OUI ! ...Mais quelle était votre question ? »
>
> **Woody Allen.**

Une solution à son problème peut être de lui proposer le logiciel Shmoldu, ou de lui fournir un logiciel lui permettant de convertir les fichiers du format Shmoldu en un format qui soit compatible avec celui de son poste de travail.

Cet exemple illustre la confusion, hélas trop fréquente, entre les besoins et les solutions techniques. Il montre également qu'il est nécessaire de réinterpréter les demandes de l'utilisateur sous la forme de besoins. Bien trop souvent les utilisateurs et les informaticiens cherchent à obtenir des solutions alors qu'ils n'ont pas défini les besoins spécifiques des uns et les contraintes et coûts techniques des autres.

Qu'est-ce qu'un besoin spécifique ?

Un besoin est dit spécifique lorsqu'il concerne une personne et/ou un groupe de personnes et/ou une situation donnée dont le point commun est sa particularité par rapport aux normes « naturelles » (sensorielles, physiques, motrices, cognitives, perceptives...) ou « culturelles » (illettrisme, expertise, apprentis, technicité...).

Cette singularité n'est pas donnée de fait, ou existante une fois pour toutes, mais renvoie à l'espace-temps dans lequel s'inscrit la personne. Ainsi, en parlant de besoin spécifique, on reconnaît que tous les individus sont ou seront à un moment donné de leur existence des personnes à besoins spécifiques. Ces besoins spécifiques représentent donc une série de contraintes entraînant une accessibilité restreinte, voire une inaccessibilité à l'éducation, au travail, à la santé, aux loisirs, à la vie sociale, à la citoyenneté...

La performance ciblée par l'amélioration devrait être à la fois humaine et technique.

L'appréhension des besoins spécifiques des utilisateurs vise donc à comprendre la relation qu'ils entretiennent avec leurs environnements éducatif, professionnel, social, matériel et médical de manière à améliorer cette relation, c'est-à-dire de la rendre plus facile (encadré 4.b.). C'est donc la connaissance des besoins spécifiques qui oriente la conception de manière à atteindre des améliorations qui soient pertinentes pour l'utilisateur final. Trop souvent les améliorations sont essentiellement justifiées par la hiérarchie, les fournisseurs externes ou encore les effets de modes. L'amélioration visée doit constituer un enjeu pour l'entreprise et l'utilisateur final. Autrement dit, une amélioration est toujours évaluée par l'utilisateur selon son propre point de vue et ses propres critères subjectifs. Si cette évaluation est négative, l'utilisateur risque d'y réagir en détournant, sabotant, sous-utilisant, dévoyant ou évitant d'employer le dispositif technique. Alors… autant concevoir des dispositifs qui soient utiles, utilisés et utilisables !

L'identification des besoins spécifiques de l'utilisateur cherche aussi à qualifier les améliorations imaginées par les concepteurs selon le critère de facilité d'usage :

- Quelle est la pertinence de l'amélioration apportée à l'utilisateur final ?
- Quel sera le niveau de satisfaction de l'utilisateur ?
- Quels changements sociaux s'opéreront ?
- Quels nouveaux besoins peuvent apparaître ?
- En bref : quelles sont les modifications comportementales et sociales envisagées par la conception du produit ?

Voir encadré 4.b.

L'analyse des besoins spécifiques cherche donc à analyser les situations d'usage pour identifier les éléments qui peuvent simplifier la vie de l'utilisateur final. Selon les besoins identifiés, des orientations technologiques peuvent déjà être proposées – mais pas encore arrêtées – pour la suite de la conception.

Encadré 4.b. **Quelques illustrations de la mise en relation des besoins spécifiques des utilisateurs avec des technologies (inspiré de Scherer et Galvin, 1997)**

Besoins spécifiques	*Exemples de technologies possibles*
Accessibilité physique	Adaptation du cadre de vie, domotique, contrôleurs d'environnement…
Action	Outils et instruments de la vie quotidienne, machine-outils, robots programmables, appareils ménagers, machines à commande numérique, produits divers…
Apprentissage	Logiciels éducatifs, notices, manuels, didacticiels…
Audition	Prothèse auditive, amplificateur téléphonique, amplificateur télévisuel…
Cognition	Aides-mémoires, systèmes d'aide à la décision, aides à l'orientation et au déplacement dans l'espace, systèmes d'aide à la planification des fonctions exécutives...
Communication	Dispositifs de communications électroniques, messagerie, téléphones portables adaptés…
Écriture	Systèmes d'aide à l'écriture, accélérateurs et correcteurs, claviers à balayage, reconnaissance de la parole…
Lecture	Scanner, synthèse vocale, systèmes d'aide à la lecture, livres enregistrés…
Mobilité	Fauteuil roulant, adaptation des postes de pilotage de véhicules…
Professionnel	Stations de travail adaptées, équipements spécialisés…
Récréatif	Jeux vidéo utilisables, équipements sportifs…
Santé	Dispositifs d'administration de médicaments, aide respiratoire…
Soins personnels	Adaptation de la salle de bains (bain, toilette…), dispositifs d'aide à l'habillement, ustensiles de cuisine adaptés…
Vision	Systèmes d'amélioration de la vision, systèmes d'affichage de données, système de guidage auditif…

Voir encadré 4.c.

L'encadré 4.c. indique que les améliorations ciblées par les produits qui nous entourent concernent trois domaines : la vie sociale (amélioration générale) ; le monde professionnel (améliorations productive et éducative), et la santé (améliorations compensatrice, curative et palliative). Une fois encore, la conception de l'utilisabilité devra tenir compte des caractéristiques des domaines concernés par le produit à concevoir.

Encadré 4.c. **Présentation de quelques types d'améliorations escomptées par l'usage de technologies**

Améliorations	*Buts du produit*	*Domaines concernés*	*Exemples de technologies*
Générale	Améliorer les usages dans le grand public.	Tous : professionnels et domestiques.	Postes informatisés. Véhicules. Habitats…
Productive	Améliorer la performance de la personne dans une situation professionnelle.	Le monde professionnel, l'entreprise, l'administration…	Poste de travail. Outils de communication, d'aide à la décision. Stations de travail…
Éducative	Assurer la formation efficace de la personne.	Cognitif, apprentissage, mémoire…	Didacticiels, aides-mémoire, aides à la planification…
Compensatrice	Rééquilibrer un désavantage acquis. Soulagement de la souffrance par la correction de la fonction déficitaire.	Handicap sensoriel moteur, cognitif…	Fauteuils roulants, Prothèses auditives, visuelles…
Curative	Aider à la guérison ou faciliter les soins de la personne.	Santé, des soins du corps, du confort du cadre de vie…	Systèmes de diffusion de médicaments, Ustensiles adaptés…
Palliative	Atténuer l'expression des handicaps sans possibilité d'agir sur la cause.	Grands handicaps moteurs, sensoriels, cognitifs. Tétraplégie, aphasie…	Téléthèse interactionnelle.

« Le problème est que bien des intellectuels ignorent la technologie et ont un réflexe de clocher de rejeter ce qu'ils ne comprennent pas, étiquetant comme déterministe tout effort de prendre au sérieux la dynamique autonome de la technologie dans la constitution de la société ».

Manuel Castells.

Analyser les besoins des utilisateurs implique de définir qui a besoin de quoi, pour faire quoi, comment et à quel moment ? Ou encore de déterminer :

- Les fonctionnalités dont les utilisateurs ont un besoin réel ;
- La durée de l'apprentissage ;
- Les exigences de la formation des futurs utilisateurs ;
- Les caractéristiques du matériel ;
- La date de mise en service du nouveau dispositif ;
- Les performances du système ;
- La fréquence d'utilisation ;
- Le temps de réponse du système ;
- La participation des utilisateurs aux étapes du projet ;
- Le rôle actif ou passif de l'utilisateur ;
- Le rôle coopératif ou palliatif du système technique ;
- Les critères de sécurité du dispositif et de l'utilisateur ;
- L'autonomie ou la dépendance d'un utilisateur donné par rapport aux autres ;
- Les modifications d'organisation, de conditions et de contenu du travail qui peuvent être engendrées par la politique d'informatisation ;
- Et de prévoir et d'accompagner l'évolution des besoins.

Du côté des publications
Gillet, 1987

De manière à renseigner ces différents critères, le spécialiste de l'utilisabilité prendra le soin de recueillir des connaissances sur les utilisateurs et leur situation d'utilisation. Pour ce faire, il réalise l'évaluation des usages à partir d'une technique intitulée « l'enquête d'usage[1] », qui va permettre de cerner les besoins des utilisateurs à partir du recueil et de l'analyse de leurs comportements verbaux et non-verbaux.

Voir encadré 4.d.

1. Voir paragraphe 5.2.1. où sont détaillées diverses techniques d'enquête d'usage.

Encadré 4.d. Quelques techniques de recueil des besoins de l'utilisateur

Gillet (1987) distingue les comportements verbaux des non-verbaux ainsi que l'origine de l'émergence de ces comportements dans les situations observées : soit ces comportements sont spontanés, soit ils sont provoqués par l'analyste. A partir de ce découpage, il est possible de construire le tableau suivant qui synthétise quelques-unes des grandes techniques de recueil de données qui seront détaillées dans le chapitre 5.

	Comportements verbaux	Comportement non-verbaux
Spontanés	Communication verbale entre les utilisateurs (plutôt interpersonnelle). Traces écrites. Traces électroniques.	Déplacements, postures, actions : pour comprendre la recherche et l'usage d'information. Regards et exploration visuelle : étude de l'exploration et de la saisie sélective d'information.
Provoqués	Entretiens structurés plus ou moins directifs. Entretiens en groupe. Verbalisation à haute voix des raisonnements. Techniques d'information à la demande (pourquoi/comment). Recherche des incidents critiques. Verbalisation consécutive à des activités filmées. Entretien d'explicitation, etc.	Expérimentation (en laboratoire d'utilisabilité). Simulation. Représentation graphique (étude des images mentales, etc.).

Sur la base de ces techniques de recueil de données, l'analyse des tâches et activités de l'utilisateur va pouvoir débuter.

3. L'analyse psycho-ergonomique des tâches et activités de l'utilisateur final

Qu'est-ce que l'utilisateur va faire avec votre produit ? Allez… essayez de répondre ! Pour cette fois, il n'y a pas de piège dans notre question. Alors disons : il va regarder un film, il va téléphoner, il va jouer, il va transporter ses courses, il va faire une fiche de paie, il va laver son linge, il va gérer son stock, il va conduire un véhicule, il va déboucher une bonne

L'analyse de l'interaction homme-technologie d'un point de vue cognitif requiert une analyse complémentaire des tâches à exécuter et de l'activité de l'utilisateur.

bouteille de vin... Oui, oui et encore oui vous avez raison : l'utilisateur va faire ces choses que les psychologues ergonomes appellent des tâches et des activités. Aussi, le produit que vous voulez concevoir doit-il être adapté aux tâches et activités de l'utilisateur.

Qu'est-ce qu'une tâche ?

La notion de tâche correspond à ce qui doit être fait, soit sous forme de prescription en situation de travail, soit sous forme d'intention formulée par l'utilisateur lui-même dans les situations de la vie quotidienne. Elle s'apparente à une unité de travail avec un début et une fin, plus ou moins définie, pour atteindre un ou plusieurs objectifs, dont l'obtention requiert la mise en œuvre d'actions élémentaires ou de procédures organisées (modes opératoires). La tâche peut être réalisée par un agent humain ou artificiel (par exemple un robot). D'un point de vue méthodologique, l'analyse de la tâche diffère selon le domaine et les moyens que le domaine offre, c'est-à-dire la simplicité ou la complexité de la technologie utilisée. La notion de tâche est indissociable des objets ou dispositifs qui permettent de réaliser la tâche. Son analyse implique la description des objectifs et des moyens de les atteindre.

Qu'est-ce que l'activité ?

L'activité correspond à ce qui est fait réellement. Elle peut différer de ce qui a été prescrit. Elle peut être donc considérée comme la façon dont un individu spécifique réalise sa tâche. L'activité comprend l'ensemble des moyens mis en œuvre pour atteindre les objectifs. L'analyse de l'activité ne se limite pas à la tâche proprement dite. En effet, la manière dont une tâche est résolue dépend des caractéristiques du sujet (novice ou expert, jeune ou âgé, masculin ou féminin...) et de son activité. Cette activité a des composantes observables (les actions motrices, le temps mis pour exécuter les actions, les erreurs commises, les objets que l'individu utilise, parfois les verbalisations) et inobservables, c'est-à-dire l'activité interne consciente et non consciente, qu'on qualifie de processus (type de raisonnement mis en œuvre, activités de planification, activation d'automatismes cognitifs, perceptifs ou moteurs, etc.). La psychologie du travail et l'ergonomie ont pour objectif de rendre compte de ces processus en interprétant les conduites.

> L'activité est « le produit de l'intériorisation d'un domaine de tâche, reliant des représentations et des traitements associés aux objets, aux propriétés et aux opérations du domaine, donc au dispositif de ce domaine ».
>
> **Jean-Michel Hoc.**

3.1. L'analyse des tâches

L'analyse de la tâche guide la conception d'un nouveau produit, tant au niveau de son utilité que de son utilisabilité.

En tant qu'outil méthodologique, l'analyse des tâches représente un ensemble de techniques pour décrire et expliquer la manière dont l'utilisateur interagit avec d'autres personnes et avec un dispositif. Pour cela elle recueille des données subjectives et objectives, qualitatives et quantitatives, cliniques et expérimentales, sur le travail. Il s'agit d'identifier les buts de l'utilisateur, la façon dont il atteint ces buts et les informations qui lui sont nécessaires à la fois dans les situations normales, dégradées, urgentes, risquées et accidentées. L'analyse porte également sur le contexte dans lequel l'utilisateur emploie le dispositif. Les différentes données recueillies et analysées vont orienter et parfois forcer la conception du nouveau produit.

Voir encadré 4.d.

Nous allons tout d'abord présenter les composantes de l'analyse de la tâche, puis ses domaines d'application, pour aborder finalement la question de la modélisation des tâches.

3.1.1. Les composantes de l'analyse de la tâche

L'analyse des tâches représente un ensemble de techniques utilisées pour répondre aux différents problèmes rencontrés dans les situations de travail.

De nombreux auteurs s'accordent à soutenir que l'analyse des tâches repose sur quatre composantes principales :

- *L'étude de la situation,* c'est-à-dire des conditions d'exécution des tâches : organisation du travail, technique de production, environnement général, caractéristiques de l'opérateur ;
- *L'étude des objectifs,* c'est-à-dire des performances exigées par l'organisation (milieu professionnel) ou l'utilisateur particulier (milieu domestique) ;
- *L'étude des moyens,* c'est-à-dire de la machine ou du dispositif et des procédures d'utilisation ou de résolution disponibles (modes opératoires).
- *L'étude des contraintes,* c'est-à-dire des exigences physiques et mentales requises pour exécuter la tâche.

3.1.2. Domaines d'application de l'analyse de tâches

Du côté des publications

Kirwan et Ainsworth, 1993

L'analyse de tâches n'est pas spécifique de la conception de l'utilisabilité d'un produit. Elle s'applique dans de nombreux domaines où se posent des problèmes liés (Kirwan & Ainsworth, 1993) :

L'analyse des tâches correspond à la collecte d'un savoir sur le travail (conditions, organisation, contenu, caractéristiques des postes de travail, raisonnements en jeu...), à son analyse et à son opérationalisation en fonction des objectifs de l'analyse.

Voir encadré 4.e.

- *A la répartition des fonctions entre l'homme et la machine :* l'opération doit-elle être exécutée manuellement, semi-automatiquement ou entièrement automatisée ? L'opérateur est-il complètement engagé dans l'usage du dispositif ou a-t-il seulement un rôle de contrôle et supervision ?
- *Aux caractéristiques des opérateurs :* capacités, aptitudes, traits de personnalité de l'opérateur ou aux pré-requis pour accomplir une tâche ou exercer une fonction...
- *A la conception de l'interaction entre l'homme et le dispositif :* l'emplacement, l'arrangement, le nombre, l'intitulé des menus, les caractéristiques des organes de commande et d'affichage et prenant en compte les caractéristiques et les contraintes de traitement de l'information par l'utilisateur...[1]
- *Aux personnels et à l'organisation du travail :* nombre de personnes requises, structure de l'équipe dans l'exécution des tâches...
- *Aux apprentissages :* transmission des procédures, transfert de connaissances, formation...
- *A l'évaluation de la fiabilité humaine :* étude des erreurs, des incidents, d'accidents...

Encadré 4.e. Domaines d'application de l'analyse des tâches (adapté de Kirwan & Ainsworth, 1993)

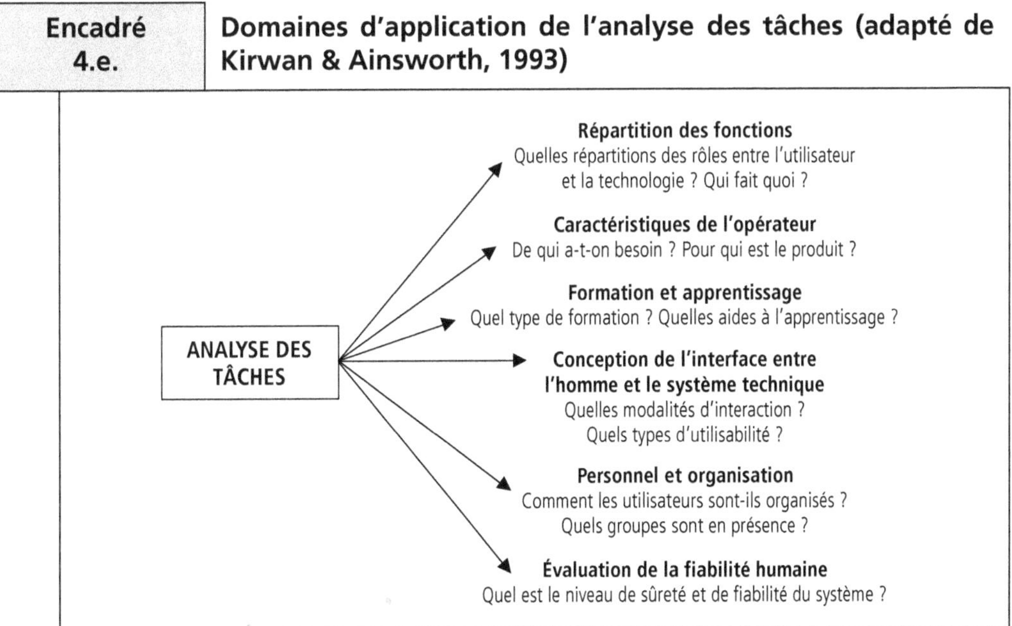

1. Voir le chapitre 3 sur les critères d'utilisabilité des systèmes.

« Description logique et normative des activités de l'opérateur visant à l'éclaircissement de leur travail réel ».

André Bisseret.

Dans l'analyse des tâches, l'ergonomie et la psychologie du travail apportent des formalismes et des méthodes d'analyse qui peuvent être utilisés soit dans un but prédictif de l'activité, soit comme une mesure de la complexité cognitive et opératoire du fonctionnement d'un système. Ces disciplines soulèvent le problème de la compatibilité entre la description d'un dispositif et les représentations mentales de l'utilisateur. La mise en correspondance de ces deux modèles (utilisateur/dispositif) est l'objectif de l'utilisabilité, notamment à travers la recherche d'affordances et de métaphores.

3.2. Modélisations des tâches

Le modèle décrit la vue que l'utilisateur a de son problème et les moyens nécessaires à sa résolution.

Dans l'hypothèse la plus pertinente, l'utilisabilité d'un dispositif sera conçue ou aménagée en employant une certaine méthodologie d'analyse et sera, de ce fait, décrite avec un formalisme donné[1]. D'une manière générale, les psychologues ergonomes utilisent un vocabulaire et des méthodes relativement formalisés qui permettent de décrire les tâches, activités, contraintes, astreintes et charge de travail. Selon les contextes et objectifs, ces descriptions peuvent viser à :

- *Associer la structure* externe du système (commandes, affichages…), la structure interne (fonctionnalités techniques) et les liens fonctionnels entre ces deux structures ;
- *Saisir les relations entres les variables* d'un système qui contribuent à un processus de fabrication d'un produit, à la transformation d'un produit ou d'une information ;
- *Montrer le rôle de l'opérateur humain* dans le système et la manière dont il contribue à la régulation de l'activité en indiquant les informations, contrôles et communications requises pour maintenir le dispositif en état de fonctionnement normal.

Traditionnellement, l'analyse de la tâche procède par une décomposition de la tâche en sous-tâches jusqu'au moment

1. Soulignons qu'il n'existe pas de méthode indépendante de l'objet d'étude fixé. Il existe des liens forts entre les objectifs poursuivis par l'analyse du travail et la connaissance précise des différentes fonctions assurées par les opérateurs et des modes opératoires qu'ils mettent en jeu. Ceci étant, le but de l'analyse du travail n'est pas réductible à l'identification des fonctionnalités. Elle intervient aussi lorsqu'il s'agit de définir l'utilisabilité du système ou d'accompagner son implantation dans le tissu socio-organisationnel

critique où le concepteur estime avoir détaillé les procédures élémentaires de l'opérateur. Ces procédures élémentaires sont déclarées atteintes lorsque l'analyse a permis de dégager des éléments simples.

« Un modèle formel résulte de l'application d'un système formel à un sous-ensemble d'objets de la réalité afin de permettre une interprétation en termes de valeur de vérité. Ainsi, un modèle doit posséder une syntaxe (celle du système formel utilisé) et une sémantique (résultant de la projection du système formel dans une réalité signifiante) ».

Guy Tiberghien.

Les formalisations ou les modélisations des tâches et de l'activité de l'utilisateur sont nombreuses. Certaines s'appliquent à la description d'une tâche isolée, d'autres permettent de mettre en évidence les relations existant entre plusieurs tâches, ou encore les relations entre les tâches et les systèmes utilisés pour les accomplir. Certaines sont centrées sur la description du fonctionnement des systèmes techniques et de leur résultat (réseaux de transition ou automates, diagrammes de fluence de produits et d'informations, graphes de processus, etc.) ; d'autres mettent plutôt l'accent sur les objectifs de l'opérateur (arbres de décisions, analyses hiérarchiques des tâches).

Ainsi, lors de la description des tâches et activités, le spécialiste de l'utilisabilité peut mettre l'accent sur le fonctionnement des systèmes techniques ou sur l'utilisation qui doit en être faite par l'opérateur. Les descriptions centrées sur le fonctionnement mettent plutôt l'accent sur le système technique en expliquant les effets d'une commande ou la manière dont le système accomplit une fonction. Les représentations centrées sur l'utilisation, quant à elles, décrivent les objectifs à atteindre en précisant le déroulement d'une séquence d'actions, c'est-à-dire le mode opératoire ou le mode de réalisation d'un objectif.

Voir encadré 4.f.

Lors de l'apprentissage d'utilisation de dispositifs, cette distinction correspond à ce que Richard (1983) a décrit en termes « d'une logique de fonctionnement » ou « d'une logique d'utilisation ». Ces deux descriptions visent en fait deux objectifs différents : la première s'attache à transmettre les connaissances sur la signification des fonctions, des commandes, à justifier les procédures ; alors que la deuxième vise essentiellement à rendre possible les objectifs d'action immédiats.

Encadré 4.f. Règles de fonctionnement et règles d'utilisation

Les règles de fonctionnement sont du type : « si on exécute la commande C1 alors on obtient les effets E1 et E2 ». Ces règles correspondent à la description du fonctionnement de l'automate.

.../...

.../...

Les règles d'utilisation sont du type : « pour avoir E1 il faut faire C1 et C2 », c'est-à-dire « si objectif est... alors faire ceci... ». Ces règles correspondent aux objectifs de l'utilisateur.

On peut illustrer la distinction entre ces deux types de règles par un exemple de Boucheix, Thouilly, Poly (1995), extrait d'un programme de formation en entreprise :

- Exemple de règle de fonctionnement : la mise sous tension (si C1) déclenche un fonctionnement de la machine à vide (alors E1). Le circuit d'encre ne s'établit pas (alors E2), mais la pompe d'aspiration fonctionne (alors E3).
- Exemple de règle d'utilisation : pour mettre sous tension (pour avoir E1) placer l'interrupteur sur 1 (faire C1), attendre la fin du cycle de nettoyage (faire C2), démonter le boîtier (faire C3), etc.

Du côté des publications

Boucheix, Thouilly, Poly, 1995

« L'analyse du travail mental ne peut se faire qu'au prix d'une méthodologie expérimentale rigoureuse. Il faut renoncer à chercher une méthode ergonomique rapide et passe-partout, et ceci pour au moins deux raisons.
La première tient à la complexité et surtout à la diversité des processus analysés (...).
La deuxième raison tient au fait que l'activité mentale n'est pas directement observable ».

Jean-Claude Spérandio.

La plupart des formations centrées sur le travail, mais aussi les manuels d'utilisation et les notices techniques des produits grand public, se limitent à la transmission de règles d'utilisation, c'est-à-dire aux modes opératoires typiques pour atteindre un résultat cible à partir d'un état initial. Il paraît cependant nécessaire de proposer des informations qui articulent règles d'utilisation (connaissances procédurales) et règles de fonctionnement (connaissances déclaratives) de façon à permettre à l'opérateur/utilisateur de répondre à deux types de questions :

- Les questions dirigées par les facteurs internes déterminées par les objectifs qu'il poursuit (Comment peut-on faire pour atteindre un but ? Qu'est-ce qu'on peut faire si on ne veut pas tel résultat ? Quelle est la différence entre deux procédures, avec lesquelles on peut atteindre un même but ?) ;
- Et les questions dirigées par les objets externes ou événements dans l'interaction avec les systèmes techniques (Pourquoi ? Qu'est-ce qui a causé cela ? Où s'est-on trompé ? Pourquoi est-ce erroné ? Comment sortir de cet état ?).

Il existe de nombreux formalismes pour décrire les tâches ; le choix de ceux-ci dépendra des objectifs assignés à l'évaluation. Voici une brève présentation de quelques formalisations utilisées pour décrire les tâches.

3.2.1. Les réseaux de transition

Le réseau de transition[1] est une forme de représentation de tâches constituée de nœuds qui renvoient aux états dans lesquels un système est susceptible de se trouver et des transitions qui montrent les opérations permettant de passer d'un état à un autre, ainsi que des conditions de passage.

Ces réseaux permettent de représenter :
- L'ensemble des états qu'un système peut adopter ;
- Les actions susceptibles d'être exécutées dans un état spécifique ;
- Les connexions pouvant être établies entre un état antérieur et un état résultat, à travers l'exécution d'une action.

Voir encadré 4.g.

Cette formalisation peut être adaptée pour décrire rapidement des dispositifs simples qui comportent divers modes, en proposant un modèle minimal de leur fonctionnement.

Encadré 4.g. **Réseau de transition (automate) simplifié décrivant les états (modes) de fonctionnement d'un magnétoscope**

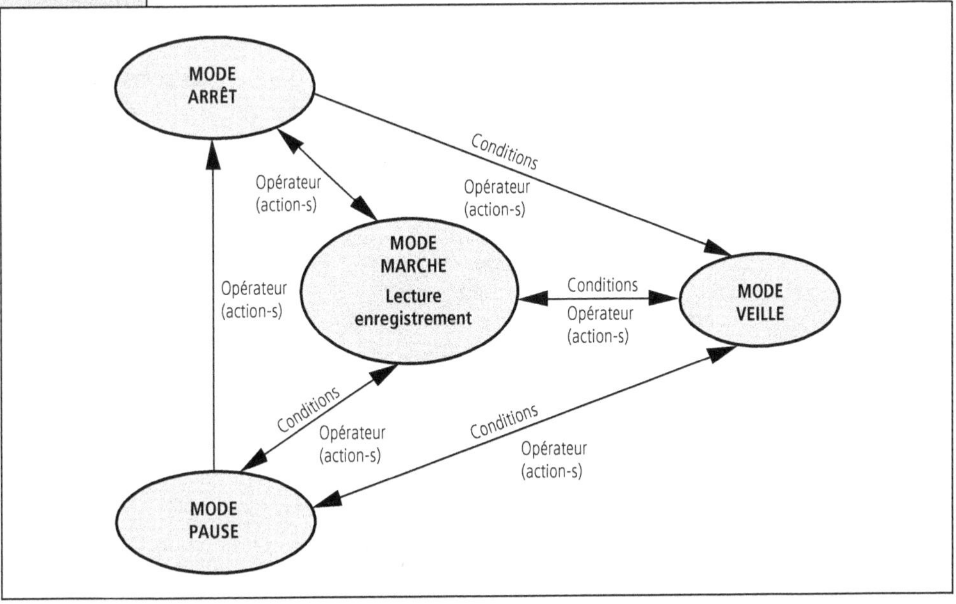

1. Kieras et Polson (1985) sont à l'origine de ce type de représentation. Ils ont publié plusieurs études sur un type de réseau appelé GTN (Réseau de Transition Généralisé).

Une autre variante des réseaux de transition est le réseau de Petri. Dans celui-ci, les nœuds contiennent les objectifs d'action (par exemple : ouvrir les valves de remplissage) ou de contrôle (par exemple : vérifier la pression) que peut se fixer l'utilisateur et les arcs contiennent les conditions ou les états, que l'opérateur doit vérifier (par exemple : pression trop basse). Ces conditions peuvent comporter des variables (seuils, niveaux, gradients). Accomplir une tâche consiste à réaliser les différents objectifs (passer d'un nœud à un autre ou effectuer une transition) en vérifiant à chaque fois les conditions de passage.

Voir encadré 4.h.

Cette forme de représentation est utile pour montrer les relations entre les éléments d'un système. Elle permet de modéliser les séquences d'événements possibles à partir de l'état dans lequel se trouve le dispositif technique. L'encadré 4.h. montre un réseau de transition simplifié qui formalise la tâche que doit accomplir un utilisateur pour vérifier l'état de la pression de sa chaudière. Par exemple, si la pression est trop basse, il doit ouvrir les valves de remplissage d'eau, si elle est trop haute, ouvrir la valve de secours pour évacuer l'eau en surplus.

Du côté des publications
Kirwan et Ainsworth, 1993

Encadré 4.h. **Réseau de Petri pour décrire une tâche qui consiste à régler la pression d'un système technique (chaudière). (Adapté de Kirwan et Ainsworth, 1993)**

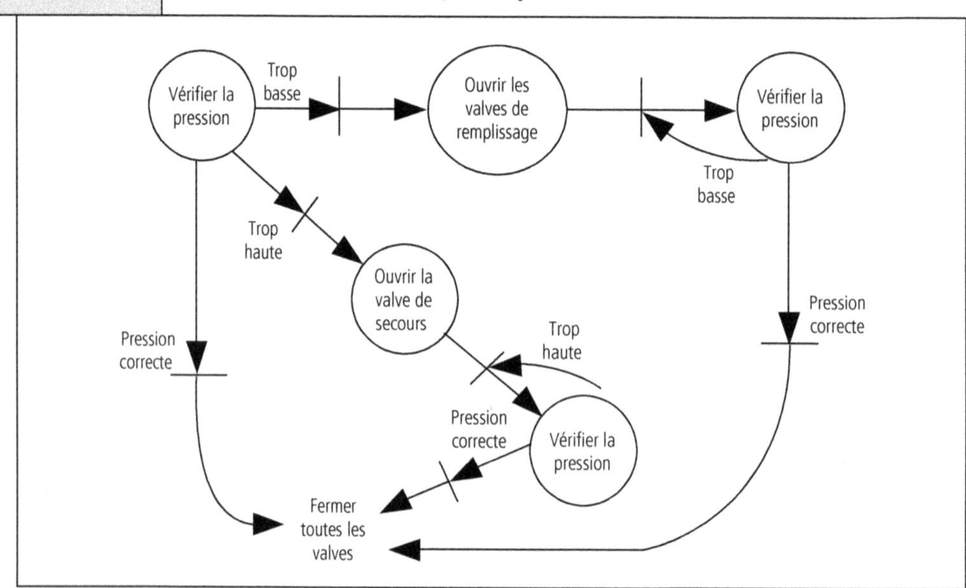

3.2.2. Description structurale/fonctionnelle d'un système technique

Dans certains cas (étude de l'activité de dépannage, formation, simulation par ordinateur, etc.) une description du système technique en termes de liens fonctionnels entre ses différentes composantes internes (application) et externes (interface) peut être utile. L'exemple donné dans l'encadré 4.i., illustre le fonctionnement d'un lecteur CD, en montrant le rôle central du microprocesseur entre l'interface (commandes et sorties) et les autres composantes internes.

Voir encadré 4.i.

Encadré 4.i. **Description de la structure d'un système technique (lecteur CD) en termes de liens entre composantes internes et composantes externes (interface de l'utilisateur)**

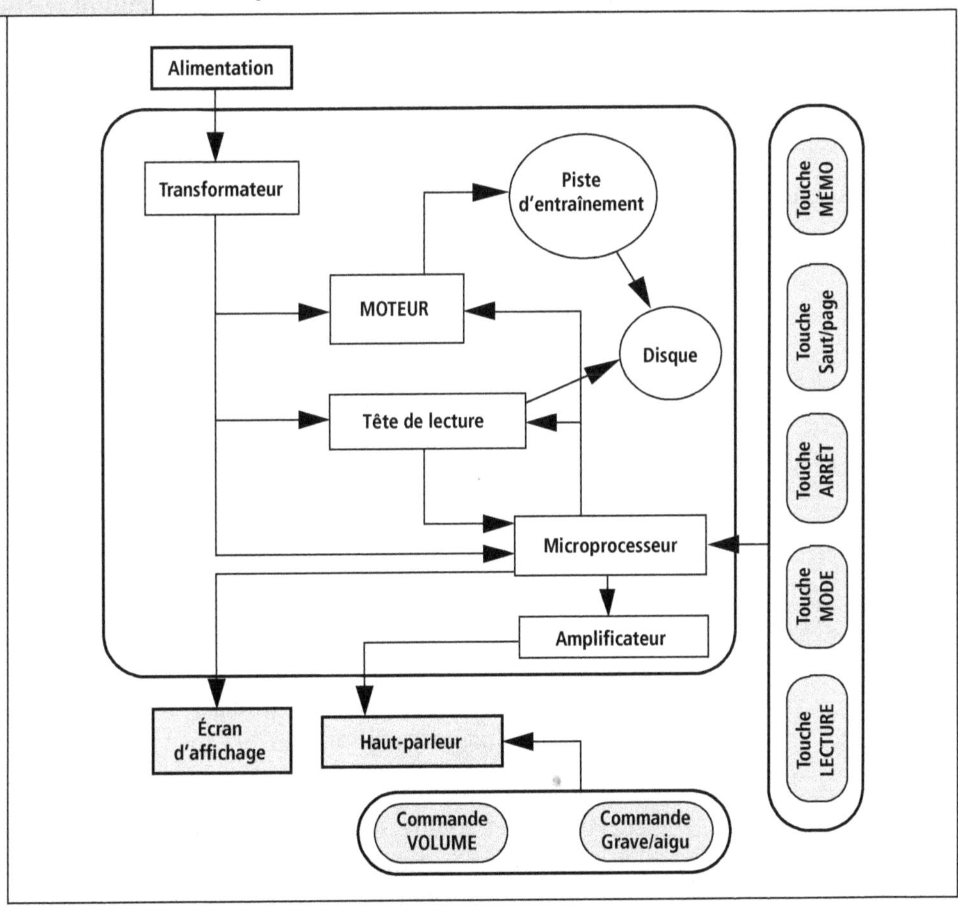

Cette description peut être utilisée au moment de la conception, pour rendre compte des composantes techniques nécessaires pour le fonctionnement du dispositif, mais aussi pour guider l'activité d'un dépanneur qui suit souvent des stratégies topologiques (recherche d'une composante défectueuse en fonction de son emplacement) ou fonctionnelles (recherche de composantes nécessaires pour accomplir une fonction, par exemple, fonction sonore).

3.2.3. Les graphes de processus (déroulement d'un ensemble d'opérations)

Voir encadré 4.j.

Les graphes de processus constituent une des formes les plus anciennes pour la représentation visuelle de tâches (Gilbreth & Gilbreth, 1921). Cette modélisation graphique est constituée de diagrammes ou graphes qui représentent le cours de l'activité. Cette activité est faite d'opérations où chaque élément comportemental est catégorisé (par exemple, opérations motrices, opérations de contrôle, opérations de transport ou d'approvisionnement, etc.) et ensuite représenté par un symbole appelé « therblig » (une anagramme de Gilbreth). Ce système de représentation est devenu le standard pour décrire des processus de production ou de fabrication ; il est souvent utilisé dans les entreprises.

Dans sa présentation formelle, un graphe de processus décrit une séquence d'activités ou d'événements descendants reliés entre eux. Ces graphes peuvent comporter aussi des annotations pour chacune des opérations décrites (par exemple, le numéro de l'opération ou le temps requis pour exécuter celle-ci). L'encadré 4.j. présente un exemple simplifié d'un graphe de processus décrivant les opérations nécessaires pour effectuer un enregistrement avec un magnétoscope.

Pour confronter l'activité de deux opérateurs ou comparer le processus d'exécution de deux tâches réalisées par des systèmes différents, on peut adopter une présentation en parallèle en deux ou plusieurs colonnes.

Ce type de formalisme correspond à une présentation très procédurale et linaire. Très souvent, il représente une manière d'élaborer les notices d'utilisation et les aides en ligne : énonciation ordonnée de la suite des actions à réaliser. Mal adapté à la description des systèmes complexes, il peut néanmoins convenir à des tâches simples.

Encadré 4.j. **Exemple de graphe de processus pour une tâche simple d'enregistrement avec un magnétoscope, avec les symboles (therbligs) conventionnels utilisés**

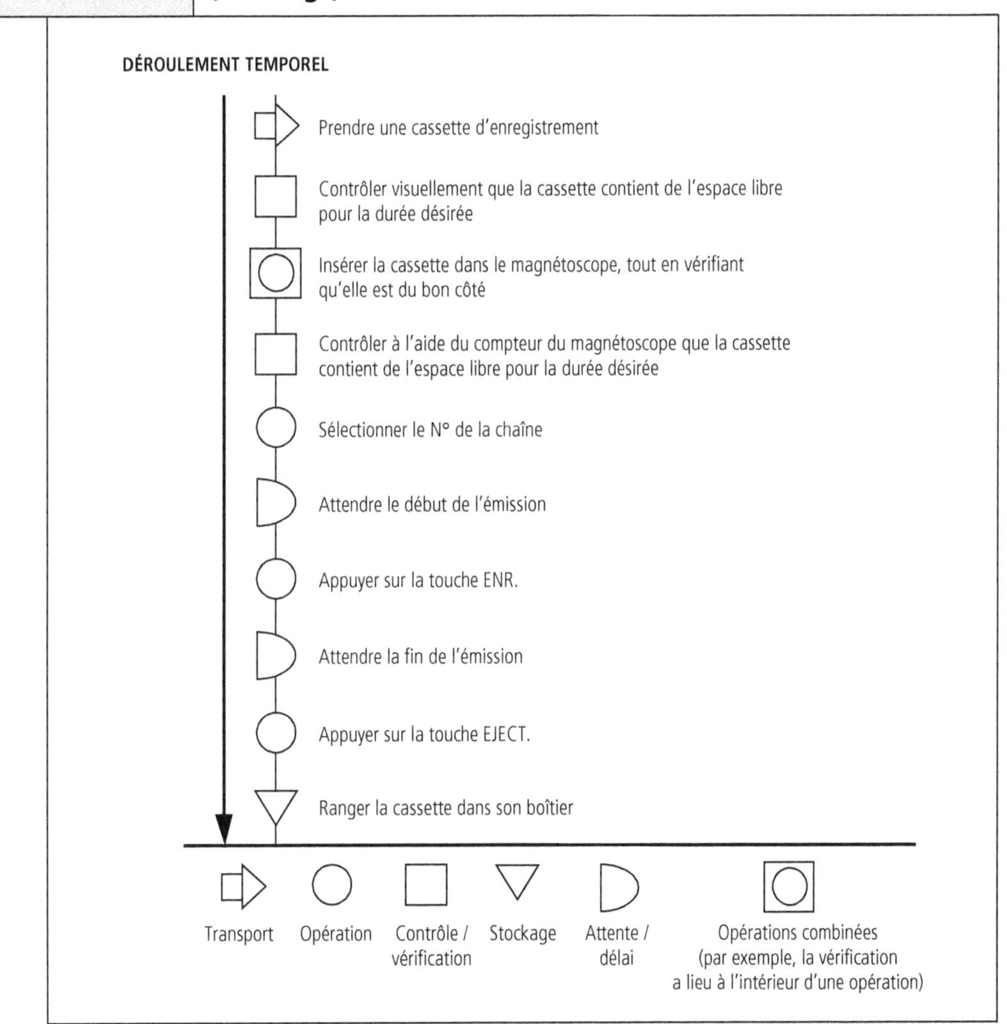

3.2.4. Les graphes de fluence (produits/information)

Voir encadré 4.k.

Au-delà de saisir les relations entre les variables d'un système, le graphe de fluence permet d'indiquer les actions à accomplir par l'opérateur (commandes) et les opérations de

Du côté des publications
Gillet, 1987

contrôle (lecture sur cadran, écran ou sur tableau). L'encadré 4.k. illustre ce type de description appliquée à la représentation d'un processus chimique (Gillet, 1987), qui présente la dynamique de la transformation des matières premières entrées en un produit fini, en intégrant un ensemble de variables désignant les états intermédiaires (granulométrie, humidité, etc.).

Encadré 4.k. **Graphe de fluence d'un processus chimique (extrait de Gillet, 1987)**

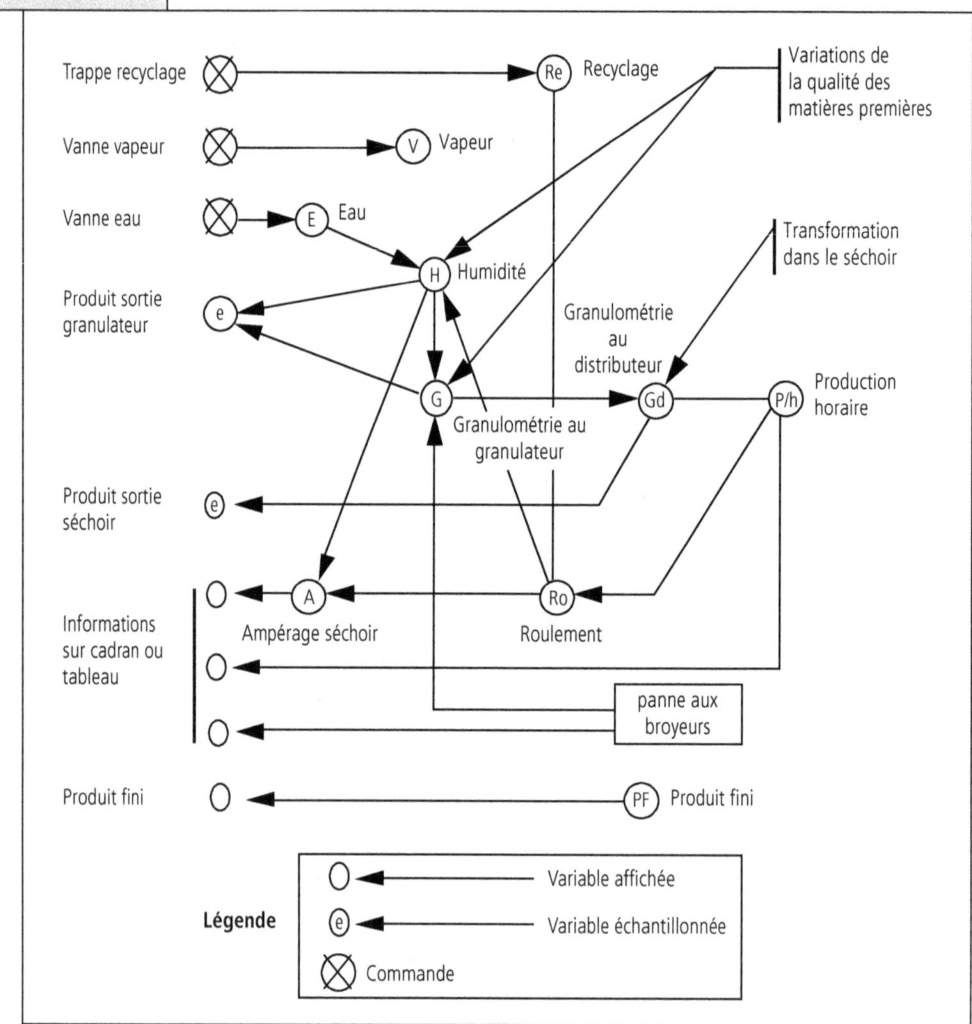

3.2.5. Les organigrammes ou diagrammes de décision/action

Voir encadré 4.I.

C'est un système de représentation algorithmique décrivant un système et les tâches associées en termes de décisions et d'actions à réaliser. Il a été très souvent utilisé en informatique pour représenter les tâches devant être accomplies par un logiciel.

Encadré 4.I. Arbre de décision pour effectuer un appel téléphonique en utilisant un répertoire de numéros mémorisés

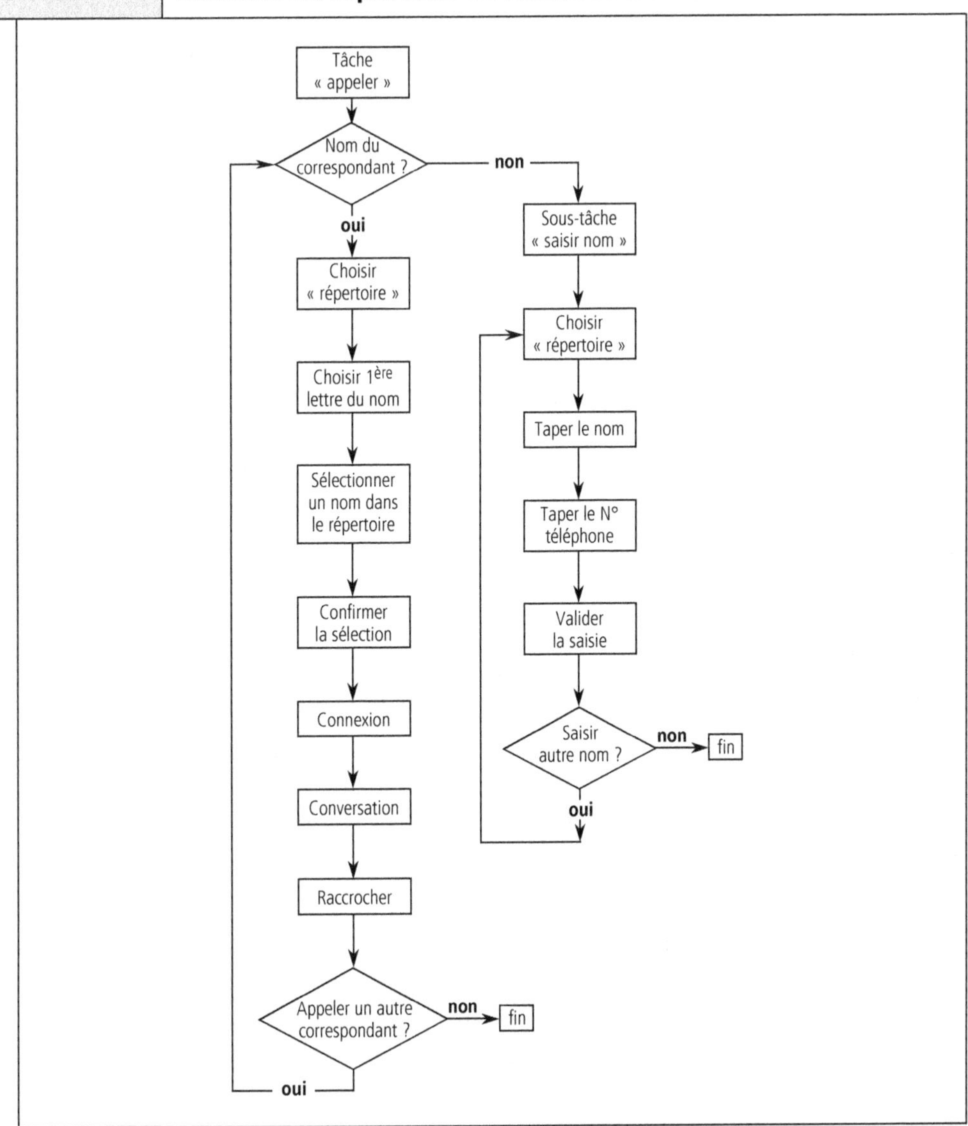

Sous un certain angle, ces diagrammes sont similaires aux graphes de processus représentés sous forme de therblig (présentation descendante de l'activité, linéarité), mais ils comportent en plus des conditions à vérifier et des tâches annexes lorsque les conditions ne sont pas remplies.

L'encadré 4.l. présente un arbre de décision/action pour décrire une tâche d'appel téléphonique en utilisant le répertoire contenant les personnes à appeler.

D'un point de vue graphique, les conditions à vérifier (décisions à prendre) sont généralement représentées sous la forme de losanges, et les flèches de sortie renvoient vers un ou plusieurs résultats possibles. Dans ce type de représentation, les questions cherchent à vérifier si certaines conditions sont remplies ou non avant d'exécuter une action. Les réponses sont généralement de type « oui » ou « non » et elles renvoient à différents branchements dans la représentation. Cependant, des questions à choix multiples peuvent aussi être représentées.

3.2.6. Les analyses hiérarchiques des tâches

« L'être humain organise ses actions logiquement pour atteindre l'ensemble des objectifs qu'il s'est défini, tout en considérant la structure de la tâche, l'information disponible, et les contraintes impliquées par les caractéristiques de ses propres connaissances, et de ses propres capacités de traitement ».

Stuart K.Card, Thomas P. Moran et Allen Newell.

L'analyse hiérarchique des tâches est sûrement une représentation des plus utilisées en analyse du travail. Le principe de base de cette technique est d'une part, que toute tâche (but) peut être décomposée en un ensemble de sous-tâches plus élémentaires (sous-buts), et d'autre part, que la réalisation de certains sous-buts requiert parfois la vérification de pré-requis et de post-requis. Cet ensemble de sous-buts est organisé hiérarchiquement. Il est nécessaire de dissocier le but de l'action qui permet de l'accomplir, car il arrive souvent que l'expression du but soit différente de l'action qui le réalise ou, qu'un but puisse être réalisé par des actions différentes. L'encadré 4.m. récapitule les principes de base de cette description.

Voir encadré 4.m.

Un modèle hiérarchique de tâches et de procédures comporte la décomposition d'une tâche en sous-tâches ainsi que les contraintes d'organisation définies par des relations logiques (encadré 4.n.) :

- « et » = plusieurs sous-tâches sont requises pour atteindre un objectif général ;

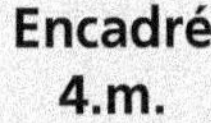

Encadré 4.m. **Schéma de base d'une analyse hiérarchique de tâches. (adapté de Hollnagel, 1991)**[1]

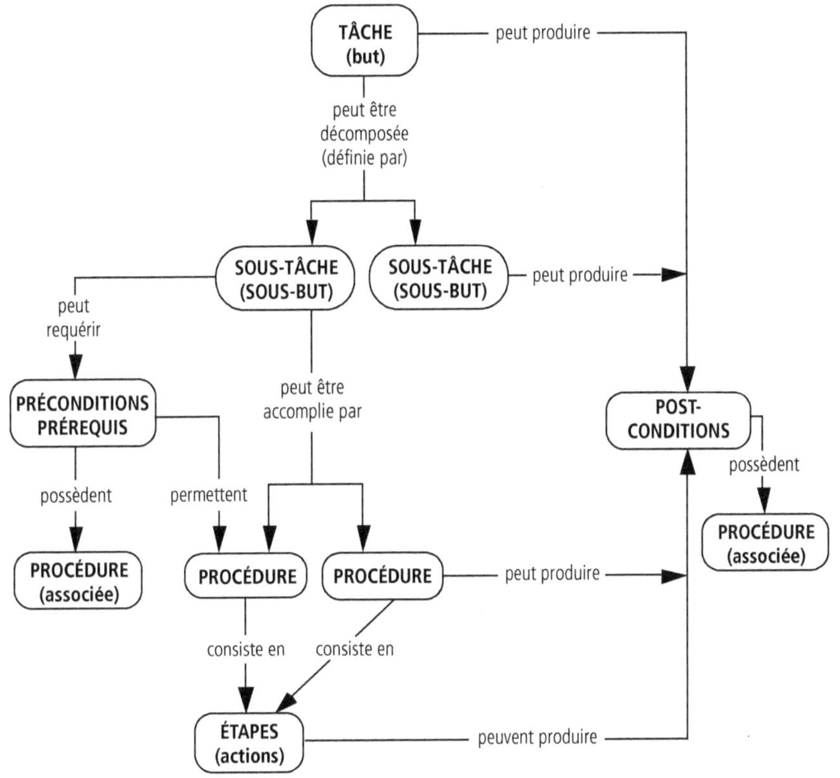

TÂCHE (but)
peut produire
peut être décomposée (définie par)
SOUS-TÂCHE (SOUS-BUT)
SOUS-TÂCHE (SOUS-BUT)
peut produire
peut requérir
PRÉCONDITIONS PRÉREQUIS
peut être accomplie par
POST-CONDITIONS
possèdent
possèdent
permettent
PROCÉDURE (associée)
PROCÉDURE
PROCÉDURE
peut produire
PROCÉDURE (associée)
consiste en
consiste en
ÉTAPES (actions)
peuvent produire

Du côté des publications
Hollnagel, 1991

– « ou » = il existe plusieurs alternatives pour atteindre un même but ;
– et des relations temporelles (séquentialité, simultanéité, etc.).

Du côté des publications
Poitrenaud, Richard et Tijus, 1990

Poitrenaud, Richard et Tijus (1990) distinguent cinq types de relations temporelles :

– *Faire de manière enchaînée et dans l'ordre :* exécuter les composantes de la procédure dans l'ordre indiqué sans intercaler d'autres actions.

1. Il existe plusieurs variantes sur la présentation de ce type d'analyse (Frederiksen, 1989 ; Scapin, 1988 ; Kirwan & Ainsworth, 1993).

– *Faire dans l'ordre :* exécuter dans l'ordre avec possibilité d'intercaler d'autres actions.
– *Faire de manière enchaînée :* exécuter dans un ordre quelconque sans intercaler d'autres actions.
– *Faire :* exécuter dans un ordre quelconque avec possibilité d'intercaler d'autres actions.
– *Faire en même temps :* exécuter simultanément les actions.

Encadré 4.n. Principales composantes d'une analyse hiérarchique des tâches

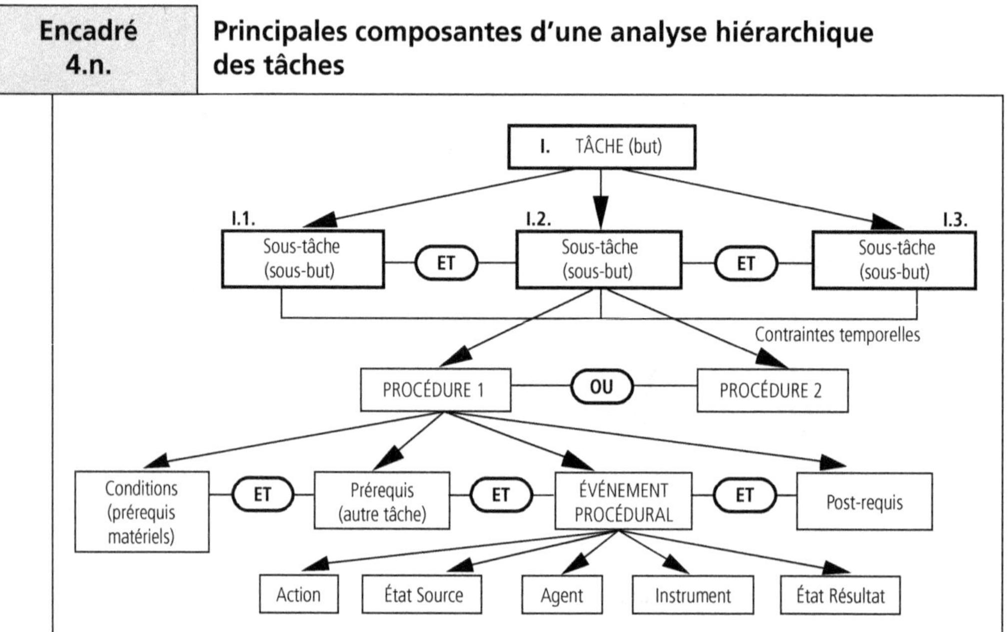

Voir encadré 4.q.

Une procédure (telle que représentée dans l'encadré 4.q., par exemple) en elle-même requiert la vérification des conditions d'exécution de la procédure (conditions et pré-requis), l'exécution proprement dite de la procédure ou de l'événement procédural et la vérification de post-requis (les tâches annexes)[1].

1. Le recueil de données pour élaborer ce type de description peut combiner à la fois les techniques d'entretien, les techniques d'observation de l'activité et l'étude de la documentation technique. Une des techniques d'entretien utilisée est celle du « pourquoi/comment », où les questions « pourquoi » visent à obtenir des informations sur les buts qui ne sont pas explicités, et les questions « comment » visent à obtenir des informations sur les procédures ou les modes opératoires.

Un ensemble des catégories d'informations peut être pris en compte pour décrire les tâches en fonction des objectifs de l'intervention.

Voir encadrés 4.o., et 4.r.

On retrouve cette décomposition hiérarchique de la tâche, allant du général au particulier, lorsqu'on applique ce formalisme à la représentation d'un dispositif technique :

– *Le niveau de la tâche* : On peut réserver ce terme pour les actions qui ont un sens pour l'opérateur indépendamment du dispositif qu'il utilise. C'est le cas lorsque Madame F. dit : « Je vais mettre le lave-linge en route ». Cet énoncé de la tâche est compatible avec l'utilisation de toutes sortes de lave-linge. En revanche, les trois autres niveaux de description sont spécifiques à un dispositif particulier.

Encadré 4.o.

Organisation des procédures d'une tâche de lavage et séchage du linge avec une machine (Barcenilla, Leproux & Poitrenaud, 2003)

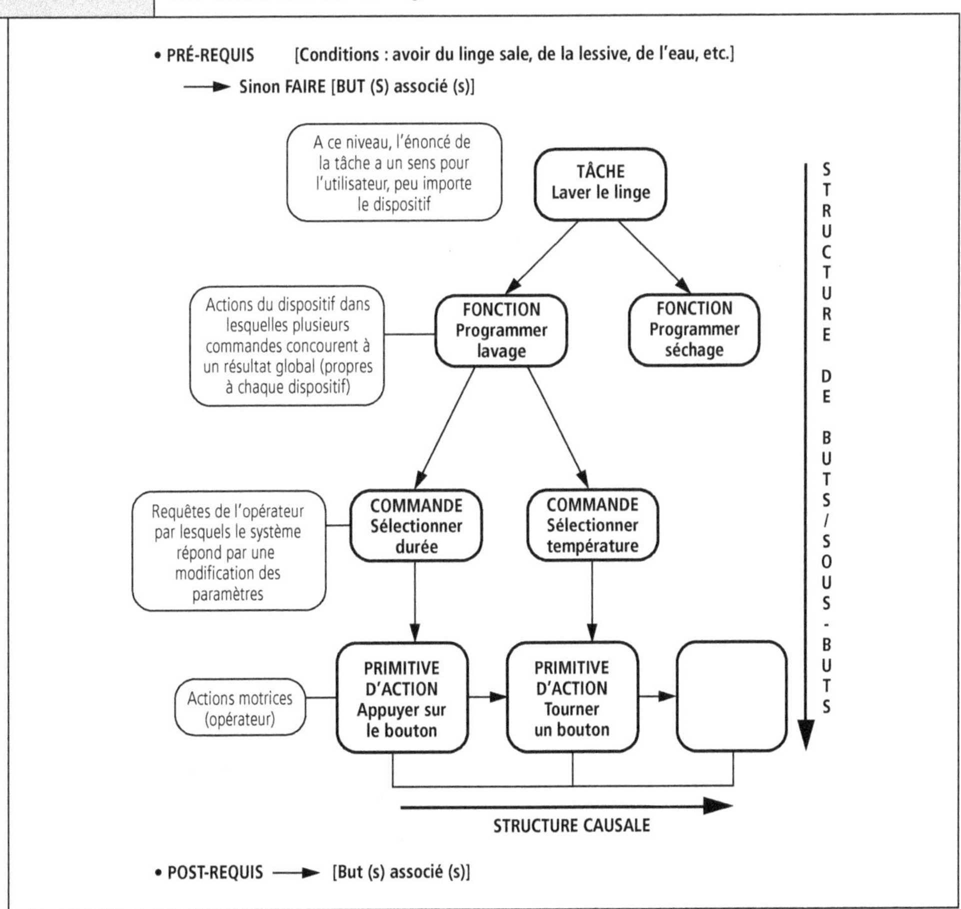

- *Le niveau des fonctions* : les fonctions sont les actions du dispositif dans lesquelles plusieurs commandes concourent à la réalisation du résultat global. Dans l'exemple de la machine à laver, il peut s'agir d'une fonction de programmation du lavage (cette fonction est assurée par les commandes « sélectionner la durée du lavage », « sélectionner la température »). La machine pourrait aussi comporter une fonction de séchage.
- *Le niveau des commandes* : les commandes regroupent des actions élémentaires/primitives (par exemple, dans une machine à laver : « sélectionner la durée du lavage », « sélectionner la température », etc.). Ce sont des requêtes de l'opérateur auxquelles le système répond par une modification particulière des données ou des paramètres qui contrôlent ces données.
- *Le niveau des primitives* : les primitives d'action correspondent à des actions motrices de l'opérateur (appuyer sur une touche, tourner un bouton, etc.) qui déclenchent le plus petit événement que le système puisse identifier et traiter. Leur exécution reflète la structure causale de la tâche.

Monsieur F. n'est pas sûr d'avoir bien compris cette histoire de modélisation des tâches. Il se demande si l'intérêt de ces recherches ne se limite pas à de brillantes élucubrations de chercheurs ! Cependant, il lui revient en mémoire un sombre épisode de vacances familiales à l'étranger. Monsieur F. avait oublié de récupérer sa carte bancaire d'un distributeur automatique d'où il venait de retirer de l'argent. Il y a quelques années déjà, pour retirer de l'argent, le mode opératoire impliquait d'introduire sa carte, de saisir son code secret, d'indiquer le montant souhaité, de prendre l'argent, d'attraper le ticket et finalement de récupérer sa carte. Saisi par la fièvre acheteuse de sa femme, Monsieur F. avait bien pris l'argent puis s'était engouffré dans ces fabuleux magasins où les touristes adorent dépenser leurs devises. Mais voilà, Monsieur F. avait oublié de récupérer sa carte ! Une fois de plus Monsieur F. s'est fait ridiculiser par sa femme et sa belle-mère qui ne manquèrent pas de souligner son étourderie. Trois jours de vacances furent ainsi gâchés par des démarches administratives et l'angoisse de voir sa carte utilisée par des bandits !

Pourquoi Monsieur F. a-t-il fait cela ? Certains d'entre vous doivent penser que Monsieur F. est distrait et que c'est bien fait pour lui ; ou que ça lui fera des souvenirs de vacances...

Une des principales difficultés de l'élaboration d'un modèle utilisateur consiste en la construction d'un modèle qui rende compte du fonctionnement mental de l'utilisateur et non de celui du concepteur.

Plus sérieusement, Monsieur F. a été la victime d'une mauvaise modélisation des tâches ! Expliquons-nous. Au début de son interaction avec le système, la carte de Monsieur F. a le statut de pré-requis. En effet, sans carte il n'est pas possible de retirer de l'argent. Tandis qu'à la fin de l'interaction, la carte a le statut de post-requis. En effet, elle n'est plus utile pour la tâche courante. Son utilité est liée essentiellement au prochain retrait. Vous avez compris que le but de la tâche de Monsieur F. est d'avoir de l'argent, et qu'une fois ce but atteint Monsieur F. clôt mentalement sa tâche... et oublie sa carte. Autrement dit, au cours de l'interaction, le statut mental de la carte va changer : de pré-requis elle va devenir un post-requis. Or, de nombreuses recherches en psychologie ont montré que l'attention ou la vigilance de l'utilisateur se mobilisent sur les pré-requis, et rarement sur les post-requis. Etant moins attentif aux post-requis qu'aux pré-requis Monsieur F. – comme tout le monde – oublie sa carte bancaire, son maillot de bain dans la cabine de la piscine, de reboucher le réservoir d'essence de sa voiture après s'être servi, ou encore son parapluie dès qu'il ne pleut plus...

Alors que faire ? Et bien tout simplement modifier le mode opératoire de manière à ce que la carte soit retirée avant de recevoir l'argent. Ainsi, il devient très difficile de l'oublier. Ca y est ! Monsieur F. a bien compris que la modélisation des tâches est un fondement de l'utilisabilité des systèmes !

Cette anecdote souligne également qu'en fonction des objectifs de l'intervention, le psychologue ergonome peut cibler ou compléter son analyse avec certains éléments de la tâche qu'il considère importants. Ainsi par exemple, il peut supposer que des incidents peuvent provenir de l'utilisation inadaptée des commandes, des dispositifs de saisie de l'information ou de la lecture inadaptée des affichages. Dans ces cas, il orientera son analyse sur ces différents aspects. Son travail consistera alors à s'assurer, pour chacune des étapes de la tâche, que l'on fournit à l'opérateur toutes les interfaces nécessaires pour une exécution correcte. Selon les cas, le psychologue ergonome se posera les questions suivantes :

Dans la plupart des cas, la description peut requérir des informations qui peuvent être obtenues directement, par l'observation de la performance, ou en consultant la documentation. Cependant, dans certains cas on a besoin d'informations qui ne peuvent pas être récoltées directement et qui doivent être inférées à partir des connaissances qu'on a sur les processus psychologiques.

« L'ergonome est myope, résolument. Il ne voit bien que de près, le nez sur un travail précis et délimité, dont il étudie minutieusement les caractéristiques spécifiques. Son objectif n'est pas de décrire des évolutions globales, mais d'améliorer des cas particuliers ».

Maurice de Montmollin.

- Est-ce que l'utilisateur peut manier la commande à partir de sa position usuelle de travail ? Parfois l'organisation du poste de travail ou les conditions d'usage peuvent empêcher certaines opérations.
- Est-ce que l'utilisateur peut ajuster un paramètre correctement ? Certaines commandes sont très sensibles, d'autres pas assez, et l'ajustement des paramètres requiert parfois un apprentissage proprioceptif (par exemple, qu'est-ce que cela veut dire, appuyer doucement).
- Est-ce que la commande peut être confondue avec une autre ? Les commandes peuvent être confondues avec d'autres soit à cause de leur emplacement, soit à cause de la représentation symbolique qui leur est attachée.
- Est-ce qu'une commande pourrait être utilisée par inadvertance ? Cela peut être le cas lorsque l'activité est trop automatisée ou lorsque la charge de travail est excessive (par exemple, exigences temporelles ou réalisation simultanée de plusieurs tâches).
- Est-ce que l'utilisateur peut omettre d'utiliser cette commande quand elle est nécessaire ? etc.

Les réponses à ces questions conduiront l'analyste à spécifier les caractéristiques des commandes utilisées, sous la forme de :

- Nom de la commande ;
- Objectif associé à la commande ;
- Forme physique et représentation symbolique de la commande ;
- Échelle de signalisation dans la commande ;
- Direction du mouvement de la commande ;
- Précision du mouvement requis attaché à la commande ;
- Portée du mouvement de la commande ;
- Emplacement de la commande et groupement avec d'autres commandes ;
- Indices de l'événement déclenchant la commande ;
- Décisions requises avant ou après l'exécution de la commande ;
- Actions requises avant ou après l'exécution de la commande ;
- Affichages des résultats relatifs à l'exécution de la commande ;

– Feed-back donné à l'utilisateur ;
– Erreurs possibles.

Encadré 4.p. **Synthèse récapitulative des avantages et inconvénients de diverses approches de la modélisation des tâches**

Les descriptions centrées sur le fonctionnement des systèmes techniques peuvent être pertinentes pour :

- Décrire le fonctionnement des systèmes où la place de l'opérateur est limitée ;
- Aider à la recherche d'incidents, dont on peut supposer que l'origine est de nature technique ;
- Effectuer une analyse comparative de la complexité des systèmes techniques ;
- Montrer la structure externe du système (commandes/affichages) et sa structure interne, et les liens fonctionnels entre ces différentes parties ;
- Aider à saisir les relations entre les variables d'un système qui contribuent à un processus de fabrication d'une matière/produit, ou à la transformation d'un produit ou d'une information ;
- Montrer quel est le rôle ou la place de l'opérateur humain dans le système, et comment il contribue à la régulation de l'activité en soulignant quelle information, quel contrôle, quelle communication sont requises pour maintenir en cours le processus/système ;
- Décider de la répartition des fonctions entre l'homme et la machine.

Certaines descriptions centrées objectifs d'utilisation de l'opérateur, peuvent fournir :

- Une représentation très claire d'une tâche, surtout lorsqu'elles sont élaborées avec des objectifs de formation ;
- Un format sous forme de diagramme qui facilite la compréhension ;
- Une forme souvent familière de représentation qui peut faciliter les échanges entre les non-spécialistes de l'analyse de la tâche ;
- Des arbres de décision qui sont surtout adaptés pour décrire les conditions ou les prérequis qui doivent être satisfaits pour exécuter une tâche ;
- Des graphes de fluence, des graphes de processus et des arbres de décision qui fournissent aussi des informations sous un format qui peut être directement utilisé pour créer des instructions procédurales (modes opératoires). La présentation sous forme d'automate ou de réseau de transition peut constituer également un bon moyen pour présenter une notice minimale du fonctionnement d'un dispositif technique ;
- Des descriptions séquentielles de l'activité (arbres de décision, graphes de procédés) qui sont moins pertinentes lorsqu'il s'agit d'un domaine d'activité complexe, et lorsqu'il est nécessaire de montrer la structure globale des tâches et leurs relations. Dans ce cas, il peut être plus intéressant d'utiliser une analyse hiérarchique des tâches. Le degré de détail de la description dépendra de l'objectif de l'intervention (formation, informatisation des tâches, création d'une documentation technique, etc.) ?

…/…

…/…

– Enfin, une représentation graphique des tâches qui présente seulement un nombre limité d'informations. Lorsqu'on essaie de la complexifier en ajoutant des détails supplémentaires, elle peut devenir illisible ou inutilisable, surtout s'il s'agit des tâches complexes. Il est alors préférable d'utiliser plusieurs diagrammes pour représenter la décomposition des niveaux supérieurs.

Voir encadré 4.p.

En somme, après avoir tenu compte des avantages et inconvénients des diverses formalisations des tâches, après avoir choisi les catégories d'informations pertinentes pour pouvoir décrire et modéliser les tâches, et enfin après avoir identifié l'ensemble des caractéristiques de ces tâches (prérequis, post-requis, procédures, commandes, feed-back…), les modélisations fournissent :

- Une description des tâches et de leurs enchaînements ;
- Un modèle de planification potentielle de l'activité future probable de l'utilisateur ;
- Une organisation de l'activité sous la forme d'une structure ascendante ou descendante ;
- Et surtout un moyen de spécifier les caractéristiques de l'utilisabilité du système.

C'est ce dernier point que nous allons développer dans le paragraphe suivant.

4. La spécification de l'utilisabilité

Il s'agit d'effectuer le passage de l'analyse du travail à la concrétisation du produit.

Pour bénéficier des avantages d'un produit facile à utiliser, vous ne devez pas seulement connaître l'utilisateur, ses besoins et avoir modélisé sa tâche. Il vous faut encore être capable d'énoncer le contenu précis de l'interaction entre l'utilisateur et le dispositif. Autrement dit : quels boutons, quelles commandes, quels menus, quelles couleurs, quels modes opératoires, quels dessins, quelles icônes, quelles notices, quels schémas… allez-vous proposer à l'utilisateur pour qu'il soit efficace, efficient et satisfait ? Pour cela, il vous faut passer de la description d'un modèle de la tâche à la caractérisation de l'utilisabilité d'un produit. C'est ce que nous appelons la spécification de l'utilisabilité. La spécification correspond à la mise en correspondance des éléments recueillis lors de l'analyse psycho-ergonomique du travail avec les caractéristiques futures du dispositif.

Voir encadré 4.q.

Imaginons un instant que vous participiez à la conception d'un logiciel et que vous ayez à en spécifier l'interface utilisateur. Quelques caractéristiques des tâches de l'utilisateur pourront être rapidement rapprochées de certaines caractéristiques de l'interface. De la sorte, des résultats de l'analyse des tâches peuvent s'exprimer selon les caractéristiques des interactions homme-logiciel.

Encadré 4.q. Mise en correspondance d'indices de la tâche de l'utilisateur avec quelques caractéristiques ergonomiques d'un logiciel

Tâche	***Interface homme-logiciel***
Complexité de la tâche	Complexité du dialogue. Densité des informations à l'écran. Erreur, message et prévention des erreurs.
Découpage de la tâche en sous-tâches	Découpage des écrans en aires de travail. Définition du contenu des fenêtres.
Structure de la tâche	Structure du dialogue. Flexibilité du dialogue. Possibilités de retour en arrière. Erreurs.
Ouverture d'une tâche	Feed-back de l'ouverture de la tâche.
Fermeture d'une tâche	Feed-back de la fermeture de la tâche.
Ordonnancement des sous-tâches	Séquencement des écrans et des fenêtres.
Durée d'une tâche	Temps de réponse de l'ordinateur. Détermination de la pression temporelle exercée par le logiciel, l'organisation du travail et la planification du travail.
Fin de la tâche	Procédures pour quitter l'application. Procédures de sauvegarde.
Procédures de réalisation de la tâche	Sémantique et syntaxe des commandes.

.../...

…/…

Objets manipulés dans la tâche	Sémantique et syntaxe des commandes. Titre des écrans ou des fenêtres. Codage des informations.
Attributs des objets manipulés	Contenu des écrans. Mode de dialogue. Codage des informations.

Vous voyez donc qu'il est possible et même facile de mettre en relation les éléments du modèle de la tâche de l'utilisateur avec les caractéristiques futures du produit. Cette mise en correspondance vise en fait à établir une similarité fonctionnelle entre les caractéristiques psychologiques de l'utilisateur, sa tâche et le dispositif. Ces trois éléments – l'homme, la tâche et le système – devront être proches ou plus exactement compatibles. Si la compatibilité est élevée alors l'utilisateur infère spontanément sa tâche à partir des éléments visibles du dispositif, met en œuvre un mode opératoire conforme à l'interaction attendue et se déclare satisfait de l'usage du dispositif. Au contraire une compatibilité insuffisante occasionnera de nombreux échecs d'utilisation et sera à l'origine de nombreux griefs.

Rappelons bien que l'utilisabilité d'un nouveau dispositif constitue pour l'utilisateur, selon les cas, une amélioration ou une détérioration de la qualité des liens qu'il a avec les objets techniques. Pour ce qui nous concerne, nous estimons que le côté positif ou négatif des caractéristiques de l'utilisabilité sera évalué subjectivement par l'utilisateur selon le critère de « compatibilité cognitive »[1]. Développons cette notion :

- Soit D(f) la réalisation par un dispositif d'une fonctionnalité f (telle que par exemple « copier », « déplacer », « ouvrir », « jouer », « enregistrer »...) ;
- Soit U(f) le modèle mental propre à l'utilisateur de la fonctionnalité f ;

1. Voir : Streitz (1987), Brangier (1990, 1991), Brangier et Barcenilla (2002). La compatibilité cognitive n'est pas le seul critère expliquant la force du lien entre l'homme et la technologie, mais c'est sans doute l'élément le plus fédérateur. Dans le chapitre 3 d'autres indicateurs sont présentés ; le lecteur pourra s'y référer.

– Soit U(D(f)) la représentation mentale qu'a l'utilisateur de la réalisation de la fonctionnalité f par le dispositif.

Plus un dispositif sera compatible, moins la notion de désaccord entre les modèles de connaissances en jeu sera marquée. Dit autrement, moins il y aura de divergence entre D(f), U(f) et U(D(f)), et plus le système sera orienté utilisateur. Plus les modèles de connaissance seront proches, meilleure sera la compatibilité entre l'utilisateur, sa tâche et son dispositif. Ceci débouche sur trois conséquences.

« ...on sait que les hypertextes pourraient être utilisés à faire des machines d'enseignement, capables d'initier aux technologies toutes sortes de populations, jusqu'aux illettrés. Encore faut-il que soit effectué l'énorme investissement intellectuel que représente la construction des univers de connaissances,... »

Thierry Gaudin.

Primo, la recherche de la compatibilité passe par la connaissance des éléments constituant les représentations mentales des utilisateurs, c'est-à-dire la manière dont ils structurent sur le plan cognitif ce qu'ils font et pensent de ce qu'ils font. Il est donc nécessaire de connaître les utilisateurs et leurs tâches. Voilà pourquoi, nous avons insisté sur ces aspects dans les paragraphes 4.2. et 4.3.

Secundo, la meilleure compatibilité possible entre un utilisateur et un dispositif passe par la recherche de la meilleure compatibilité possible entre le modèle mental du concepteur C(f) et celui de l'utilisateur U(f). En d'autres termes, les concepteurs doivent intégrer les modes de fonctionnement cognitif et social des utilisateurs dans la conception même du dispositif. Comme vous pouvez le constater, c'est le but de ce livre.

Tertio, cette recherche de la compatibilité cognitive dépend à la fois des possibilités technologiques et de la capacité à représenter les connaissances de l'utilisateur dans le système. En effet, l'optimisation de la compatibilité cognitive implique :

– D'une part, de bénéficier de technologies performantes et donc de faire les choix techniques qui favorisent l'utilisabilité ;
– D'autre part, de trouver des manières adaptées de représenter les informations pour les utilisateurs, c'est-à-dire de spécifier des bonnes métaphores permettant une interaction naturelle, sans apprentissage, résistante à l'oubli, efficace, efficiente et satisfaisante.

Ci-après nous allons examiner ces deux points.

4.1. L'analyse des choix techniques possibles

Les potentialités et les limites des technologies existantes doivent être étudiées au début de la conception d'un nouveau système. Ceci implique l'étude d'une longue liste d'entités parmi lesquelles :

- Les nouveaux matériaux ;
- Les nouveaux procédés de production ;
- Les capacités de traitements d'informations des systèmes techniques ainsi que leurs périphériques ;
- Les réseaux et les systèmes de circulation et de transformations des informations existantes ;
- Les bases de données existantes ;
- Les interfaces déjà existantes et leurs possibilités d'amélioration ;
- Les évolutions prévues pour le moyen ou le long terme, ou le cas échéant le schéma directeur ou le schéma stratégique de développement, etc.

L'analyse des choix techniques doit également s'intéresser à des préoccupations de veille technologique. Le concepteur portera son attention sur les nouveautés du marché et en élaborera une synthèse critique. Une fois le choix technique défini, les relations entre les concepteurs, les programmeurs, les utilisateurs, les managers et les consultants externes devront être clarifiées, et les tâches réparties.

Du côté des publications
Bender, de Haan et Bennett, 1995

Les résultats de ces études techniques seront évalués selon les critères propres à la stratégie de l'entreprise (concepteurs, utilisateurs et pilotes des projets). Cependant, ces résultats permettront au groupe de pilotage de la conception de prendre en considération des critères de satisfaction de l'utilisateur, en plus des critères économiques et techniques (Bender, de Haan & Bennett, 1995).

En clair, il est opportun que les choix techniques ne reposent pas sur les seuls critères de faible coût ou de rapidité ; mais qu'ils intègrent la performance du couple homme-machine, sans quoi le nouveau système risque de présenter des caractéristiques techniques qui le rendent pas, peu ou mal utilisable. Pour se prémunir d'un tel dérapage, il peut être judicieux d'associer les utilisateurs finaux aux choix techniques ou mieux encore, de classer les possibilités techniques selon les possibilités métaphoriques qu'ils offrent.

4.2. Le choix des métaphores

Monsieur F. a bien compris qu'un des grands problèmes de la facilité d'usage est finalement de trouver les bonnes métaphores, celles qui incitent l'utilisateur à accomplir ce qu'on attend de lui, celles qui le guident dans sa tâche, celles qui vont réduire ses erreurs… Monsieur F. sait aussi qu'il ne voudrait plus jamais utiliser le traitement de texte de son premier ordinateur : il devait mémoriser des codes abscons, se souvenir des commandes sibyllines, taper correctement leurs syntaxes… en bref utiliser des métaphores inutilisables. Aujourd'hui, les métaphores présentes sur son ordinateur sont pour lui naturelles et conviviales. C'en est d'ailleurs si simple que Monsieur F. en oublie que les icônes, les barres de menus, les fenêtres, les boutons… ne sont somme toutes que des métaphores des pixels de son écran.

Une métaphore est une figure de style qui consiste à utiliser un terme concret dans un contexte abstrait.

La notion de métaphore renvoie à celle d'un réseau de sens, qui nous permet, par le jeu des déplacements de signification, de comprendre un concept dans les termes d'un autre.

D'ailleurs Monsieur F. s'applique à lui-même cette logique de métaphore. Il veille à bien se faire comprendre. Aussi pour expliquer quelque chose à autrui, Monsieur F. prend-t-il toujours soin d'utiliser des métaphores faciles à comprendre. Enfin en est-il persuadé…

Un beau jour l'infinie curiosité de Madame M., la belle-mère de Monsieur F, l'a poussé à lui demander de lui expliquer le fonctionnement de son ordinateur. Monsieur F. a commencé à utiliser la métaphore de la télévision en expliquant qu'un écran correspondait à une télévision et qu'un programme informatique correspondait à une chaîne de télévision. Madame M. buvait les paroles de son gendre, qui gloussait de se savoir si pédagogue. Puis, pour expliquer le mode de sélection d'une icône, Monsieur F. utilisa la métaphore d'une porte. Il dit à sa belle-mère que l'icône représentait le programme et qu'elle correspondait à une sorte de porte. L'icône d'une application était donc « métaphorisée » par une porte et l'application devenait une pièce. Pour rentrer dans une pièce, Monsieur F. expliqua que les usages voulaient que « l'on toque à la porte ». De même pour rentrer dans une application, il fallait toquer avec la souris sur l'icône. La réaction de Madame M. fut de toquer à l'écran avec la souris. Rien ne se passa du côté de l'ordinateur. Le gendre éclata de rire ! Madame M. ridiculisée par son ignorance finit par s'en prendre à son gendre pour lui dire qu'il ne savait rien expliquer et se moquait d'elle.

Malgré son côté risible, cette situation met en évidence les difficultés rencontrées par les utilisateurs lorsqu'ils sont confrontés à de nou-

velles situations d'apprentissage et renforce l'idée selon laquelle les métaphores ne constituent pas forcément la panacée. Les bonnes intentions de Monsieur F. ne sont pas comprises, car sa métaphore fut interprétée de manière littérale par sa belle-mère.

La métaphore plaque sur les produits, auxquels nous ne sommes pas habitués, les mêmes propriétés que sur les produits dont nous sommes familiers.

Implicitement, tous les produits technologiques présentent des concepts abstraits et mal définis du point de vue de l'utilisateur (surtout s'il est novice). Pour les comprendre, l'utilisateur active mentalement des métaphores qui lui permettent de saisir les concepts du produit au moyen d'autres concepts compris en des termes plus clairs. Cette contrainte introduit une dimension métaphorique dans les interactions entre l'homme et la technologie. Elle oblige aussi le concepteur de spécifier des métaphores qui soient bien comprises par l'utilisateur. Examinons donc le rôle pris par les métaphores pour l'utilisateur ainsi que la manière de les élaborer par le concepteur.

4.2.1. Le rôle de la métaphore dans l'interaction homme-technologie

La métaphore permet la délimitation des concepts manipulés dans l'interaction.

Le but de la métaphore est de faire coïncider les images psychologiques et physiques du système et donc de rapprocher l'exécution d'une action et l'évaluation de l'action. La métaphore joue un rôle important dans la façon dont l'utilisateur conceptualise l'expérience de son dispositif et infère de nouvelles connaissances. L'efficacité de ses inférences est déterminée par le potentiel métaphorique engendré par les concepts associés au dispositif.

Les utilisateurs ont « besoin (pour appréhender le monde) d'imposer aux phénomènes physiques des limites artificielles qui les rendent aussi discrets que nous, c'est-à-dire en font des entités limitées par une surface ».

George Lakoff et Mark Johnson.

En accord avec Lakoff et Johnson (1985), nous pensons que le système conceptuel humain, est structuré métaphoriquement : relativement à un contexte, les concepts sont compris en termes d'autres concepts. Cependant, la frontière entre un objet et un autre n'est qu'exceptionnellement claire ; les objets manipulés par l'utilisateur sont rarement discrets.

L'interprétation d'un élément de l'interaction, qu'il s'agisse d'un texte, d'une icône, d'un bouton, d'une commande, etc., concerne donc divers critères perceptifs, moteurs et cognitifs de l'utilisateur. La signification d'un de ces éléments ne peut être unique ni même totalement contrôlable.

Du côté des publications
Lakoff et Johnson, 1985

L'interprétation d'une métaphore résulte toujours du contexte dans laquelle elle est utilisée. Cette situation inclut les autres métaphores présentes dans le dispositif, les expériences de l'utilisateur, ainsi que les aspects socioculturels de son environnement organisationnel. Ces éléments du contexte donneront du sens pour comprendre la manière dont l'utilisateur interprète les métaphores proposées par le concepteur. Par voie de conséquence, il est primordial d'adapter les métaphores au contexte professionnel ou domestique des utilisateurs.

Voir encadré 4.r.

Encadré 4.r. **Déclinaisons d'une icône en fonction du contexte professionnel (d'après Horton, 1994 ; in Brangier, Gronier & Pino, 2001)**

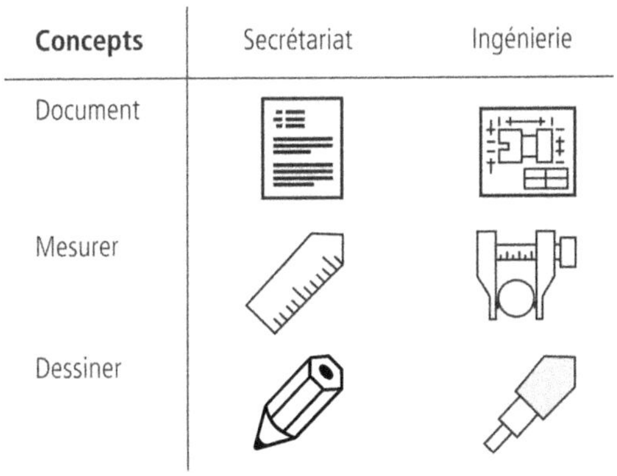

Concepts	Secrétariat	Ingénierie
Document		
Mesurer		
Dessiner		

4.2.2. Métaphores, qualité de l'utilisabilité et performance de l'utilisateur

La métaphore est « le moyen de transposition d'une situation source et maîtrisée vers une situation cible, plus abstraite, plus complexe ou insuffisamment maîtrisée ».

Gérard Poulain.

La question du choix d'une métaphore parmi l'ensemble de celles possibles renvoie au problème de la performance de l'utilisateur lorsqu'il emploie cette métaphore. Cette performance va dépendre de la manière dont l'utilisateur interprète la métaphore. La question est donc de savoir sur quelles bases et de quelles manières cette interprétation s'effectue.

Pour faire simple, nous dirons que l'interprétation d'un élément métaphorisé dépend de la qualité et de la quantité d'effort cognitif nécessaire à sa compréhension. Plus la distance entre l'objet et sa signification sera réduite, moins l'utilisateur devra fournir d'efforts d'interprétation et mieux l'objet sera compris. Dit autrement : plus le niveau d'abstraction d'un élément d'utilisabilité est élevé, moins les sujets sont capables de l'interpréter correctement (Moyes, 1994) ; et donc plus ils feront des erreurs, seront peu efficaces et peu satisfaits.

Du côté des publications
Moyes, 1994
Condon et Keuneke, 1994 et 1995

Des recherches menées par Condon et Keuneke (1994, 1995) ont souligné la capacité des métaphores à structurer le modèle mental des utilisateurs d'un logiciel. Ces auteurs ont distingué :

- Une interface reposant sur des *métaphores spatiales* d'organisation architecturale (une pièce en trois dimensions avec accessoires de bureaux). Dans ce cas, les utilisateurs de l'interface se sont constitués un modèle mental organisé autour de l'agencement spatial des éléments disposés sur l'écran.
- Une autre interface basée sur une *métaphore interactive* présentait l'application sous la forme de liens entre plusieurs sous-systèmes. Ici, les utilisateurs ont élaboré un modèle en forme de réseau d'actions possibles.
- Enfin une dernière interface fut fondée sur *l'activité de l'opérateur*, appuyée par une métaphore animiste qui attribuait aux objets présents à l'écran des caractéristiques humaines.

Dans ces trois cas, les utilisateurs se sont construits des modèles mentaux en fonction des possibilités offertes par l'interface, et donc en fonction de la métaphore implémentée. Il existe donc un lien causal entre les métaphores employées pour spécifier l'utilisabilité d'un système et l'élaboration d'un modèle mental par l'utilisateur. Un pas reste cependant à franchir pour démontrer que certaines métaphores sont plus efficaces que d'autres.

Du côté des publications
Miller et Stanney, 1997
Smilowitz, 1997 et
Norman, 1997, 1998

Ce pas sera franchi par plusieurs chercheurs qui ont souligné que l'utilisation de métaphores influençait significativement les performances d'utilisabilité. D'une manière générale, l'emploi de métaphores :

- Facilite le transfert des anciens apprentissages de l'utilisateur vers la nouvelle situation ;

– Permettent la construction d'un modèle mental du dispositif technique ;
– Abaisse le nombre d'erreurs ;
– Réduit le temps nécessaire à la réalisation d'une tâche ;
– Peut se combiner, sous la forme de plusieurs métaphores, ce qui améliore semble-t-il encore les performances.

Devant les différentes formes de métaphores, il convient de connaître celles qui sont les plus efficaces et de comprendre leur fonctionnement.

Néanmoins, toutes les métaphores n'aboutissent pas à de tels résultats. De mauvaises métaphores ne sont pas plus efficaces que des éléments non-métaphoriques, c'est-à-dire strictement techniques ou ne faisant pas appel aux connaissances des utilisateurs. Il existe donc plusieurs qualités de métaphores. En fait, la qualité d'un élément métaphorique reposera sur sa capacité :

– D'assurer un transfert de signification entre les éléments de la tâche à accomplir et les éléments d'apparence du produit. Une métaphore doit permettre d'effectuer des substitutions analogiques des significations associées aux objets manipulables dans l'interaction entre l'utilisateur et le dispositif. L'interprétation de la métaphore doit inciter l'utilisateur à accomplir avec efficacité son but.
– De garantir des déplacements de sens qui soient optimaux et le cas échéant, de bloquer certaines interprétations inutiles ou non pertinentes. L'interprétation d'une métaphore ne doit pas favoriser l'activation d'un réseau infini de sens. Elle ne doit pas induire l'utilisateur en erreur.

Dans cette quête de la « bonne métaphore », plusieurs chercheurs ont préféré l'usage des métaphores graphiques, représentant précisément l'objet d'interaction, plutôt que des métaphores symboliques, plus abstraites donc plus équivoques. Cependant, il est difficile de fixer des règles générales, notamment parce que les utilisateurs interprètent les métaphores selon plusieurs niveaux d'abstraction. Par principe d'économie cognitive, les personnes se limitent parfois à une interprétation concrète des éléments de l'utilisabilité plutôt qu'à une interprétation abstraite, laquelle nécessite un transfert des éléments concrets à un niveau plus conceptuel. C'est bien une interprétation concrète de Madame M. qui est à l'origine de la rigolade de son gendre ! La meilleure façon de valider l'interprétation d'une métaphore est donc de la tester auprès des utilisateurs.

4.2.3. L'élaboration des métaphores

Lors de la recherche de la signification à donner aux éléments de l'utilisabilité, la métaphore joue un rôle fondamental.

La spécification des métaphores oblige le concepteur à penser ce qui, dans le produit et la tâche, permettra à l'utilisateur de se construire un modèle mental adapté à la situation. Pour ce faire, les composants de la tâche seront définis en fonction du rôle qu'ils jouent dans l'acquisition d'une maîtrise de l'utilisation du produit. En d'autres termes, les composants de la tâche ne doivent pas être seulement définis en termes de caractéristiques propres, mais également et surtout en fonction de leurs propriétés interactionnelles. Dans ce cadre, les métaphores constituent des outils pour typer un concept, marquer une procédure, mettre en relief un prérequis, avertir de l'importance d'un post-requis, établir un lien temporel ou causal entre deux éléments du produit, etc.

La métaphore structure les aspects pratiques de l'interaction en permettant un transfert de sens de l'image au concept, du concept à l'action, de l'action à l'image, et réciproquement.

La spécification des métaphores mobilisera donc l'ensemble des connaissances relatives aux recommandations ergonomiques présentées dans le chapitre 3. L'ensemble des critères évoqués – guidage, incitation, apprenabilité, feed-back... – seront mis en pratique par le spécialiste de l'utilisabilité.

Cette opérationalisation pourra également être accompagnée d'une démarche de conception des métaphores (Brangier, Gronier, Pino, 2001). Carroll, Mack et Kellog, (1987) proposent de systématiser la conception des métaphores dans le domaine de l'interaction homme-machine. Les indices d'élaboration qu'ils mettent au point reposent sur quatre étapes :

- Identifier, du point de vue de l'utilisateur, des métaphores candidates ou les combinaisons de métaphores ;
- Détailler les appariements métaphore-produit en fonction de scénarios représentatifs d'utilisation ; les métaphores retenues sont souvent une abstraction largement répandue et partagée par de nombreux utilisateurs d'un objet physique ;
- Identifier les appariements vraisemblablement mauvais et leurs implications ;
- Identifier des stratégies permettant d'aider les utilisateurs à gérer les mauvais appariements de concepts.

Du côté des publications

Brangier, Gronier, Pino, 2001
Carroll, Mack et Kellog, 1987

Globalement, les métaphores doivent être définies en termes de catégories générales afin de faciliter la généralisation d'un concept à une classe de concepts. Leur efficacité sera testée.[1]

4.3. La spécification détaillée de l'utilisabilité

Il s'agit de définir chacun des moyens nécessaires à l'opérateur pour réaliser ses tâches et satisfaire ses intentions.

Pour qu'un produit soit facile à utiliser, vous devez caractériser ce que l'utilisateur a ou aura en tête lorsqu'il utilise ou utilisera votre produit. Ses interactions, cognitions, émotions et affects dépendront à la fois de lui-même (expérience, biographie) de son environnement (organisation, contexte, culture) et de votre produit. Comment votre produit « parle »-t-il à l'utilisateur ? Comment votre logiciel « dit »-il à l'utilisateur ce qu'il est possible de faire ? Comment votre balai-brosse « incite »-t-il la ménagère à satisfaire ses intentions ? Comment votre notice de montage « explique »-t-elle à Monsieur F., qu'il a si mal assemblé les pieds de la table destinée à sa belle-mère ?

Spécifier les différentes parties de l'utilisabilité d'un produit revient donc à déterminer l'ensemble des primitives symboliques qui se combinant selon une syntaxe définie, constituent des éléments de signification pour l'utilisateur. Tendanciellement, il s'agit de caractériser l'ensemble de l'utilisabilité d'un produit aux niveaux des interactions[2] :

- Perceptives (présentation des informations, affichage...) ;
- Motrices (modes d'entrée des informations, modes de saisies...) ;
- Linguistique (forme et contenu des dialogues, textes, schéma...) ;
- Et au niveau global de l'activité (niveau tâche et ergonomie des dispositifs d'assistance à l'utilisateur).

Pour des raisons évidentes de gestion de projet, ces spécifications seront présentées aux commanditaires et donneront lieu soit à un cahier des charges, soit à la réalisation d'une maquette ou d'un prototype.

1. Voir le chapitre 5 sur l'évaluation de l'utilisabilité et notamment les méthodes expérimentales de test utilisateur.
2. Ces spécifications sont donc fortement conditionnées par les recommandations ergonomiques énoncées dans le chapitre 3

Les cahiers de spécification de l'utilisabilité sont parfois inutilisables !

Concernant les cahiers des charges, nous estimons qu'ils sont peu lisibles par les utilisateurs finaux et donc difficiles à valider. Leur validation ne repose que sur l'opinion de l'utilisateur et pas sur la réalité d'une utilisation d'un modèle réduit du produit. Par ailleurs, lorsque les spécifications présentent des modélisations des tâches et activités, les utilisateurs peuvent éprouver des difficultés à les comprendre, notamment si les modèles font intervenir des formalisations logico-mathématiques. Ainsi par expérience, nous sommes donc assez critiques sur ces cahiers des charges, qui bien souvent, ne font que spécifier des banalités ou des évidences ergonomiques, difficilement concrétisables pour les ingénieurs ou les clients. Par contre, nous militons en faveur d'un maquettage qui permette une évaluation de l'utilisabilité, et donc une infirmation ou une confirmation des choix effectués par l'ingénieur des facteurs humains.

Quelques éléments permettant de restituer la spécification de l'utilisabilité d'un produit.

Cependant, pour satisfaire les lecteurs réfractaires au maquettage ou au prototypage, nous allons souligner quelques points-clés de la finalisation de l'utilisabilité d'un produit. La spécification détaillée devrait mettre en évidence les décisions prises à propos des éléments suivants :

- Les caractéristiques de l'utilisateur-cible ;
- La tâche et de son modèle ;
- La manière d'intégrer les normes ISO sur l'utilisabilité dans la conception du produit ;
- Le poids relatif de l'efficience, de l'efficacité, de la satisfaction, de la tolérance aux erreurs et de l'apprenabilité dans la spécification du produit ;
- Les caractéristiques des dispositifs d'interaction ;
- La forme prise par l'interaction homme-produit;
- La syntaxe de l'interaction ;
- Les temps d'apprentissage requis pour utiliser d'une façon optimale le produit ;
- Les modalités de prévention des erreurs de l'utilisateur ;
- Les caractéristiques de l'utilisabilité des aides (notices, systèmes d'aide...) ;
- Les quelques séquences d'interaction qui illustrent la dynamique des interactions entre l'homme et le produit.

Malgré la qualité des spécifications que vous présenterez, ni les utilisateurs ni les commanditaires n'auront de visibilité sur le produit et son avancement. Aucun d'eux ne pourra le tester, et se confronter concrètement avec lui. Seul un maquettage minimal permet de donner une vue du produit et d'enclencher une évaluation de son utilisabilité.

5. Maquettage, prototypage et produit fini

Vous êtes sur le point d'arrêter les contours d'un nouveau produit. Les ingénieurs en ont précisé les qualités techniques, les spécialistes du marketing les modalités de distribution, les designers le look, les spécialistes des facteurs humains les caractéristiques de l'utilisabilité. Vous entrez dans une nouvelle phase de votre projet : sa concrétisation. Comment allez-vous négocier cette nouvelle étape ?

5.1. Les principes de la concrétisation

C'est l'étape de mise en œuvre.

Jusqu'à présent, l'équipe de conception n'a pas encore livré de produit visible ou palpable. Selon les produits visés, l'équipe de conception va maintenant programmer (logiciels), rédiger (documentation), mouler (plasturgie), usiner (métallurgie), simuler (en deux ou trois dimensions), réaliser des modèles réduits (maquettes en carton) ou fournir un produit fini.

L'ingénieur « techno-centré » ne peut plus être le seul a avoir raison.

La concrétisation joue un rôle pivot dans le lancement d'un nouveau produit. En effet, elle articule l'analyse et l'évaluation : elle illustre les décisions prises lors de l'analyse, tout en permettant l'évaluation des orientations choisies. Cette concrétisation joue donc de nombreux rôles qui dépassent largement la faisabilité technique. Trop souvent, la faisabilité est le seul critère (ou le plus important) pour juger du développement et de la mise sur le marché d'un produit. En se centrant sur l'utilisateur final, la conception doit intégrer des critères de validation qui relèvent de sa satisfaction. Ici, la satisfaction de l'utilisateur est essentielle, ce qui n'est pas le cas des approches techno-centrées qui se focalisent sur les performances de la machine au détriment des dimensions humaines et sociales de l'usage.

Mais les tenants des approches humaines et sociales sont-ils suffisamment capables de décrire les impératifs techniques

L'interdisciplinarité est requise pour réaliser des produits utilisables.

que les systèmes doivent être en mesure d'avoir ? En effet, comment affirmer que les ingénieurs ne sont pas suffisamment conscients des enjeux humains et sociaux des techniques, alors que les spécialistes de l'homme ne sont pas suffisamment conscients des enjeux techniques en tant que tels. De ce fait, l'approche de l'utilisabilité est structurellement interdisciplinaire. Il n'existe pas une seule profession ou une seule science qui puisse gérer l'ensemble des problèmes de la technologie, de l'homme et de leurs interactions. Nous préconisons donc la constitution d'équipes projets interdisciplinaires reposant sur les compétences des sciences de l'ingénieur et des sciences humaines et sociales.

Avec cette philosophie de la conception, la concrétisation d'un produit doit d'abord être un moment privilégié de rencontre et de confrontation entre des personnes ayant des cultures et des objectifs différents. Plus largement, la concrétisation devrait favoriser :

- L'établissement d'une vision partagée entre les partenaires pluridisciplinaires de la conception ;
- La survenue d'un point de visibilité illustrant les analyses effectuées et les orientations prises ;
- La confrontation avec les utilisateurs finaux et les commanditaires ;
- L'essai, le test, l'évaluation et l'amélioration du produit ;
- Un regard concurrentiel sur les autres produits existants ;
- La gestion des contraintes relatives à la production, au design, au marketing et à l'utilisabilité ; et le cas échéant la recherche de compromis ou la définition des priorités.

5.2. Les formes de la concrétisation

Selon l'avancement du projet ou l'étape du cycle de développement, le produit se concrétisera sous plusieurs formes.

5.2.1. Dessin et story-board

Le dessin isolé ou scénarisé est un moyen simple et économique de caractériser un nouveau produit. Toutefois, il n'est pas en mesure de constituer une représentation optimale de la dynamique de l'interaction entre l'utilisateur et le produit, notamment car il n'illustre jamais les contre-exemples, les cas non-prévus ou les erreurs possibles de l'utilisateur.

5.2.2. Maquettage

La maquette d'un produit est un modèle réduit. Elle ne fonctionne pas mais illustre quelques aspects de l'objet : forme, dimension, qualité générale... L'avantage du maquettage est de pouvoir disposer à moindre coût d'une première version du produit. Celle-ci peut déjà être présentée et validée auprès des utilisateurs. Elle donne un référentiel aux futurs développements.

5.2.3. Prototypage

Un prototype comprend l'ensemble des fonctionnalités du futur système, mais ses performances n'atteignent pas leur maximum. Illustrons ces propos par une analogie dans le domaine de l'aérospatial. Limitée au cadre de l'expérimentation en laboratoire, une maquette d'avion ne vole pas en grandeur nature. Les essais ont pour finalité de décider de la faisabilité du projet. Par contre, le prototype de l'avion vole, mais les ressources de son fonctionnement demeurent insuffisantes. Ce n'est qu'une fois fini, qu'il sera un produit de grande diffusion.

Le prototypage modélise le produit final et permet d'expérimenter des fonctionnalités et des éléments de l'utilisabilité même s'il n'est pas encore définitif.

Le prototypage permet d'ajuster les connaissances entre les concepteurs et les utilisateurs. Il donne aux utilisateurs un feed-back de la manière dont les psychologues ergonomes ont conçu l'utilisabilité du produit. Le prototype constitue donc une spécification du produit qui soit intelligible par les utilisateurs finaux, les commanditaires et les partenaires de l'équipe de conception.

D'une manière générale, deux démarches sont possibles en matière de prototypage. La première considère que chacune des étapes, maquettage et prototypage, aboutit à des spécifications qui annulent tout ce qui a été fait précédemment. Dans ce cas, la maquette et le prototype terminent leur vie dans une poubelle. La seconde considère explicitement la conception comme un processus itératif. Dans cet autre cas, le produit final est compris comme une évolution du prototype, qui lui-même est vu comme une extension de la maquette. Le choix de l'une ou de l'autre de ces démarches ne peut être fait qu'*a posteriori* ; seul le test du prototype par les utilisateurs pourra juger de la qualité de l'utilisabilité du produit.

Quelle que soit la démarche retenue, il existe plusieurs types de prototypes que l'on peut classer selon le critère de fidélité avec le produit final :

Un prototype peut ne pas avoir toutes les fonctions du produit final, mais suffisamment pour être expérimenté par les utilisateurs finaux.

- *Le prototypage rapide.* Cette technique est réservée à la programmation de logiciels ou d'interfaces avec des outils de prototypage. Par exemple, les ingénieurs utilisent un générateur d'interfaces pour créer la forme de l'interaction homme-machine. Ces générateurs permettent de programmer rapidement les éléments d'utilisabilité comme les fenêtres, les menus, les boutons, les commandes, etc. L'intérêt des outils de prototypage rapide est de permettre des essais et donc d'être tolérants vis-à-vis des erreurs de conception. Avec eux, il devient aussi possible de réaliser plusieurs interfaces pour la même application. A cet égard, soulignons une nouvelle fois que si ces systèmes assistent le développeur dans l'implémentation du programme, ils ne fournissent qu'une aide relativement minime à la définition des besoins des utilisateurs ou à la modélisation des tâches. Ce ne sont pas des outils de conception, mais d'implémentation. Cependant, l'évaluation ergonomique d'une interface est toujours plus aisée si elle est implémentée que si elle n'est que dessinée sur un papier. Le prototypage rapide aboutit donc à un protocole avec lequel les utilisateurs peuvent interagir, qui s'avère être d'un support précieux pour l'évaluation.

Envisager le produit fini comme une succession incrémentale de prototypes.

- *Le prototypage évolutif ou réutilisable.* Dans ce cas les concepteurs cherchent, pour des raisons de coût ou de délai, à maximiser leurs investissements et à minimiser le gaspillage de leur travail. De manière itérative, ils évaluent chaque partie de leur prototype (module) qu'ils réutilisent. Il s'agit donc d'un prototypage modulaire : pas à pas ils accroissent la validité du produit. De nouvelles parties sont progressivement ajoutées et ainsi de suite le cycle de conception avance. Deux variantes du prototypage évolutif existent : le prototypage en largeur et le prototypage en profondeur.
- *Le prototypage en largeur ou horizontal.* Il vise à fournir un prototype qui couvre une grande largeur des caractéristiques et des fonctions, mais sans niveau de détail. Ces prototypes horizontaux permettent d'évaluer les fonc-

Bénéficier d'un prototype s'appuyant sur un modèle global de la tâche de l'utilisateur.

tions du dispositif en couvrant au maximum les tâches possibles de l'utilisateur. Par exemple, ce prototypage sera intéressant pour évaluer la maniabilité du produit ou son accessibilité. On le privilégiera lors des premières étapes du développement.

Détailler des éléments circonscrits de l'utilisabilité du système.

- *Le prototypage en profondeur ou vertical.* Ici, le prototype ne recouvre qu'une fraction localisée des caractéristiques du dispositif mais présente l'avantage de fonctionner. L'utilisateur peut donc le tester sur une petite portion. Les prototypes verticaux présentent les fonctionnalités précises du dispositif mais seulement une portion restreinte. On le privilégiera dans les phases avancées du cycle de développement.

Avoir un produit entièrement testable : fonctions étendues et utilisabilité généralisée.

- *Le prototypage de haute fiabilité ou première version du produit.* Ce prototype est proche du produit fini. Sa conception a bénéficié des phases précédentes de prototypage et a permis d'aboutir à une version entièrement évaluable. Ce prototype « imite » ce que sera le produit final.

Pour le spécialiste de l'utilisabilité, le prototype est surtout un moyen d'évaluer ses analyses, modélisations et spécifications. La réalisation du prototype n'est généralement pas du domaine de ses compétences. Son point de vue personnel sur le prototypage n'est d'ailleurs pas très important, puisque pour lui c'est seulement l'évaluation du prototype qui permettra de juger de l'utilisabilité d'un produit et d'arrêter le prototypage pour passer au produit final.

5.2.4. Produit fini

Un produit est dit fini lorsqu'une décision de production, de distribution, de livraison ou de commercialisation est décidée. Dans les entreprises, cette décision ne relève généralement pas des concepteurs mais des décideurs. Si les caractéristiques intrinsèques du produit sont importantes pour la décision, elles ne sont pas suffisantes. Des critères comme la robustesse ou le retour sur investissement peuvent présider ces décisions de lancement du produit.

« L'usage de la technologie conduit en retour à des changements fondamentaux de l'activité, et en fin de compte, du sens de l'existence.

La notion de produit fini n'appartient pas franchement au domaine de l'utilisabilité. Notre champ de recherche et d'intervention se place toujours en amont (conception) ou

Nous touchons aux véritables questions de la conception lorsque nous reconnaissons qu'en concevant des outils nous développons aussi de nouvelles manières d'être ».

Terry Winograd & Fernando Florès.

en aval (évaluation et correction), mais jamais à ce point précis. Par ailleurs, pour les spécialistes de l'utilisabilité un produit est souvent vu comme inachevé, mouvant, sujet à des améliorations continues, et donc nécessitant une évaluation constante de ses usages. Après tout, la conception doit être évalué et l'évaluation permet de faire avancer la conception. Conception et évaluation ne sont-ils pas deux étapes d'un seul et même processus : l'aménagement par l'homme du monde technologique ?

Fiche résumée du chapitre 4

Le chapitre en quelques points

Ce chapitre 4 a :

1	Enoncé des principes de la conception centrée sur l'utilisateur, tout en rattachant l'utilisabilité à cette approche.
2	Présenté un cadre pour concevoir l'utilisabilité des produit ; cadre jalonné par des étapes : analyse de l'utilisateur et de ses besoins, analyse psycho-ergonomique des tâches et des activités de l'utilisateur, spécification de l'utilisabilité et concrétisation du produit.
3	Centré l'analyse de l'utilisateur autour de la détermination de ses caractéristiques propres (typologie des utilisateurs) et de ses besoins spécifiques.
4	Expliqué l'analyse de la tâche et de l'activité et présenté des modélisations des tâches centrées sur la description du système ou sur l'utilisateur.
5	Montré le rôle joué par les métaphores dans la spécification de l'utilisabilité.
6	Indiqué divers moyens d'engager la concrétisation du produit : dessin, maquettage et prototypage.

DÉFINITIONS FONDAMENTALES

Activité	Ensemble des moyens mis en œuvre pour accomplir une tâche. Travail réel.
Analyse des besoins	Étude systématique des exigences de l'utilisateur et de son contexte professionnel ou domestique.
Formalisation des tâches	Réduction d'une tâche à des caractéristiques formelles.
Métaphore	Processus dynamique qui permet des déplacements de sens, comme la conversion de données mentales en données physiques et réciproquement. Les métaphores occupent donc une place primordiale dans la conception et l'utilisation des produits, tant du point de vue de leur élaboration conceptuelle, que de leur efficacité dans l'apprentissage du fonctionnement d'un dispositif. La métaphore appartient aux techniques du concepteur pour spécifier les caractéristiques de l'utilisabilité d'un système. Elle caractérise également les moyens dont dispose l'utilisateur pour se forger une représentation de son nouvel environnement de travail en fonction de ses apprentissages antérieurs.
Modélisation cognitive	Mise en relation de variables mentales de manière à pouvoir décrire un fonctionnement psychique et son évolution.
Prototype	Exemplaire initial d'un produit devant être mis au point et évalué.
Tâche	But, travail prescrit, ce qui est à accomplir.

CHAPITRE 5

Évaluer l'utilisabilité

**IDÉES CLÉS*
DU CHAPITRE :**

Évaluation

Représentativité des utilisateurs

Représentativité des situations d'usage

Méthodes d'évaluation

Enquête d'usage

Inspection de l'utilisabilité

Tests d'utilisabilité

* Si nécessaire, voir les définitions dans la fiche résumée de ce chapitre, p. 245.

Pour garantir la facilité d'usage d'un produit, il faut le tester, c'est-à-dire évaluer son utilisabilité selon des critères raisonnés et raisonnables. L'évaluation concerne la mesure de l'efficience, de l'efficacité, de la satisfaction, de l'apprenabilité et la mémorisation. Par une série de protocoles, réalisés sur le terrain ou en laboratoire, il s'agit d'apprécier l'adaptation d'un produit aux besoins et usages d'une population particulière. Dans cette perspective, ce cinquième chapitre présente les principes et des méthodes d'évaluation.

✓ **Les questions auxquelles répond ce chapitre**

- Comment s'assurer de la facilité d'usage d'un produit ?
- Peut-on mesurer l'utilisabilité selon des critères objectifs et/ou subjectifs ?
- Comment mettre en œuvre des tests d'utilisabilité ?
- Comment recueillir, analyser et interpréter des données sur l'évaluation de l'usage ?

✓ **Quels sont les objectifs de ce chapitre ?**

- Mettre en œuvre des évaluations de l'utilisabilité.
- Connaître les différentes méthodologies d'évaluation de l'utilisabilité.
- Interpréter et restituer les résultats d'un test d'utilisabilité.

1. Les principes de l'évaluation

« L'homme est la mesure de toute chose ».

Protagoras.

Un nouveau produit se présente à vous. Il est sans doute beau, bon marché et remplit les fonctionnalités que vous attendez. Mais est-il facile à utiliser ? Pour le savoir, il est nécessaire de l'évaluer. L'évaluation de l'utilisabilité ne porte pas sur son design, sur la publicité faite autour du produit, ou encore sur son prix par rapport à la concurrence. Elle se cantonne à apprécier l'efficacité, l'efficience, l'apprenabilité, la tolérance aux erreurs et la satisfaction que procure son utilisation.

Avec la connaissance qu'il commence à acquérir de l'utilisabilité, Monsieur F. s'est livré à un petit test sur son utilisatrice préférée. Il a pris le temps d'observer Madame F. utilisant son sèche-linge. Il a fait les constatations suivantes :

- *Elle l'avait très facilement installé, son aide musclée n'avait pas été nécessaire ;*
- *Elle l'avait vite utilisé et sans jamais lire la notice ;*
- *Elle le mettait en service en moins de deux minutes, remplissage du tambour inclus ;*
- *Elle sélectionnait toujours le programme adapté en ne s'étant trompée qu'une seule fois (elle avait affecté la fonction « synthétique » à du linge en coton, mais elle s'en était rendu compte et avait pu naturellement arrêter le programme et effectuer simplement les corrections nécessaires) ;*
- *Elle utilisait l'ensemble des fonctionnalités sauf une, concernant la possibilité de rafraîchir le linge ;*
- *Elle déclarait le système de séchage efficace et conforme à ses attentes ;*
- *Et elle en était très satisfaite (elle en avait vanté les qualités auprès de six de ses amies !) d'ailleurs, c'est pour cette raison que sa mère avait acheté le même modèle !*

« L'homme est la mesure de toute chose, sauf de lui-même ».

Abraham Moles.

Initié aux critères d'utilisabilité, Monsieur F. conclut que son observation confirmait bien que le système dispose d'un bon niveau d'utilisabilité.

Pourtant cette évaluation est trop simpliste et incomplète pour présenter des critères suffisants de validation. En effet, Monsieur F. a observé une seule et unique utilisatrice expérimentée

« Professionals in ergonomics are experts at designing technologies to best correspond with human anatomy and physiology. The usability of technologies without fatigue or pain, the selection of the best components and materials, have greatly contributed to overall consumer satisfaction with today's technical products. Now ergonomics professionals must also become skilled in assessing user preferences and predispositions to the use of particular technologies ».

Marcia J. Scherer & Jan C. Galvin.[1]

(et pas une novice), qu'il connaissait (pas de neutralité), sa femme en l'occurrence (forte relation affective), sans connaître son niveau d'exigence par rapport aux autres utilisateurs possibles (attente connue par rapport à la qualité du produit), utilisant un produit dans lequel il était lui-même impliqué (un test d'usage et pas un autre type de test), ne serait-ce que parce qu'il l'a acheté lui-même (et pas les produits de la concurrence), dans des utilisations régulières mais toutes identiques (pas de situations critiques ou de pannes), avec du linge parfaitement connu (pas de tissus « exotiques »).

Vous vous doutez bien qu'une évaluation, pour être valide doit répondre à de nombreux critères scientifiques, parmi lesquels :

- L'identification des objectifs de l'évaluation ;
- Les modalités de constitution de l'échantillon ;
- La représentativité des situations d'utilisation ;
- Et les méthodes d'évaluation choisies.

Effectivement, vous pressentez que selon les objectifs, les types utilisateurs, les situations d'utilisation et les méthodes d'évaluation, les résultats d'une évaluation varieront et conduiront à des interprétations qui pourront s'avérer parfois insuffisantes voire erronées.

L'objectif de ce chapitre est précisément de vous familiariser avec toutes ces dimensions de l'évaluation et d'attirer votre attention sur les biais auxquels certaines pratiques d'évaluation peuvent conduire.

1. « Les professionnels de l'ergonomie sont des experts dans la conception de technologies qui correspondent le mieux à l'anatomie et à la physiologie humaine. L'utilisabilité des technologies sans fatigue et sans effort, le choix des meilleurs matériaux et composants, ont contribué fortement à la satisfaction générale du consommateur par rapport aux produits techniques actuels. Aujourd'hui, les professionnels de l'ergonomie doivent en plus être capables d'évaluer les préférences et les prédispositions lors de l'usage de technologies particulières. » Marcia J. Scherer & Jan C. Galvin.

1.1. Les objectifs de l'évaluation

Deux types de validations peuvent être distingués : intrinsèque et extrinsèque.

L'évaluation de l'utilisabilité s'intègre à une évaluation globale d'un produit ou d'un service dont les caractéristiques d'usage ne sont qu'un aspect parmi d'autres qui relèvent de la technicité, de la fiabilité, du design ou du marketing. Aussi, est-il fréquent de dissocier la validation extrinsèque de l'intrinsèque. La validation extrinsèque propose des critères d'évaluation centrés sur l'utilisation d'un objet dans l'environnement : satisfaction des utilisateurs, acceptation, facilité d'utilisation, etc. A l'inverse, la validation intrinsèque s'attache à évaluer les performances techniques. La validation de l'utilisabilité nécessite la fiabilité technique. Présenté de cette manière, vous l'aurez compris, l'évaluation de l'utilisabilité est extrinsèque. En effet, la validation extrinsèque vise à analyser les conditions d'utilisation d'un système, en particulier son intégration opératoire et sociale dans un contexte donné.

Quels objectifs pour l'évaluation ?

Pour mener à bien une évaluation de l'utilisabilité, il est recommandé de déterminer son objectif. Cette identification des objectifs varie selon :

- La ou les dimensions de l'utilisabilité que l'on souhaite évaluer ;
- Le cycle de développement d'un produit ;
- Le type de besoins que le produit doit satisfaire ;
- Les caractéristiques des utilisateurs ciblés par le produit ;
- Le contexte global d'usage du produit.

Les objectifs de l'évaluation sont toujours à rattacher à des contraintes de coûts ou de temps. Si bien que l'évaluation impose de trouver des compromis acceptables qui émergent généralement de la confrontation des objectifs avec les contraintes. Par exemple : se dire arbitrairement que 90 % des utilisateurs-cibles devront savoir utiliser 75 % des fonctions du produit. Vos contraintes, à vous lecteurs, ne nous étant pas connues, il vous faudra les déterminer et les confronter aux divers éléments que nous allons évoquer ci-dessous.

1.2. Préciser les dimensions de l'utilisabilité à évaluer

La définition « ISO 9241-11 » de l'utilisabilité donne explicitement des critères objectifs pour évaluer l'utilisabilité d'un

« Un système est utilisable lorsqu'il permet à l'utilisateur de réaliser sa tâche avec efficacité, efficience et satisfaction dans le contexte d'utilisation spécifié ».

ISO 9241-11.

système. On dira qu'un système est utilisable lorsque l'utilisateur peut accomplir sa tâche (efficacité), avec un minimum de ressources pour le faire (efficience) et que le système est estimé agréable à utiliser (satisfaction). A ces critères nous ajouterons la facilité d'apprentissage et la tolérance du système aux erreurs de l'utilisateur. Par conséquent, évaluer l'utilisabilité consiste donc à effectuer de trois à cinq types de mesures. L'encadré 5.a. fournit quelques données pouvant être prises en compte pour mesurer les critères d'utilisabilité retenus par l'évaluation.

Voir encadré 5.a. et chapitre 2.

Selon les contraintes en temps et moyens d'un projet, les objectifs d'évaluation porteront sur tout ou partie des critères présentés dans l'encadré 5.a.

1.3. Définir les objectifs de l'évaluation en fonction des étapes du cycle de vie du produit

Les objectifs de l'évaluation varient en fonction des moments de l'évaluation :

- Soit l'évaluation initie la conception d'un nouveau produit. Elle se déroule avant le début d'une nouvelle conception : on l'appellera *évaluation prospective ;*
- Soit l'évaluation se déroule après la conception ; on dira ici que l'évaluation est *consécutive ;*
- Soit l'évaluation est intégrée aux diverses phases du processus de conception : de l'initiation d'un projet à la maintenance du produit final. On parle alors d'*évaluation itérative.*

Encadré 5.a.	**Mise en relation des critères d'utilisabilité et de données d'évaluation**
Efficacité	Examiner si les buts visés par l'utilisateur sont atteints. Vérifier la capacité du système à satisfaire les intentions de l'utilisateur.
Efficience	Mesurer les ressources nécessaires pour atteindre les objectifs de l'utilisateur. Quantifier le nombre de fonctions utilisées. Comptabiliser le nombre de modes opératoires effectués pour accomplir une tâche donnée. Calculer le temps mis par l'utilisateur pour réaliser la tâche.

.../...

.../...

Satisfaction	Apprécier si le système est agréable à utiliser. Mesurer le nombre de fois qu'un utilisateur exprime de la frustration ou de la satisfaction. Comptabiliser les remarques positives et/ou commentaires négatifs, à travers un questionnaire ou par l'intermédiaire d'un entretien. Observer et comptabiliser les attitudes physiques favorables et/ou défavorables de l'utilisateur (gestes, mimiques, signes d'énervement ou d'agacement...).
Facilité d'apprentissage	Mesurer la capacité du produit à être découvert naturellement. Mesurer le temps de latence entre la consigne de l'évaluateur et le début d'une utilisation correcte. Compréhension correcte et assimilation rapide du mode de fonctionnement.
Tolérance aux erreurs	Comptabiliser le nombre d'erreurs commises par l'utilisateur et le nombre de récupérations. Quantifier le nombre de bonnes ou de mauvaises applications mentionnées par l'utilisateur. Mesurer les temps nécessaires à la correction des erreurs. Évaluer le système d'aide (compréhension de la documentation, facilité d'usage de l'aide informatisée...).

Évaluer pour prévoir : l'évaluation prospective.

Dans le cas de l'évaluation prospective, la démarche mise en œuvre par l'évaluateur vise à analyser une situation de manière à l'aménager ou à la corriger. Il s'agira par exemple d'étudier comment des personnes s'approprient une place publique de manière à repenser le mobilier urbain, redessiner les jeux pour enfants, réorganiser les accès... En bref, l'évaluation prospective cherche à anticiper les modes d'usages de produits à partir de l'analyse d'une situation donnée de manière à prévoir de nouveaux usages en concevant de nouveaux objets.

Évaluer pour valider : l'évaluation consécutive ou sommative.

Dans la perspective où l'évaluation est consécutive à la conception, l'évaluation doit définir les faits qui invalident la conception. Les évaluateurs ne chercheront pas à montrer que l'utilisabilité est correcte. Bien au contraire, ils s'efforceront d'identifier toutes les sources de dysfonctionnements, de non-fiabilités, de non-qualités, d'insatisfactions possibles, afin de garantir par la suite un niveau élevé d'efficacité, d'efficience, de satisfaction, de facilité d'apprentissage et de tolérance aux erreurs. A titre d'exemple, l'évaluation consécutive est fréquemment utilisée pour apprécier l'utilisabilité de sites web : quelques sujets testent, selon un protocole scénarisé, les fonctionnalités et l'ergonomie des écrans. Ici, l'évaluation a l'objectif de confirmer ou infirmer les orientations prises par la conception.

Évaluer pour améliorer en continu : l'évaluation itérative ou formative.

Lorsque l'évaluation est intégrée à la conception, elle devient itérative et continue. Autrement dit, les processus de conception et d'évaluation sont liés et mutuellement dépendants : l'un complète l'autre, mais tous deux concourent à un but commun qui est l'amélioration continue de l'objet et de son usage. De cette manière, l'évaluation et la conception sont associées au processus d'innovation. Diverses formes d'évaluation sont réalisées à diverses étapes du design d'un objet, et permettent d'en améliorer l'utilisabilité et les fonctionnalités. Par conséquent, cette troisième approche de l'évaluation ne sépare pas l'utilisation de la conception. Ce ne sont que deux temps d'un processus global d'aménagement du monde selon la technologie. Il n'y a pas de discontinuité entre la conception et l'utilisation : l'une permet l'autre et inversement. Par exemple, les erreurs d'utilisation sont réintroduites dans la conception pour faire évoluer les systèmes techniques : les rendre plus fiables, plus pratiques, plus confortables, moins chers, plus beaux...

Évaluation et cycle de vie.

Dans le cycle de vie d'un produit, on trouve plusieurs étapes au cours desquelles il devrait être impérativement testé auprès des utilisateurs :

- Les premières évaluations peuvent apparaître lors de la première phase de la conception. L'évaluation porte alors sur la faisabilité ou la validité du projet. L'évaluation donne alors de grandes directives pour la conception, voire un cahier des charges assez précis.
- Les deuxièmes évaluations surviennent lors du maquettage ou du prototypage. Elles s'attachent à valider les orientations et les choix arrêtés de manière à les affiner ou les réorienter.
- Les troisièmes lors de la conception définitive. Il peut s'agir de la comparaison avec le cahier des charges initial. Une autre forme de validation consiste à mesurer l'écart

> « Formative evaluation takes place during the design process. At various points in the development process, prototypes or system versions are produced and evaluated. (...) In contrast, summative evaluation is aimed at measures of quality ; it is done to assess a design result. A summative evaluation answers question such as, Does this system meet its specified goals ?" or "Is this system better than its predecessors and competitors ?" »
>
> **Mary Rosson & John Carroll.**[1]

entre la demande des utilisateurs, stipulée dans le cahier des charges et le système final. De ce point de vue, la validation du produit vise au respect du cahier des charges, c'est-à-dire aux consignes données à l'équipe de développement sur : les fonctionnalités dont les utilisateurs ont un besoin réel ; le temps de réponse du système ; les caractéristiques du matériel ; la date de mise en service du nouveau produit ; les performances du système ; la fréquence d'utilisation ; la participation des utilisateurs aux étapes du projet ; le rôle actif ou passif de l'utilisateur ; le rôle coopératif ou palliatif du système ; les critères de sécurité du produit et de l'utilisateur.

- Les quatrièmes évaluations peuvent être réalisées sur des produits existants à des fins comparatives : elles visent à évaluer les avantages et inconvénients de la concurrence.
- Les cinquièmes évaluations concernent l'évolution du produit et sa maintenance. Dans ce dernier cas, les modifications doivent être testées afin de s'assurer que les performances sont correctes et que les nouvelles fonctionnalités correspondent aux attentes des utilisateurs.

En suivant le cycle de vie d'un produit, l'évaluation vise à l'amélioration graduelle et continue d'un produit en se centrant plus sur la performance de l'usage que sur la performance technique. Cette quête de la performance d'usage dépend bien évidemment des besoins que l'on cherche à satisfaire.

1.4. Connaître les utilisateurs cibles et les besoins à satisfaire

Que les besoins des utilisateurs portent sur l'accessibilité physique, l'apprentissage, l'audition, la vision, la cognition,

1. « L'évaluation formative a lieu lors du processus de conception. A différentes étapes du processus de développement, différents prototypes ou versions du système sont élaborés et évalués. (...) À l'opposé, l'évaluation sommative a pour objectif d'obtenir des mesures de la qualité ; elle sert à évaluer le résultat de la conception. L'évaluation sommative permet de répondre aux questions du type : « est-ce que le système remplit les objectifs qu'on lui a assignés ? », ou « est-ce que ce système est meilleur que les précédents ou que ceux de la concurrence ? » Mary Rosson & John Carroll.

Voir encadrés 4.b. et 4.c.

la communication, l'écriture, la lecture, la mobilité, leur profession, leur santé et soins personnels ou encore leurs besoins récréatifs, l'évaluation devra déterminer :

- Quels types de besoins spécifiques cherchent à être satisfaits par le produit à tester ?
- Quelle est la capacité du produit à satisfaire les besoins spécifiques de l'utilisateur ?
- Si l'utilisabilité du produit est adaptée aux utilisateurs cibles.

C'est donc la connaissance des besoins à satisfaire qui orientera également l'évaluation. En effet, il est évident qu'un système destiné à des aveugles ne peut être adapté à des voyants, ou inversement.

Une autre question à aborder lors de l'évaluation est celle de la pertinence de l'amélioration visée par le produit :

- Quel est le degré d'importance de l'amélioration apportée à l'utilisateur final ?
- Quel est de degré de satisfaction du besoin par la technologie ?
- Quels nouveaux besoins peuvent apparaître ?

La définition des objectifs diffère donc selon les besoins à satisfaire, les améliorations escomptées, les utilisateurs finaux et le produit à concevoir et à fabriquer.

1.5. Maîtriser les biais et attitudes de l'évaluateur

En éclaircissant les objectifs de l'évaluation, il faut également se demander si l'évaluateur ne biaise pas les résultats. S'il est suffisamment neutre et bienveillant pour ne pas altérer l'objectivité de ces résultats.

Qui évalue ?

Aussi, par souci de validité et de fidélité, l'évaluation de l'utilisabilité doit-elle être réalisée par des spécialistes désengagés de la conception.

Les concepteurs et designers sont souvent trop impliqués dans leur produit, et ne peuvent donc voir ou prévoir les réactions des utilisateurs, tant ils ont imaginé que l'utilisateur se comporterait selon leurs attentes. De la sorte, l'utilisabilité doit être testée par des spécialistes de l'évaluation sur des uti-

« If you are doing an experiment, you should report everything that you think might make it invalid – not only what you think is right about it : other causes that could possibly explain your results ».

Richard Feynman.[1]

lisateurs finaux les plus variés possibles. Communément on admet que les tests doivent indiquer si les produits répondent aux besoins des utilisateurs. En fait, les tests doivent surtout s'attacher à démontrer le contraire, c'est-à-dire que le produit n'est pas satisfaisant. Sinon à quoi servirait le test, si ce n'est flatter le narcissisme des concepteurs ? Plus précisément, il s'agit d'identifier, grâce à une démarche scientifique d'évaluation, les limites des caractéristiques de l'utilisabilité d'un produit et de proposer des recommandations qui l'amélioreront.

2. Les méthodes d'évaluation

Vous travaillez à la mise au point d'un nouveau produit. Vous venez de fixer les objectifs de l'évaluation de ce nouveau produit. Et bien sûr, vous aimeriez savoir quels types de méthodes employer pour apprécier son utilisabilité ?

La source du savoir collecté : utilisateurs ou experts ?

Globalement, les méthodes d'évaluation peuvent se diviser en deux grandes catégories :

- *Avec les utilisateurs :* certaines méthodes recueillent des données des utilisateurs réels ;
- *Sans les utilisateurs :* certaines méthodes peuvent être appliquées sans la présence d'utilisateurs, mais avec des experts en utilisabilité.

La situation d'évaluation : artificielle ou réelle ?

Une autre classification repose sur le type de situation d'évaluation :

- *Réelle :* la situation d'usage réelle est appréhendée dans sa globalité ;
- *Artificielle :* une situation est reconstruite et l'évaluation porte sur un nombre limité de variables.

En croisant ces deux catégorisations il devient possible de visualiser l'ensemble des méthodes d'évaluation sous la forme d'un graphique.

1. « Si vous êtes en train de réaliser une expérimentation, vous devriez noter tout ce qui pourrait l'invalider – non seulement ce qui confirme vos hypothèses : mais aussi les autres causes qui pourraient éventuellement expliquer vos résultats. » Richard Feynman.

Voir encadré 5.d.

Ce graphique oppose deux axes :

- En horizontal se trouve « les sources du savoir collecté » : soit l'utilisateur est mobilisé dans l'évaluation, soit un expert inspecte le produit ;
- En vertical, deux types de situation d'évaluation s'opposent : soit la situation réelle d'usage, soit une situation artificielle, en laboratoire par exemple.

L'intersection de ces axes permet de dégager trois types de méthodes : les enquêtes d'usage, les inspections et les tests utilisateurs.

Encadré 5.d. **Graphique restituant les grandes catégories de méthodes d'évaluation**

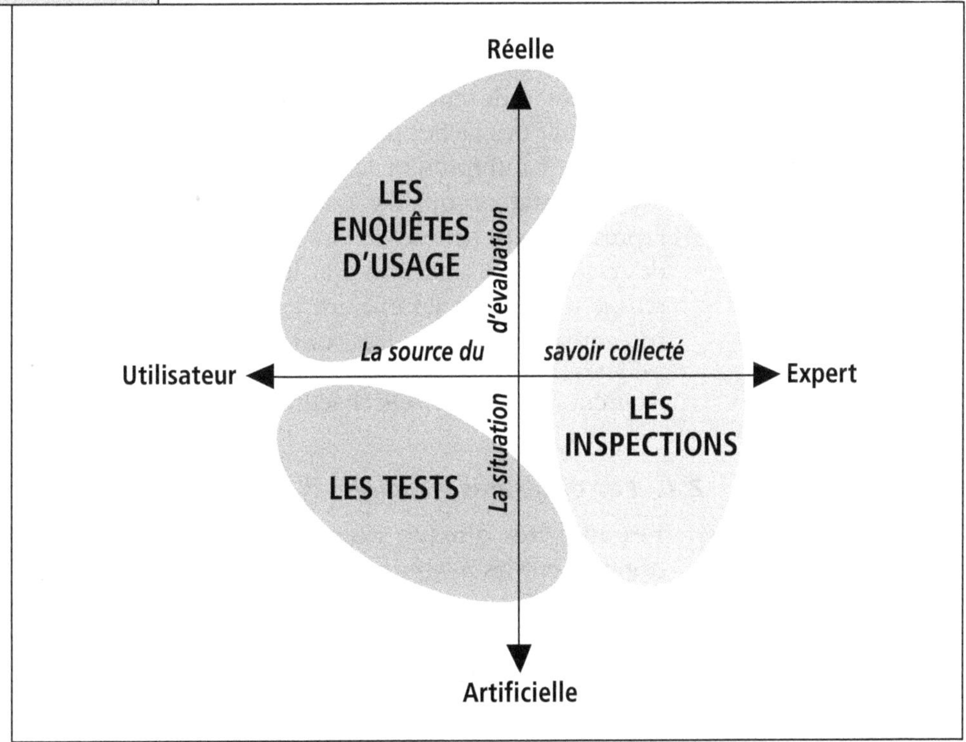

Analyser la situation réelle avec l'utilisateur : les enquêtes d'usage.

Les enquêtes d'usage reposent sur l'analyse de la manière dont les utilisateurs travaillent ou agissent réellement avec un produit donné dans une situation réelle. Lors de telles enquêtes, un analyste détermine les objectifs et les tâches de l'utilisateur, interprète les conduites des utilisateurs, et finalement élabore des préconisations (rapports, recommandations ergonomiques, idées de maquettes...) visant à définir, à corriger ou à augmenter l'utilisabilité du produit.

Examiner l'utilisabilité sans utilisateur : les techniques d'inspection.

Les techniques d'inspection s'appuient sur les connaissances d'un expert en facilité d'usage qui examine, selon des critères éprouvés, l'utilisabilité d'un produit, mais sans utilisateur. Les techniques d'inspection impliquent donc le choix d'experts familiarisés avec l'utilisabilité. L'examen est souvent conduit par un groupe d'experts qui se concentre sur des aspects délicats de l'utilisation. L'inspection donne lieu à un rapport qui récapitule les sources d'inutilisabilité et propose des solutions correctrices.

Impliquer l'utilisateur pour améliorer ou valider : les tests d'utilisabilité.

Les tests d'utilisabilité permettent l'observation des utilisateurs réels lorsqu'ils interagissent avec un produit, un logiciel, des sites web, des consignes textuelles... ou encore un meuble à assembler de chez Meublora. Les utilisateurs sont priés d'effectuer des tâches tandis que des experts observent, enregistrent et interprètent leurs actions réussies ou ratées. Un expérimentateur qualifié conçoit le test où des personnes représentatives du public visé sont sollicitées pour effectuer des tâches représentatives avec le produit testé. L'observateur rédige un rapport énumérant les problèmes et énonçant des recommandations fondées sur les résultats des expériences.

Reprenons et détaillons chacune de ces trois méthodes.

2.1. Les enquêtes d'usage

Les enquêtes d'usage visent davantage à la découverte de données sur les usages qu'à être un processus évaluatif à part entière. Elles cherchent à recueillir des données sur la manière dont les personnes utilisent des produits et des services avec un double objectif :

- L'innovation (conception de nouveaux produits, création de nouveaux usages, études des résistances au développement de nouvelles pratiques sociales ou culturelles) ;
- L'aménagement (correction, adaptation des produits à d'autres utilisateurs...).

A la différence des autres méthodes d'évaluation, les enquêtes d'usage insistent sur trois idées :

- Le rôle du contexte dans l'apparition d'un comportement d'un utilisateur. Autrement dit : le comportement d'une personne n'est jamais désincarné de son socle anthropologique mais se réfère toujours à la situation sociale et culturelle dans laquelle ce comportement a été produit ;
- L'observation de la réalité telle qu'elle est et pas telle que l'inspecteur en utilisabilité ou l'expérimentateur en laboratoire voient cette réalité. En effet, l'analyse de la réalité conduit à des observations que les autres techniques ne peuvent restituer, car seules les enquêtes d'usage proposent une approche pluridisciplinaire, globale et située de l'usage des technologies.
- L'idée que la technologie n'existe pas en soi, mais se réfère toujours à un usage : c'est dans l'usage que la technologie prend son sens.

Sur la base de ces présupposés, plusieurs méthodes inspirées de la psychologie, de l'ergonomie, de la sociologie, de l'ethnologie et du marketing ont été mises au point. Voici les principales.

2.1.1. *L'analyse de la situation d'utilisation*

L'analyse de la situation d'utilisation prend en compte l'ensemble des variables techniques et sociales afférentes à l'usage d'un produit. Elle vise à récolter des données relatives à l'usage en s'appuyant sur le recueil des paramètres relatifs à l'homme, à l'organisation et bien évidemment à la technologie dont on cherche à évaluer l'utilisation. Si une personne utilise un produit, est-ce parce que ce produit satisfait la personne elle-même (et donc les représentations sociales qu'elle se fait de l'usage) ? Ou bien est-ce parce que le produit en tant que tel présente des fonctionnalités et un niveau d'utilisabilité satisfaisant ? Ou bien encore, est-ce parce que le contexte organisationnel impose de l'utiliser ? Ou au contraire, les individus résistent-ils à la pression organisationnelle en refusant d'utiliser ledit produit ?

Cette enquête implique nécessairement d'aller sur le terrain, de rencontrer des opérateurs et de mettre en œuvre plusieurs techniques de recueil de données (observations, interviews, questionnaires, études des traces de l'usage...). Elle s'apparente à une recherche monographique, qui nécessite d'avoir l'accord des personnes, de préciser la durée et la fréquence des recueils de données, et globalement le type de relation entre l'analyste et la situation évaluée.

Du côté des publications
Spérandio, 1991

Pour ne négliger aucun paramètre, cette forme d'évaluation sera la plus large possible et intégrera les facteurs contextuels de l'utilisation ou de la sous-utilisation. Fondé sur une approche ergonomique, l'analyse recensera (Spérandio, 1991) :

Caractéristiques des utilisateurs.

– Les variables concernant les utilisateurs, comme : nombre de personnes impliquées dans l'usage, leurs rôles respectifs, leurs compétences et qualifications, leurs diplômes, leurs âges, la répartition des sexes, les ethnies en présence, les langues d'origine, les grades et statuts dans l'organisation, les motivations et attitudes à l'égard du produit...

Caractéristiques de la technique.

– Les variables concernant la technique, comme : les types d'appareils, les principes de fonctionnement, les formes des appareils, leurs dimensions, l'implantation architecturale, la nature des matériaux employés, les systèmes de commandes, les types d'interface homme-machine, la signalisation, les nuisances évidentes émises par la technique, les caractéristiques de l'appropriation psychologique des technologies...

Caractéristiques des informations.

– Les variables concernant l'information, comme : les consignes données aux opérateurs, les documentations, les manuels utilisateurs, les aides en ligne, les signaux formels présents dans le travail, les signaux informels liés à l'expertise des opérateurs, les réseaux de communication entre les opérateurs et les machines, les réseaux de communication entre les opérateurs sur un même poste ou sur des postes différents...

Caractéristiques de l'ambiance physique de travail.

– Les variables concernant l'environnement physique, comme : le niveau sonore, les bruits parasites, les nuisances sonores, la lumière, l'humidité, les vibrations, l'ambiance thermique, la présence d'une atmosphère artificielle, l'ambiance physico-chimique...

Caractéristiques des actions effectuées.

– Les variables concernant les actions, comme : l'utilisation des outils, les modes opératoires réels, les aides utilisées, les activités manuelles, les gestes et postures, les modalités de déplacement des opérateurs, une typologie des actions liées à la prise d'information et de décision, les liaisons sensori-motrices réalisées par les opérateurs, les système de commandes de la machine…

Caractéristiques du contexte social.

– Les variables concernant l'environnement socio-organisationnel, comme : la structure des équipes de travail, le type de fonctionnement hiérarchique, l'autonomie ou la dépendance dans le travail, les horaires (jour-nuit, pauses, repas…), les groupes présents dans l'organisation (syndicat, Comité d'entreprise, Comité hygiène sécurité et conditions de travail, les groupes de progrès…), la culture d'entreprise, les valeurs culturelles, la tradition technologique de l'institution, la codification des rapports sociaux…

La recherche d'information se centre sur le produit analysé et l'on cherche l'ensemble des variables du contexte qui expliquent son utilisation, sa sous-utilisation, ou sa non-utilisation. L'idée étant, rappelons-le, de discriminer les variables relatives au produit lui-même et les variables relatives au contexte qui caractérise un mode d'usage.

Encadré 5.e. Quand privilégier l'analyse de la situation d'usage ?

L'analyse de la situation d'usage est l'une des meilleures méthodes à utiliser quand :

– vous devez comprendre le contexte de travail des utilisateurs ou le contexte d'usage au quotidien ;
– vous voulez comprendre comment l'environnement de travail influence la manière dont les personnes utilisent ou pas un produit ;
– vous devez découvrir les pratiques de travail des domaines que vous ignorez (opérateurs financiers, médecins urgentistes, opérateurs analphabètes…) ;
– vous initialisez la conception d'un nouveau projet ;
– vous voulez mener une évaluation lors des premières phases de développement, afin de prendre en compte le contexte social de l'usage dans la conception d'un nouveau produit ;
– vous avez besoin d'informations subjectives sur l'activité des utilisateurs (vécu, ressenti…).

L'intérêt majeur de l'analyse de la situation d'usage est de souligner que l'usage ne se superpose jamais à l'utilisabilité. L'usage d'un produit modifie le comportement de son utilisateur, qui réagit à ce changement en acceptant, ajustant, résistant, rejetant voir refusant le produit. Ces réactions ne peuvent pas être exclusivement justifiées par le manque d'utilisabilité du produit ; elles révèlent également les contraintes sociales, organisationnelles et humaines de l'utilisation.

2.1.2. L'observation anthropologique des usages

Regard anthropotechnologique.

« La manière de courtiser, de vendre ou de conclure une affaire ou encore de négocier sont des exemples d'actions en chaîne culturellement déterminées. L'objectif est le même quelle que soit la culture mais la façon de l'atteindre, autrement dit, les actes et leurs enchaînements varient d'une culture à l'autre. La démarche culturelle comparative vis-à-vis d'une action en chaîne consiste précisément à repérer ces similitudes et différences culturelles ».

Pascal Tisserant.

Du côté des publications

Wisner, 1985

Et si les difficultés d'usage provenaient d'un problème de culture ? Cela vous semble-t-il être une bonne idée de vouloir vendre à des ménagères anglaises des cuisinières électriques dont la température du four s'élève à 300° c, alors que leurs pratiques culinaires ne les amènent que très rarement à dépasser les 220° c ? De même, que penser d'une entreprise allemande vendant des automobiles de luxe ainsi que des véhicules utilitaires militaires dont le siège français se situerait rue d'Oradour-sur-Glane ? Comment réagiraient ses clients ?

Les problèmes culturels de l'implantation de technologies ont été notamment appréhendés par l'anthropotechnologie (Wisner, 1985) qui s'est intéressée aux interactions des individus avec les systèmes techniques de production lorsque ces derniers quittent un pays pour un autre. Ces recherches ont largement souligné les difficultés culturelles liées à de telles implantations en montrant la nécessité de partir de la connaissance anthropologique du milieu d'implantation pour trouver des aménagements aux produits. Il existe ainsi des connaissances, que les personnes ont acquises au cours de leurs activités et qui facilitent ou complexifient l'appropriation des nouvelles technologies.

Cette culture technique de l'opérateur trouve son origine dans ses acquisitions antérieures provenant de tâches créées industriellement, voire de tâches traditionnelles. Par exemple, en étudiant le poste de travail du brasseur dans deux usines équivalentes de fabrication de bière en Alsace et au Congo, Nzihou-Moundoua (1997) avait montré que des éléments de la culture bantoue expliquaient la richesse de la représentation mentale du salarié au Congo, et l'efficacité particulière des bantous à ce poste. Leur importante capacité de discrimination perceptive impliquait qu'ils n'utilisaient pas les outils prévus et conçus par et pour des Français. La question des transferts technologiques, et des transferts des compétences associées, pose donc des problèmes d'ordre opératoire et cognitif qui requièrent des aménagements spécifiques du système technique. En somme, l'anthropotechnologie insiste sur le rôle des macro-cultures dans l'acceptation ou le refus des technologies.

La culture permet de comprendre les produits et leurs usages.

L'analyse anthropologique considère que les usages sont marqués culturellement. Par conséquent, les produits ou services ne font pas que fixer un ensemble de procédures, mais représentent aussi un complexe de conception de la vie, de valeurs et d'idéaux qui se manifestent par ce qu'on appelle la culture. C'est la culture, et notamment les valeurs que nous projetons dans les produits, qui donnent aussi du sens à l'usage que nous faisons des objets. Dans cette perspective, l'usage est ici un lieu culturel dans le sens où la culture est un de ses sous-produits. Elle représente une variable qui explique qu'un produit :

- Sera utilisé avec efficacité ;
- Sera adapté à l'environnement ;
- Permettra l'intégration des utilisateurs à une communauté ;
- Tout en rendant possible une différenciation sociale entre les utilisateurs et les non-utilisateurs.

Cette culture se manifeste dans des rites, des mythes, des symboles, des valeurs, l'histoire, les modes vestimentaires, etc. En bref : la culture se manifeste dans des discours symboliques, qui sont l'expression de processus psychologiques qui organisent les cadres de références de nos conduites humaines. Pour comprendre ces dimensions anthropologiques, le travail d'évaluation s'apparente à celui d'un ethnologue qui s'immerge dans une culture afin d'en comprendre la logique en se décentrant de sa culture d'origine.

L'évaluateur déterminera un échantillon d'utilisateurs et différentes situations d'utilisation. Son rôle sera de collecter des données, par observations et entretiens, sur les manières dont les utilisateurs utilisent un produit. Lors des entretiens, il devra présenter l'objet et provoquer des verbalisations qui permettront de déterminer les signes culturels attachés à l'utilisation, ainsi que le cadre de référence dans lequel s'inscrivent ces signes. Mais, si la culture se manifeste dans les signes, ces indices de la culture ne sont pas la culture elle-même. Un gros travail d'interprétation des signes est crucial afin de déterminer si ces signes sont bien des indicateurs de la culture ou ne s'y réfèrent pas.

Encadré 5.f. Quand privilégier l'étude anthropologique ?

L'observation anthropologique des usages s'applique quand :
- vous identifiez des freins culturels à l'usage d'un produit ;
- vous voulez comprendre comment la culture influence l'efficacité de l'usage ;
- vous devez percevoir des signes culturels de manière à adapter des produits à des cultures que vous méconnaissez ;
- vous devez mener une évaluation interculturelle d'un produit ou service ;
- vous spécifiez le cahier des charges d'un produit à usage mondial.

Une synthèse, qui s'appuie sur des connaissances ethnologiques, historiques, sociologiques et psychologiques, est donc nécessaire pour déceler les régularités de signification qui s'appliquent à un objet. L'évaluateur portera son attention sur la manière dont le produit et ses valeurs perçues sont :
- Compatibles avec la culture du groupe d'utilisateurs cible ;
- Tolérantes vis-à-vis des valeurs du groupe ;
- Capables d'aider les utilisateurs à résoudre les problèmes posés ;
- Conciliables avec les référents symboliques attachés aux modes opératoires ;
- Assimilables sans être une source d'anxiété ;
- Proches de l'environnement culturel cible et à même de favoriser l'intégration des utilisateurs-cibles à cet environnement.

En résumé, l'analyse anthropologique de l'usage souligne que l'efficacité d'un produit dépend de la cohérence entre les représentations qu'il suscite et les représentations associées à la culture des utilisateurs.

2.1.3. Les groupes de discussion

Un groupe de discussion, encore appelé « focus group » regroupe une dizaine d'utilisateurs (ou de consommateurs), qui avec l'appui d'un animateur du groupe, vont devoir s'exprimer librement sur un produit, un logiciel, un service..., durant une séance de deux heures environ. L'objectif de ce type de méthode est de recueillir des données sur la manière dont les utilisateurs s'échangent des informations et parlent des produits. Il s'agit donc d'obtenir leur feedback, leurs réactions initiales à une conception et d'examiner leurs préférences.

Le rôle de l'animateur est crucial. Il lance, puis relance la discussion en faisant les reformulations utiles et en recentrant, si nécessaire, le groupe sur sa tâche d'évaluation. L'animateur doit être à même d'interagir pour faciliter les discussions sur les questions soulevées. La situation est généralement enregistrée de manière à pouvoir ensuite analyser les propos recueillis et à dégager les thèmes importants.

Encadré 5.g. Quand privilégier les « focus group » ?

Les entretiens collectifs ou groupes de discussion s'appliquent quand :

- vous disposez d'utilisateurs ayant un référentiel du produit ou une expérience minimale du produit que vous voulez évaluer (par conséquent : le produit sera peu innovant par rapport au référentiel des utilisateurs) ;
- vous voulez comprendre les opinions véhiculées par les médias et la manière dont les utilisateurs s'en saisissent ;
- vous avez besoin d'identifier les représentations attachées au « bouche-à-oreille » et vous pensez qu'un tel débat sera instructif ;
- vous devez recenser les besoins des utilisateurs en fonction des types d'utilisateurs ;
- vous souhaitez positionner votre produit par rapport à ceux de la concurrence, et comprendre les critères qui président aux préférences des utilisateurs.

Du côté des publications
Bastien et Scapin, 2002

Cette technique, issue du marketing, a souvent été décriée par les psychologues et les ergonomes, car elle est plus adaptée à l'élaboration de la stratégie marketing qu'à la conception ou à l'évaluation d'un produit innovant. Ceci étant, le focus group peut être utile dans le cadre d'une conception centrée sur l'utilisateur (Bastien & Scapin, 2002).

Par ailleurs, si le degré d'innovation du produit est important, les utilisateurs risquent de ne pas pouvoir en élaborer une représentation, sans eux-mêmes en avoir fait l'usage. Dans ces cas, le focus group risque :

- Soit d'être l'expression de lieux communs ;
- Soit de s'apparenter à un test utilisateur (mais sans aucun contrôle), où des consommateurs réagissent à un produit qu'ils utilisent, sans en avoir d'expérience significative.

Ceci étant, les focus groups sont moins coûteux que les interviews individuelles menées avec le même nombre de personnes. Ils présentent également l'avantage de susciter des interactions de groupe pour raviver les mémoires et expériences qui sont parfois oubliées dans les entretiens individuels ou des expérimentations univoques.

2.1.4. L'entretien structuré

Il consiste à précipiter une situation de production verbale.

L'entretien est une technique de recueil d'informations où l'on demande à un utilisateur de s'exprimer, de manifester son avis, d'expliquer ses besoins et difficultés à propos de l'utilité et de l'utilisabilité d'un produit. Dans ce cadre, l'intervieweur aide l'utilisateur à exprimer ses représentations du monde et à gérer leurs compréhensions mutuelles. Du discours produit en situation d'entretien émergent alors des concepts, des procédures, des heuristiques, des raisonnements, des classifications des objets du monde, des relations conceptuelles, bref autant d'éléments qui constituent des traces précieuses du fonctionnement mental de l'interviewé.

Mener un entretien, c'est donc créer une situation de production de discours de laquelle émanent des indicateurs de ce que les individus ont dans la tête et qui guident leurs actions sur les choses. Par le biais de l'entretien, l'analyste provoque la construction verbale d'une représentation du monde de l'utilisateur où celui-ci est sollicité pour reconstruire ce qu'il fait et pense ou croit faire et penser.

Si l'entretien est communément utilisé pour solliciter les verbalisations d'un utilisateur, c'est tout simplement parce qu'il a des propriétés que les autres techniques n'ont pas. Notamment, il permet :

- D'aborder ou d'analyser des situations qui se sont produites par le passé ou auxquelles l'analyste ne peut pas assister ;
- L'étude de variables complexes comme celles de l'usage, car il est souple à utiliser ;
- L'analyse des variables ne pouvant être saisies qu'à travers l'élaboration d'un discours ;
- A l'utilisateur de s'exprimer dans ses termes avec les raisonnements qui sont les siens ;
- D'appréhender la partie inconsciente et confidentielle du savoir de l'utilisateur en abaissant le seuil de la conscience par l'utilisation d'une relation affective plus ou moins transférentielle ; ce qui n'est pas toujours le cas, puisque les analystes des usages n'ont pas forcément une formation clinique et thérapeutique.

Qu'il soit directif ou non, l'entretien doit toujours être non-inductif. En d'autres termes, il importe que les questions posées par l'évaluateur ne reposent jamais sur des présuppositions ou des inférences que l'utilisateur n'a pas précédemment énoncées. Autrement dit, l'évaluateur de l'usage est tenu de ne pas induire des assertions que l'utilisateur n'aurait pas préalablement exprimées. Sans quoi, il s'expose au risque d'imputer des raisonnements à l'utilisateur qui proviennent en fait de sa propre façon de voir les choses. Ainsi, il convient de respecter les principes de l'entretien non-directif : empathie, acceptation inconditionnelle des propos de l'utilisateur et attitude non-directive.

L'entretien de recueil des connaissances a plusieurs finalités.

Si l'entretien est une des techniques les plus utilisées pour recueillir des données sur les utilisateurs et leurs usages, c'est parce qu'il permet :

- La constitution d'un glossaire des termes de l'utilisateur ;
- La création d'un répertoire de ses raisonnements ;
- La détermination des principes ou processus cognitifs qui régissent ses activités mentales et comportementales ;
- La définition des enchaînements logiques et chronologiques énoncés par l'utilisateur pour exprimer ses actions ;
- Le recensement des besoins des utilisateurs ;
- Des reformulations dont les réponses enrichiront les données initialement recueillies.

Par conséquent, l'entretien constitue une méthode d'investigation utilisée dans le but de recueillir à la fois des données sur les usages, sur l'utilisabilité perçue ou voulue et sur les besoins de l'utilisateur, mais pose le problème de la confusion entre faits et opinions.

Pour mener à bien l'investigation, l'analyste dispose de trois techniques lui permettant de doser ses interventions :

- Les consignes. Préparées et rédigées à l'avance, elles constituent un guide d'entretien permettant d'exposer à l'utilisateur la trame de l'entretien.
- Les recentrations. En indiquant les limites d'un thème, l'évaluateur invite l'utilisateur à rejoindre le champ d'investigation.
- Les reformulations. Elles visent à reprendre ce que l'utilisateur a dit. La reformulation instaure une relation d'écoute, de compréhension, d'approfondissement des connaissances et d'interprétation du discours de l'autre. La reformulation est un point important de l'entretien : grâce à des reformulations successives, l'utilisateur explicitera ses connaissances.

Encadré 5.h. Quand privilégier les entretiens ?

Les entretiens s'appliquent quand :

- vous disposez d'utilisateurs ayant une bonne expertise du domaine qui vous intéresse.
- vous avez besoin de recueillir des données verbales sur l'activité de l'utilisateur.
- vous devez recenser les besoins des utilisateurs.
- vous voulez connaître les réactions des utilisateurs sur un produit particulier.
- vous devez recueillir des données sur des situations inobservables.

Utilisé tout au long du cycle de vie d'un produit, l'entretien sera enregistré, intégralement retranscrit et analysé en fonction des objectifs de l'évaluation.

2.1.5. Le questionnaire

Un questionnaire est une liste de questions ouvertes ou fermées adressées aux utilisateurs, qui exige de leur part de le remplir. Généralement, les questionnaires portent sur :

Liste de questions méthodiquement posées en vue d'un sondage.

– L'identification des caractéristiques des utilisateurs (âges, expériences, sexe, lieu...) ;
– L'estimation subjective du niveau de charge mentale générée par un produit dans le cadre de son usage ;
– L'évaluation subjective de l'utilisabilité (efficacité, efficience, apprenabilité, tolérance aux erreurs) du produit ;
– La mesure du niveau de satisfaction ;
– L'identification des attentes, des besoins et des préférences des utilisateurs sur des aspects particuliers du produit.
– La recherche des habitudes et préférences des utilisateurs.

Le questionnaire peut être utilisé à toute étape de développement, selon les questions qui sont posées. Ils sont souvent utilisés après la diffusion des produits afin d'évaluer la satisfaction du client.

Un questionnaire vise à la collecte d'informations subjectives sur un grand échantillon d'utilisateurs, ce qui pose souvent des problèmes :

– D'étalonnage de cet outil de mesure ;
– De représentativité des personnes interrogées ;
– De l'intérêt d'avoir une évaluation qui s'appuie sur les impressions de l'utilisateur et qui se trouve donc dissociée de la situation d'usage réel ;
– De généralisation des résultats.

Qui plus est, le principal problème soulevé par les questionnaires est leur incapacité à dégager des recommandations sur les points à améliorer. Les questionnaires mesurent subjectivement les aspects positifs ou négatifs, mais ne préconisent jamais des améliorations inventives.

Encadré 5.i. Exemple de questionnaire soumis à des utilisateurs d'un nouveau logiciel dans une entreprise

Les utilisateurs devraient répondre sur une échelle de huit points allant de « Non, pas du tout » à « Oui, Beaucoup ».

– Personnellement, pensez-vous qu'il soit facile de saisir des données avec votre ordinateur ?

.../...

.../...

- Une fois des données saisies, les temps de réponse de l'ordinateur sont-ils satisfaisants ?
- Lorsque vous commencez une procédure est-il facile de l'interrompre ou de l'arrêter ?
- Les écrans permettent-ils de saisir les données dans n'importe quel ordre ?
- Globalement, estimez-vous que les informations sont bien disposées sur les écrans ?
- Trouvez-vous que certains écrans soient difficiles à lire ?
- Avez-vous le sentiment que les informations que vous cherchez soient perdues au milieu d'informations inutiles ?
- Vous arrive-t-il d'avoir besoin, au même moment, d'informations se trouvant sur plusieurs écrans différents ?
- Selon vous, le logiciel vous oblige-t-il à visualiser des écrans qui ne vous servent pas directement ?
- Pour vous, les libellés des menus correspondent-ils au vocabulaire de votre métier ?
- Avez-vous le sentiment que le dialogue avec le logiciel est « naturel » ?
- Vous arrive-t-il de vous « perdre » dans les enchevêtrements d'écrans ?
- Les mots présents à l'écran sont-ils ceux de votre métier ?
- Trouvez-vous que l'utilisation du logiciel sollicite beaucoup votre mémoire ?
- Les commandes sont-elles simples à utiliser ?
- Vous arrive-t-il de « mélanger » certains codes, commandes abréviations ou mots présents à l'écran ?
- Pour utiliser le logiciel, devez-vous connaître un « jargon » informatique ?
- Vous arrive-t-il de demander à un collègue de vous aider à effectuer une procédure informatique particulière ?
- Disposez-vous d'un manuel utilisateur adapté à votre manière de travailler ?
- L'aide informatique implantée dans le logiciel est-elle efficace ?
- Les messages d'erreurs sont-il pertinents ?
- Globalement, votre logiciel est-il simple à faire fonctionner ?
- Pour vous, est-il agréable de travailler avec le logiciel ?
- Avez-vous le sentiment que votre logiciel vous permette d'être efficace ?
- De votre point de vue, le logiciel reproduit-il fidèlement votre façon de travailler ?
- Avez-vous l'impression de bien comprendre ce que le logiciel attend que vous fassiez ?

Voir encadré 5.i.

Du côté des publications

Brangier, Bobillier-Chaumon et Gaillard, 2003

En marge des questionnaires élaborés spécifiquement, on trouve diverses échelles étalonnées sur des populations étendues, qui visent, par une série de questions, à apprécier la charge mentale des utilisateurs. Ces échelles s'appuient sur l'idée selon laquelle les connaissances acquises par les utilisateurs leur permettent d'auto-évaluer les efforts psychiques et physiques relatifs à leur activité. Ces échelles évaluent les sollicitations des grandes fonctions perceptives, cognitives et motrices et semblent avoir une bonne validité prédictive (Brangier, Bobillier-Chaumon & Gaillard, 2003).

Encadré 5.j. **Quand privilégier les questionnaires ?**

Les questionnaires s'appliquent quand :

- vous disposez d'un échantillon important et représentatif d'utilisateurs ;
- vous avez besoin d'obtenir des indices de satisfaction ou d'insatisfaction ;
- vous souhaitez comparer (avec des tests statistiques) les avis de groupes d'utilisateurs (homme vs femmes, jeunes vs âgés, expérimentés vs novices, produit existant vs produit amélioré...) ;
- vous voulez acquérir des données statistiques sur les impressions des utilisateurs sur un produit particulier.

2.1.6. L'observation

Les entretiens et les questionnaires fournissent de riches informations sur les représentations d'un usage, mais ils ne permettent pas de cerner l'activité réelle ; c'est-à-dire pas ce que l'individu dit faire, mais ce qu'il fait réellement. Par exemple, plusieurs recherches ont noté que les connaissances procédurales échappent assez facilement à l'entretien. Pour recueillir ces connaissances, l'observation est bien mieux adaptée. De plus, l'entretien et le questionnaire impliquent toujours un décalage dans le temps et dans l'action, si bien qu'ils entraînent une vision déformée des connaissances. Ce à quoi l'observation tente de pallier.

> « L'observation directe consiste à observer le phénomène que l'on étudie dans les lieux et l'instant où il se produit ».
>
> **Hélène Chauchat.**

L'observation implique que l'utilisateur accomplisse réellement son activité. Elle se centre sur la durée, la fréquence et les caractéristiques des incidents rencontrés, le temps d'apprentissage et la performance.

L'observation a l'avantage d'annuler les biais liés aux techniques d'évocation explicite des faits, comme c'est le cas dans un entretien où l'utilisateur décrit ce qu'il croit être sa connaissance d'un usage. L'observation ne s'applique qu'à l'étude des expertises ayant de fortes composantes comportementales ou gestuelles. En effet, si l'utilisateur agit ou prend ses décisions en dehors de toute contrainte gestuelle ou verbale, cette technique perd de son intérêt.

Dans le cas de l'observation directe, l'analyste observe une situation réelle et rassemble toutes les données relatives à l'activité de l'utilisateur dans son contexte : erreurs, hésitations, difficultés rencontrées, modes opératoires, aides utilisées… L'évaluateur centre son observation sur les variables qui sont explicatives du comportement de l'utilisateur. Les résultats de l'observation doivent être descriptifs tout en donnant du sens au comportement de l'utilisateur.

Du côté des publications
Chauchat, 1985

Pour recueillir des informations par la technique de l'observation, il convient de respecter quelques recommandations (Chauchat, 1985) :

- Les effets de l'observation doivent être maîtrisés ;
- Les sujets, les situations et les durées d'observation doivent être échantillonnés afin que les données rassemblées soient les plus exhaustives et représentatives ;
- Les observations doivent être enregistrées et retranscrites ;
- L'analyse des données s'appuie généralement sur une grille d'observations confectionnée à partir d'observations préalables ;
- La grille d'observation repose sur la mise au point d'une terminologie des faits observés qui doit être le plus possible indemne de la subjectivité de l'analyste ;
- La terminologie des faits observés repose sur des indicateurs d'observation qui, catégorisés selon les critères d'homogénéité, d'exhaustivité, d'exclusivité, de pertinence et d'objectivité visent à l'élaboration de la grille d'observation.

Encadré 5.k. Quand privilégier l'observation ?

Les observations s'appliquent quand :

- vous souhaitez évaluer un produit (maquette, prototype, produit fini) existant ;
- vous disposez d'un nombre suffisant d'utilisateurs et de situations d'utilisation qui soient représentatives des problèmes d'utilisabilité ;
- vous devez recueillir des observables, afin de déterminer les modes réels d'utilisation ;
- vous souhaitez optimiser les séquences d'action des utilisateurs, notamment en réduisant les erreurs d'utilisation (mesure de l'efficacité et de l'efficience).

Finalement, les résultats des observations permettent de quantifier les comportements, de repérer des séquences comportementales et de construire un graphe des comportements observés afin de déterminer les modalités d'usage des personnes.[1]

Quelques techniques complètent l'observation directe :

Faire et dire ce que l'on fait en même temps.

– *La technique des verbalisations provoquées.* L'analyse demande à l'utilisateur de réaliser son activité tout en « pensant à haute voix ». Ceci permet d'accéder aux connaissances activées dans la mémoire de travail de l'utilisateur. Une fois enregistrées, ces connaissances permettent de faire des inférences sur les caractéristiques de la représentation mentale de l'utilisateur ainsi que sur les procédures qu'il mobilise pour réaliser ses tâches. Ceci étant, cette technique place les utilisateurs dans une situation de double tâche : d'une part réaliser son travail et d'autre part le verbaliser. Du coup, l'utilisateur se trouve dans une situation de surcharge de travail, sa performance en est généralement réduite, puisqu'il est sur-sollicité. Par ailleurs, cette technique implique nécessairement d'avoir des utilisateurs ayant la capacité d'abstraction et de verbalisation de leurs interactions avec le produit testé.

Dire ce que l'on a fait.

– *La technique des verbalisations consécutives.* Dans certains cas, l'utilisateur ne peut verbaliser ce qu'il fait ; par exemple (1) son environnement sonore est trop bruyant, (2) ses gestes sont très automatisés et il ne peut verbalement rendre compte de la rapidité de ses mouvements, (3) son environnement de travail n'est pas accessible à l'observateur (travail isolé ou travail dangereux, pylône électrique...) ; (4) le travail de l'utilisateur impose un déplacement continu... Il est alors possible de filmer l'utilisateur et de lui demander de bien vouloir commenter le film.

1. Certains logiciels permettent de faciliter le travail de saisie, de présentation, et d'analyse des données observations. Fort utiles, ils permettent de dégager les séquences opératoires des utilisateurs, ainsi que de visualiser leurs activités sous la forme de graphes.

Entrecroiser les avis de plusieurs testeurs.

- *L'évaluation coopérative croisée.* Selon cette technique, des utilisateurs réalisent des évaluations parallèles d'un produit. Durant et après l'utilisation, ils sont amenés à confronter leur point de vue. Par émulation croisée ils génèrent un diagnostic de la facilité d'usage. (Dumas & Redish, 1993). Cependant, comme les utilisateurs sont placés en groupe, la personnalité de certains peut amener les autres à se censurer.

Du côté des publications
Dumas et Redish, 1993

Comprendre les dysfonctionnements et sources d'incidents.

- *La technique des incidents critiques.* Fondée sur des entretiens et des observations en situation réelle, cette technique vise à recenser les sources et les caractéristiques des difficultés éprouvées par les utilisateurs au cours de leurs interactions avec un système technique. Il s'agit d'identifier les sources de dysfonctionnements (non-qualité, non-fiabilité, non-sûreté) liées à l'usage d'un produit dans son contexte.

2.1.7. Le monitoring de l'utilisation

« Tracer » l'utilisateur par des mouchards électroniques.

Le monitoring de l'utilisation est une technique d'enregistrement des traces d'utilisation (souvent électroniques) laissées par un utilisateur lors de ses interactions avec un produit (généralement un logiciel), de manière à :

- Quantifier les durées d'utilisation ;
- Évaluer les fonctionnalités utilisées ou non ;
- Recenser les difficultés à partir de la connaissance des opérations qui ne sont pas ou mal faites par l'utilisateur ;
- Mesurer le taux global d'utilisation (par exemple : mesure de l'audience d'un site web) ;
- Visualiser les séquences réelles d'action des utilisateurs.

Bénéficiant ainsi des durées, fréquences et organisation des séquences d'actions réalisées, l'évaluateur effectue des analyses statistiques pour identifier les difficultés et/ou tester d'éventuelles corrections apportées pour faciliter les interactions.

Encadré 5.I. Quand privilégier l'analyse des traces ?

Le monitoring de l'utilisation s'applique quand :

- vous souhaitez évaluer un produit (maquette, prototype, produit fini) existant sur une longue période (plusieurs jours, voire mois), et donc avoir une vision continue de son utilisation ;

.../...

…/…

- vous disposez d'un nombre très importants d'utilisateurs que vous ne pouvez observer directement ;
- vous souhaitez connaître rapidement l'effet d'une modification de l'utilisabilité d'un système (par exemple : ergonomie de l'interface d'un site web) sur son taux d'audience ;
- vous devez optimiser les séquences d'action des utilisateurs (mouvement du curseur, saisie clavier, déplacement de la souris), notamment en réduisant les erreurs d'utilisation (mesure de l'efficacité et de l'efficience) ;
- vous désirez compléter une autre enquête d'usage par des données quantitatives relatives à l'utilisation réelle.

Cette technique collecte donc des informations objectives sur les interactions entre un utilisateur et un dispositif, mais n'est pas sans poser des problèmes :

- *D'ordre déontologique :* pour des raisons éthiques évidentes, l'utilisateur doit être informé que ses interactions sont enregistrées et font l'objet d'une analyse ;
- *D'ordre interprétatif :* si l'on enregistre les actions des utilisateurs, on n'est pas à même de systématiser leurs intentions. Autrement dit, il n'y a pas d'observateur pour voir ce que fait l'utilisateur. Par exemple, en mesurant les taux d'audience de la télévision, personne ne peut affirmer avec précision et exactitude que les personnes ont réellement vu les programmes ou les publicités, que ces programmes ont été appréciés… Nous savons seulement que la télévision était en marche.

Ceci étant, ces espions électroniques sont souvent utilisés comme indicateurs de l'audience des sites web (Dubois, Dao-Duy & Eldika, 2000). Une faible audience y est alors interprétée (parfois abusivement) comme étant un indicateur d'une mauvaise utilisabilité.

2.1.8. Les retours d'expériences et livrets d'auto-signalisation

L'utilisateur restitue par écrit des situations lui ayant posé problème.

Les retours d'expériences, communément appelés « rex », se présentent sous la forme de documents papier ou électroniques remplis par l'utilisateur dans lequel ce dernier fait part des difficultés éprouvées à l'occasion d'une situation critique particulière. Selon les cas, les retours d'expériences peuvent souligner des problèmes d'utilisabilité. Ces « rex » peuvent également être des indicateurs de dysfonctionnements sociaux ou managériaux. L'interprétation des commentaires des utilisateurs impliquera une analyse approfondie de manière à bien cerner les variables qui se réfèrent à l'utilisabilité de celles qui renvoient à des problèmes sociaux ou managériaux.

L'usage de tels documents ne va pas de soi, surtout lorsqu'il s'agit de faire remonter à la hiérarchie des erreurs, des dysfonctionnements ou des pannes. D'une certaine manière, en explicitant les sources de non-conformité, l'utilisateur s'auto-dénonce et peut ainsi avoir le sentiment de déclarer qu'il n'a pas fait son travail comme il le devait. Pour cette raison, les rex sont souvent peu ou mal remplis. Pourtant, l'amélioration continue des produits impose souvent la mise en place d'un retour d'expérience qui s'appuie sur le remplissage par les opérateurs de formulaires qui permettent de recenser les problèmes, et le cas échéant, de leur trouver des solutions originales.

Une variante du retour d'expérience consiste à fournir aux utilisateurs des livrets d'auto-signalisation où ils pourront (ou devront) faire part de l'ensemble des difficultés qu'ils rencontrent avec le produit concerné.

Encadré 5.m. Quand privilégier les retours d'expériences et livrets d'auto-signalisation ?

Les retours d'expériences et livrets d'auto-signalisation s'appliquent quand :
- vous souhaitez recenser les incidents ou accidents liés à l'utilisation ;
- vous disposez d'utilisateurs motivés pour remplir les livrets d'auto-signalisation ou de retours d'expériences ;
- vous ne pouvez pas être présent lorsque les incidents se produisent ;
- vous désirez compléter une autre enquête d'usage par l'identification de situations problèmes.

2.2. Les techniques d'inspection

Inspecter l'utilisabilité d'un produit consiste à porter un jugement sur ses capacités à être efficace, efficient, tolérant aux erreurs, facile à apprendre et satisfaisant pour ses utilisateurs. Ce jugement est réalisé par des évaluateurs, généralement experts en facilité d'usage mais pas forcément[1]. Ils vont, par une série d'interactions avec le dispositif, dérouler un ensemble d'approches pour en définir les points forts et les points faibles.

Les techniques d'inspection diffèrent selon :

- *Les approches méthodologiques des experts :* certaines difficultés seront appréhendées et d'autres minimisées ;
- *Les critères d'utilisabilité à l'origine de l'évaluation :* en privilégiant certains critères au détriment d'autres, certains problèmes seront plus ou moins mis en relief.

Dans ces conditions, il n'est pas trop étonnant que de nombreuses recherches sur l'inspection aient souligné qu'elle dépendait de la qualité et de la quantité d'évaluateurs. Par conséquent, l'inspection est souvent une méthode à privilégier pour dégrossir les problèmes d'utilisabilité et préparer des tests, comme nous le verrons dans le paragraphe suivant.

Les techniques d'inspection reposent sur une conception classique de l'ergonomie, qui n'intègre ni l'analyse du travail, ni les dimensions organisationnelles, sociales ou culturelles du travail.

Les techniques d'inspection portent un regard, somme toute, assez mécanique sur la relation homme-technologie et cherchent à appliquer à la conception des objets techniques les résultats de recherches menées en psychologie expérimentale sur la vision, la motricité, l'audition, la proprioception, l'apprentissage, la vigilance, pour définir une sorte de métrique de la qualité opératoire des instruments de travail.

A partir d'un corpus de données scientifiques relatives à la psychologie générale, les techniques d'inspection reposent sur l'idée que la connaissance de la « machine humaine » permet de définir des règles de fonctionnement de cette machine que l'on peut justement appliquer aux domaines de la conception des objets.

En appliquant les connaissances relatives à la manière dont fonctionne « l'homme » en interaction avec la technologie, les techniques d'inspection reposent donc sur une approche

1. Dans certains cas, les évaluateurs peuvent être des utilisateurs, plus ou moins novices, chargés d'exprimer les défauts d'un produit. De notre point de vue, ces évaluateurs manquent d'expertise.

normative de ce que doit être ou pas l'utilisabilité d'un produit. En bref : ces techniques présupposent l'existence d'un modèle relativement unique et générique de l'homme. Or, la diversité des utilisateurs et des situations d'utilisation dément cette conception étroite de l'homme. Pour cette raison, les performances des techniques d'inspection peuvent s'avérer minimes. En tout état de cause elles devront être complétées par d'autres méthodes d'évaluation.

Parmi les techniques d'inspection, on trouve celles qui se réfèrent :

- Aux connaissances de l'évaluateur ;
- A des outils pour appréhender l'utilisabilité du produit ;
- A des modèles et théories de la performance humaine.

2.2.1. L'inspection par des connaissances expertes (inspection heuristique)

L'inspection permet d'expertiser les composants de l'utilisabilité d'un produit en se référant à une grille de critères ergonomiques.

Lors d'une inspection heuristique, un expert (ergonome, psychologue ergonome, psychologue cognitiviste) examine les aspects externes d'un produit afin de lister le plus grand nombre de difficultés possibles. Son examen est assisté d'une ou plusieurs grilles[1] de critères ergonomiques sur l'utilisabilité des produits et de leur contexte d'utilisation. Ces grilles illustrent des règles – heuristiques – qui rassemblent les qualités et défauts communs à de nombreux produits. L'expert interagit avec le dispositif et évalue, pas à pas et dans les détails, l'ensemble des aspects du produit. Au fur et à mesure de son exploration, il remplit sa grille de nombreux commentaires. Après quelques heures d'examen, l'expert récapitule les problèmes trouvés et les classe selon des critères retenus (niveau de gravité, type de risque pour l'utilisateur, degré de complexité, sources des erreurs...).

Voir encadré 5.n.

1. Ces grilles sont largement inspirées de Scapin (1986), Nielsen (1993), Scapin et Bastien (1997) ; Jordan (1998) ou encore sur la norme ISO 9241. Le lecteur se reportera au chapitre 3 où sont énoncés ces critères d'utilisabilité.

Encadré 5.n. **Grille synthétique de critères ergonomiques pour l'évaluation des sites Web (d'après Bastien et Scapin, Rapport INRIA)**

Critères	*Respect*	*Commentaires*

Guidage
Incitation
Groupement/Distinction entre Items
  Groupement/Distinction par la Localisation
  Groupement/Distinction par le Format
  Feedback immédiat
  Lisibilité
	Oui/Non	

Charge de travail	Forte/Faible	
Brièveté Concision Actions Minimales Densité Informationnelle	Oui/Non	
Contrôle explicite Actions Explicites Contrôle Utilisateur	Oui/Non	
Adaptabilité Flexibilité Prise en Compte de l'Expérience de l'Utilisateur	Oui/Non	
Gestion des Erreurs Protection Contre les Erreurs Qualité des Messages d'Erreurs Correction des Erreurs	Oui/Non	
Homogénéité/Cohérence	Oui/Non	
Signifiance des Codes et Dénominations	Simple/Compliquée	
Compatibilité	Oui/Non	

L'inspection heuristique repose donc sur la pertinence des grilles et sur la compétence de l'expert. Pourtant, le contenu des grilles d'expertise est rarement stabilisé. La diversité des situations et des produits amène très souvent l'expert à se reconstruire des grilles qui soient adaptées aux spécificités du produit qu'il évalue. Ceci étant, on retrouve dans ces grilles une pléthore de critères (de 10 à 600 selon les chercheurs) pour apprécier les niveaux d'interaction entre l'homme et la technologie, à savoir :

- *Le niveau perceptif :* expertise de la manière dont sont présentées les informations visuelles, auditives, tactiles... relatives à l'usage du produit ;
- *Le niveau moteur :* expertise de la manière dont l'utilisateur va agir concrètement avec le produit ;
- *Le niveau linguistique :* expertise de données langagières attachées au produit, tant sur la forme que sur le contenu ;
- *Le niveau global de l'activité de l'opérateur :* expertise de la compatibilité entre la tâche réelle et le dispositif, évaluation des systèmes d'aide.

Pour gagner en exhaustivité, il est nécessaire de faire appel à plusieurs experts et d'aboutir à une expertise très détaillée de l'utilisabilité du produit.

Il ne suffit pas d'avoir des connaissances sur les recommandations ergonomiques, encore faut-il savoir les utiliser.

Les stratégies d'inspection sont également importantes. En effet, si l'inspecteur oriente sa recherche de défauts vers la structure du produit, vers les objectifs d'évaluation, vers les supports d'interaction, ou encore vers les critères, il n'obtiendra pas les même résultats. En plus des connaissances, les stratégies de l'expert représentent donc un élément crucial de la pertinence des résultats d'une inspection.

Par ailleurs, l'inspection est réalisée sans avoir une connaissance fine du travail de l'utilisateur. C'est cet inconvénient que vise à pallier l'évaluation coopérative.

L'inspection peut également se faire avec un utilisateur.

L'évaluation coopérative est une autre forme d'inspection où un expert met un utilisateur en situation d'usage. L'utilisateur est observé et prié de verbaliser à voix haute (verbalisation provoquée) ce qu'il fait. Le cas échéant, l'expert complète son observation par des questions permettant de cerner les intentions de l'utilisateur, les processus cognitifs en œuvre, les modes opératoires, les motifs d'erreurs...

Encadré 5.o. Quand privilégier l'inspection par des connaissances expertes ?

Les inspections expertes s'appliquent quand :
- vous souhaitez recenser en détail les difficultés d'usage d'un produit, et définir des recommandations permettant de les pallier ;
- vous pouvez construire une grille d'évaluation pertinente pour inspecter votre produit ;
- vous disposez de 3 à 5 experts pour remplir des grilles de critères ergonomiques ;
- vous initiez la conception d'un produit et n'avez pas encore d'utilisateurs, ni de produit achevé ;
- vous souhaitez préparer un test utilisateur et dégrossir les problèmes.

Évaluer pour comparer l'utilisabilité de différents produits similaires.

L'inspection par des connaissances expertes vise parfois à la comparaison entre plusieurs produits. En effet, dans un contexte économique où de nombreux produits sont en concurrence, l'utilisabilité peut motiver un achat. Dans ce cas, la technique d'évaluation comparative s'attache à dégager les qualités et défauts ergonomiques de plusieurs produits avec :

- La comparaison de leurs niveaux d'utilisabilité, appréciés selon des critères comme la visibilité de l'état de fonctionnement du système ; le niveau de contrôle et d'autonomie de l'utilisateur ; la cohérence ; la prévention des erreurs ; la flexibilité d'utilisation ; l'efficacité ; l'existence d'une aide…
- La comparaison des types d'usage possibles selon les contextes d'utilisation (professionnel, domestique, ludique…) et les besoins spécifiques des utilisateurs (âgés, malvoyants, novices…).

Dans leurs comparaisons, les évaluateurs cherchent à mesurer le niveau effectif d'utilisabilité, à identifier les sources de difficulté ; à estimer le niveau de connaissance requis par les utilisateurs. L'analyse donne lieu à un classement des produits selon leurs avantages et inconvénients en terme d'utilisabilité. Ce classement est également assorti des coûts et caractéristiques des produits de manière à obtenir une comparaison la plus globale possible.

2.2.2. L'inspection fondée sur des procédures de représentation graphique des problèmes d'utilisabilité

Visualiser les problèmes de l'interaction homme-dispositif pour l'optimiser...

Un autre moyen d'inspecter l'utilisabilité est de décrire les interactions entre les utilisateurs et le dispositif. Diverses procédures permettent de reconstituer pas à pas des points précis de l'interaction homme-machine. Elles reprennent les formalismes d'analyse de la tâche et permettent de visualiser sous une forme graphique les étapes de l'interaction de manière à faciliter la détection et la prévention des erreurs de conception en identifiant les ambiguïtés et les échecs probables de l'interaction.

...en reconstituant les étapes de l'interaction de manière à repérer les difficultés et à simplifier l'interaction...

Voir chapitre 4, § 3.

Le diagramme à transition d'état est une de ces techniques. Il décrit les étapes des interactions entre une personne et un système technique selon deux aspects :

- *Les états :* ils correspondent à la série de situations dans lequel se trouve successivement la machine ; les états requièrent donc une action de la part de l'utilisateur (saisie, désignation, sélection...) ;
- *Les transitions :* elles correspondent aux actions attendues de l'utilisateur, ce qu'il est incité à faire au cours de ses interactions avec la machine. Les transitions relient donc les différents états du système.

En décrivant les règles de passage d'un état à un autre, ce diagramme définit les états et sous-états possibles, selon la complexité de la tâche ou les compétences des utilisateurs (débutants, occasionnels, expérimentés).

Chaque état autorise des actions. L'ensemble des actions possibles définit d'une part les états autorisés ou interdits à l'utilisateur ; et d'autre part les actions réalisables ou non.

Le but d'un diagramme à transition d'état est donc de dégager les états énigmatiques, c'est-à-dire ceux pour lesquels la tâche de transition accomplie par l'utilisateur est :

- *Indéfinissable :* on ne peut définir a priori ce que l'utilisateur doit faire ; les états du système ne permettent pas d'éclairer le comportement attendu ;
- *Complexe :* vu de l'état du système il est difficile d'identifier les actions à entreprendre ;

– *Non-optimisée :* compte tenu du mode opératoire prescrit par le système, le rendement comportemental de l'utilisateur est faible et peut être optimisé.

De ce fait, l'objectif de ce type d'inspection est d'atténuer les insuffisances de l'interaction en les représentant graphiquement. En bref, le diagramme à transition d'état étudie la cinématique des interactions et son interprétation cherche à l'optimiser en tenant compte du point de vue de l'utilisateur (et pas de la technique).

Un exemple d'optimisation des états-transitions est facilement donné à travers l'évolution du téléphone. La morphogénèse de cet objet l'a fait passer de la position d'un boîtier mural, à celui d'un modèle à cadran rotatif, puis les touches sont apparues et enfin la mémorisation des numéros et leur accès par le nom de l'appelé. Dans le même temps, les modes opératoires ont été totalement modifiés, optimisés et simplifiés.

...en représentant graphiquement l'organisation hiérarchique des commandes et fonctions, de manière à évaluer sa compatibilité avec l'organisation mentale de l'utilisateur et de la structure de sa tâche...

La technique du graphe de commande constitue un deuxième moyen d'inspecter un produit. Elle s'attache à caractériser l'arborescence des commandes et fonctionnalités d'un dispositif. L'évaluateur inspecte le produit et réalise une représentation graphique de la hiérarchie des commandes et fonctions, et de leur disponibilité[1] en fonction des états du système. En procédant à son inspection, l'évaluateur confectionne un graphe de l'ensemble des disponibilités du système de manière à repérer les incertitudes dans le choix des commandes, les emmêlements de fonctions, les ambiguïtés sémantiques de commandes... qui ne satisferont pas les utilisateurs. Par ailleurs, cette technique de représentation souligne que l'exécution d'une commande implique un changement de la signification de la commande susnommée (les commandes fonctionnent très souvent par paire d'actions antinomiques : ouvrir-fermer, masquer-afficher...). A ce titre, ce graphe indique les différences de statut entre les états initiaux et les états finaux associés aux interactions[2].

1. Une commande est disponible lorsque l'utilisateur peut l'activer.
2. Dans le cas de l'inspection de logiciels, ces graphes de commande peuvent être complétés par la présentation des états de l'interface associés aux commandes et former ainsi des graphes états-commandes.

Encadré 5.p. **Début d'un diagramme de fiabilité d'une tâche de retrait d'argent à un distributeur automatique de billets (DAB)**

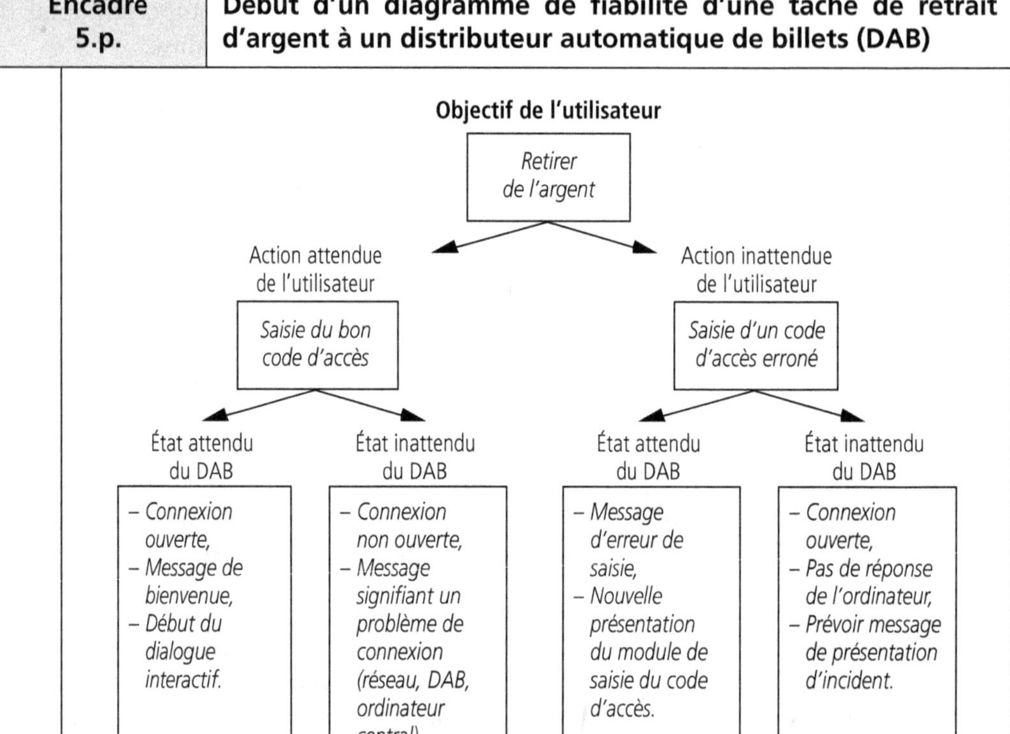

...en identifiant les sources de non-fiabilité à l'origine d'erreur et en les éliminant...

Voir encadré 5.p.

Le diagramme de fiabilité constitue une troisième procédure pour inspecter la dynamique des interactions entre un utilisateur et une machine. Appliqué à l'évaluation des dispositifs automatiques ou informatiques, ce diagramme vise à représenter les états d'un logiciel en imaginant les états imprévus, incongrus voire impossibles. L'évaluateur inspecte le produit en recherchant à la fois les procédures attendues et inattendues de l'utilisateur ainsi que les actions attendues et inattendues du logiciel. Le but de cette représentation est de réduire les erreurs et risques pour la personne, pour le système et pour l'organisation. Cette diminution des risques passe généralement par la simplification des états et transitions, par la conception de messages d'erreur adaptés, par la réduction des états inattendus. Ceci étant, sans analyse de la réalité de la situation d'usage, l'évaluateur éprouve souvent des difficultés à prévoir les sources de non-fiabilité technique et humaine.

En résumé, les diagrammes à transition d'état, les graphes de commandes et les diagrammes de fiabilité permettent de représenter, sous une forme graphique, une série d'éléments de l'utilisabilité d'un système. De cette manière, ces techniques favorisent un diagnostic des difficultés d'utilisation, tout en éclairant sur des solutions correctrices.

2.2.3. L'inspection avec des modèles prédictifs des performances de l'utilisateur

Certaines recherches portant sur les interactions homme-logiciel ont cherché à comprendre, articuler et modéliser les connaissances de l'utilisateur lorsqu'il interagit avec un système. Ces travaux ont abouti à des formalisations logico-mathématiques de la relation homme-ordinateur, qui prédisent quelques comportements des utilisateurs et leur performance.

L'inspection peut également s'appuyer sur des modèles formels de la performances de l'utilisateur dans ses interactions avec une machine.

Ces modèles de l'interaction soulignent que l'utilisateur n'interagit pas directement avec le dispositif technique mais avec le modèle mental qu'il s'en construit. Ainsi, les erreurs d'utilisation ne sont pas comprises comme étant dues au hasard, à des limitations de la capacité de la mémoire à court terme ou à une inattention de l'utilisateur. Elles doivent être vues comme une inadéquation fonctionnelle des caractéristiques cognitives de l'utilisateur et des caractéristiques de l'interaction. En d'autres termes, une erreur s'explique principalement par une incompatibilité entre les connaissances évoquées par l'utilisateur et le modèle d'interaction inférable à partir des caractéristiques physiques du système.

Du côté des publications

Pour une présentation synthétique de quelques-uns de ces modèles (GOMS, CLG, ACT, Théorie de l'action, MAD, TAG, KLM), on peut se reporter à Brangier, 1991 et Brangier, Bobillier Chaumon et Gaillard, 2003*

Plusieurs modèles ont été mis au point par les ergonomes, psychologues et informaticiens pour appréhender le problème de la conception des interfaces homme-machine.

Les modèles informatiques ont axé leurs investigations sur l'implémentation d'outils de conception des interfaces et ont cherché à définir les propriétés techniques des interfaces adaptées aux utilisateurs et à leur travail.

A l'inverse, les modèles psychologiques se sont centrés sur la compréhension des processus cognitifs en jeu dans l'interaction, et n'ont que trop peu étudié les exigences pratiques de leur implémentation en machine. Néanmoins, les bases théoriques de ces modèles offrent un guide d'évaluation des interactions homme-ordinateur qui permet de prédire les comportements des utilisateurs, tout en étant à même d'évaluer les interactions.

D'une façon générale, ces modélisations sont relativement lourdes à utiliser et impliquent la maîtrise de connaissances de haut niveau en modélisation cognitive. C'est sans doute pour cette raison que les travaux sur les modèles prédictifs de la performance de l'utilisateur se cantonnent aux recherches scientifiques.

2.3. Les tests d'utilisabilité

Mesure expérimentale de l'adéquation d'un dispositif aux utilisateurs cibles.

Ces tests correspondent à une situation expérimentale permettant la confirmation ou l'infirmation des choix d'utilisabilité pris lors des diverses phases du cycle de vie d'un produit. Ils mesurent, grâce à des scénarios définis par les évaluateurs en relation avec les concepteurs, la facilité d'usage d'un produit sur un échantillon représentatif d'utilisateurs cibles. Les tests aboutissent à des résultats quantitatifs (nombre d'erreurs, temps, performance...) et qualitatifs (impression, vécu, sentiment de satisfaction...), qui sont interprétés par les évaluateurs de manière à définir des recommandations pour améliorer le dispositif testé (maquette, prototype ou produit fini).

Un test consiste à placer un utilisateur dans une situation plus ou moins contrôlée par l'expérimentateur et de lui demander de réaliser une tâche donnée (souvent choisie par l'expérimentateur). Cette situation expérimentale permet de déterminer, avec l'appui de résultats objectifs, l'utilisabilité d'un dispositif en mesurant la performance d'utilisateurs représentatifs de la population cible. Le test représente donc une situation privilégiée pour observer l'utilisateur et recenser ses problèmes d'utilisation. Les concepteurs, designers et formateurs sont souvent associés aux tests afin de prendre conscience des difficultés des utilisateurs, d'assimiler leurs réactions et de définir rapidement des recommandations adaptées aux besoins.

Les tests d'utilisabilité représentent une méthode très efficace pour évaluer un dispositif car ils permettent :

Les tests évaluent les dispositifs techniques, pas les utilisateurs.

- L'observation directe de la manière dont des utilisateurs s'en servent ;
- L'identification réelle des difficultés qu'ils rencontrent ;
- Le recueil de leurs verbalisations ;
- Le recensement de leurs attitudes à l'égard du produit ;
- L'implication d'autres partenaires que les utilisateurs eux-mêmes.

Pour réaliser des tests, quelques précautions sont à prendre. En effet, une fois les objectifs fixés, il vous faut encore savoir combien d'utilisateurs tester ? Quelle consigne leur donner ? Comment articuler le déroulement d'un test ? Où réaliser l'évaluation ? Quels indicateurs d'utilisabilité enregistrer et analyser ? Quelle méthode d'expérimentation retenir ? Dans ce paragraphe, nous allons préciser et mettre en pratique les modalités de construction d'un test utilisabilité.

Encadré 5.q. Quand privilégier les tests utilisateurs ?

Les tests s'appliquent quand :

- vous voulez prouver expérimentalement que votre produit sera facile à utiliser ;
- vous voulez obtenir des mesures objectives de l'utilisabilité ;
- vous souhaitez faire vite et ne disposez que de peu de temps ;
- vous disposez d'un laboratoire d'usage et des compétences pour le faire fonctionner ;
- vous avez besoin d'informations pour corriger un produit ;
- vous voulez être aidé pour la mise sur le marché d'un produit fiable qui sera bien accueilli par les clients ;
- vous souhaitez enrichir un produit en confrontant les intelligences de tous ses partenaires : des utilisateurs finaux aux concepteurs.

2.3.1. Fixer les objectifs du test d'utilisabilité

Indiquer et justifier les objectifs du test.

Voir chapitre 5, § 1.2. et 1.3.

Comme nous l'avons déjà évoqué, les objectifs d'un test d'utilisabilité doivent être clairement précisés et arrêtés. Bien souvent ces précisions viennent des résultats d'évaluations précédentes faites notamment grâce à des techniques d'inspection qui identifient les principales lacunes de l'utilisabilité d'un produit. La définition des objectifs du test doit ainsi souligner en quoi ces tests permettront de cerner des problèmes spécifiques qui donneront lieu à des améliorations sensibles du produit.

2.3.2. Préparer un test d'utilisabilité

La préparation d'un test relève des compétences de l'expérimentateur et de sa capacité à identifier des insuffisances d'un produit qui méritent une expérience afin de valider ou corriger les options prises par les concepteurs. La préparation d'un test repose donc toujours sur une série de connaissances préalables qui sont de nature empirique ou théorique.

La préparation d'un test s'appuie sur des connaissances empiriques et théoriques.

Sur le plan empirique, pour préparer son test l'expérimentateur se référera à d'autres formes d'évaluation comme l'inspection ou l'enquête d'usage. Les résultats d'évaluations précédentes lui permettront de construire un test qui soit pertinent. En effet, l'intérêt d'un test est de mettre en évidence les points faibles d'un produit et pas de confirmer les *a priori* positifs que l'on peut avoir.

La théorie constitue une autre source de préparation d'un test. Les modèles et théories en psychologie expérimentale, en psychologie ergonomique, en ergonomie cognitive ou encore en interaction homme-machine constituent une précieuse mine de connaissances sur les variables explicatives des difficultés rencontrées par les utilisateurs. A ce propos les concepts issus des théories de l'erreur humaine, de la fiabilité humaine, du traitement de l'information symbolique chez l'homme, etc, représentent une foultitude de variables que l'évaluateur pourra manipuler dans ses expériences.

2.3.3. Constituer un échantillon d'utilisateurs

A l'inverse de Monsieur F. qui effectue un test sur sa seule femme, nombreux sont ceux qui estiment que les tests d'utilisabilité sont très coûteux, compliqués à réaliser et devant être menés sur des échantillons importants d'utilisateurs. En réalité, les évaluations de l'utilisabilité ne sont pas réservées à des projets rares aux budgets pharaoniques et ayant des délais de réalisation proches de l'éternité.

Les problèmes d'utilisabilité sont liés au produit et pas à l'utilisateur.

De nombreuses recherches ont montré qu'augmenter le nombre d'utilisateurs augmente le coût du test, mais pas la pertinence des résultats. Nielsen et Landauer (1993) ont souligné que les tests menés auprès de cinq utilisateurs permettent de révéler 85 % des problèmes d'utilisabilité. Dans leur étude, ces auteurs ont établi la formule présentée dans l'encadré 5.r.

Généralement, cinq utilisateurs d'une catégorie donnée suffisent à détecter 80 % des problèmes !

Voir encadré 5.r.

Du côté des publications
Nielsen et Landauer, 1993
Nielsen, 1994
Spool et Schroeder, 2001

Lorsqu'on analyse le test d'un seul utilisateur, on décèle presque le tiers des problèmes d'utilisabilité. Pour deux utilisateurs, les problèmes identifiés se superposent et l'on découvre moins de problèmes qu'avec le seul premier sujet. Avec le troisième utilisateur, l'apport est encore plus restreint, et ainsi de suite. Autrement dit, plus on ajoute de sujets, moins ceux-ci nous renseignent sur les problèmes d'utilisabilité. Si avec quinze sujets on trouve théoriquement 100 % des problèmes d'utilisabilité que rencontrent les utilisateurs, il est clair que cinq utilisateurs suffisent à identifier entre 70 % et 90 % des difficultés. D'ailleurs, Nielsen (1994) estime que le nombre optimal d'évaluateurs doit être compris entre 3 et 5, notamment en améliorant le produit à chaque itération. Au-delà de ce nombre le rapport coût/bénéfice augmente souvent de façon injustifiée. Par conséquent, il vaut mieux réaliser de petits tests qui tiendront compte des résultats des évaluations précédentes et amélioreront en continu le produit. Ces séries de tests se poursuivront tant que le produit ne satisfera pas les utilisateurs cibles... ou que les délais et budget seront dépassés !

Parfois 5 utilisateurs ne sont pas suffisants... En prévoir 49 !

Certaines recherches sur le nombre de participants aux tests n'ont pas confirmé les résultats de Nielsen. Par exemple, Spool et Schroeder (2001) ont montré que pour identifier 85 % des problèmes d'utilisabilité de sites web ils ont dû solliciter 49 utilisateurs. En fait, ces résultats ne sont pas forcément contradictoires. Nielsen souligne la nécessité d'avoir 5 personnes par catégorie d'utilisateurs, et pas 5 personnes en tout et pour tout. En conséquence, lorsque l'évaluation porte sur des produits grand public (comme les sites de commerce électronique), l'évaluateur doit veiller à mener ses tests sur un échantillon représentatif des catégories d'utilisateurs ciblés, en intégrant le cas échéant : des déficients visuels, des personnes âgées, des enfants, des chômeurs, des personnes de cultures différentes...

Par ailleurs, si l'évaluation n'a pas pour objectif d'identifier les problèmes critiques mais de définir des normes ou des lois généralisables, elle ne pourra se limiter à un effectif restreint et devra se plier aux lois statistiques de la validation.[1]

Encadré 5.r. **Formule de Nielsen & Landauer**

$$\text{Nombre de problèmes trouvés } (I) = N (1 - (1 - l)^{i})$$

(I) est une estimation du nombre de problèmes d'utilisabilité trouvés en agrégeant les différents problèmes trouvés par les testeurs.
i (exposant) est le nombre d'évaluateurs indépendants.
N indique le nombre total de problèmes d'utilisabilité.
l est la proportion de problèmes trouvés par un seul évaluateur.

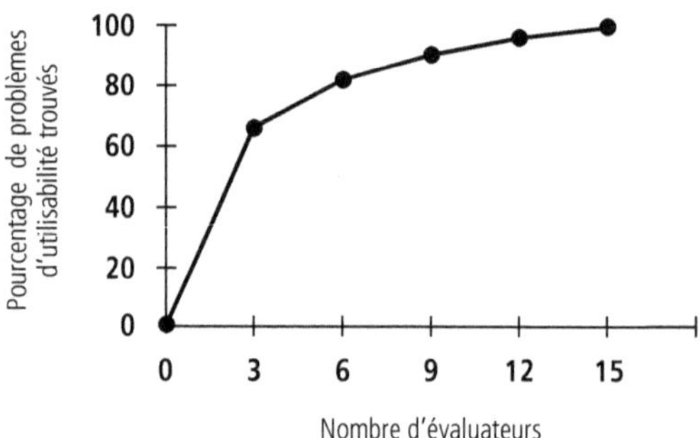

Nombre de problèmes d'utilisabilité trouvés en fonction du nombre d'évaluateurs (d'après Nielsen et Landauer, 1993 ; et Nielsen, 1994).

Choisir des utilisateurs représentatifs.

En somme, le panel d'utilisateurs doit correspondre à celui ciblé par le produit. Il est fondamental que les testés soient les futurs utilisateurs, sans quoi les résultats ne seront ni fiables, ni pertinents, ni généralisables à la classe des utilisateurs potentiels.

Certains tests sont réalisés avec des coutumiers des expérimentations. Tantôt étudiants, ils participent aux expériences de leurs professeurs ; tantôt chômeurs, ils cherchent quelques menus travaux pour meubler leur temps ou agrémenter leur portefeuille ; tantôt amis de l'expérimentateur, ils cherchent à lui faire plaisir, tantôt secrétaires ou personnel admi-

1. Ce qui est souvent trop long et coûteux pour une entreprise, mais que les laboratoires universitaires font de manière assez systématique.

nistratif dans les entreprises, ils cherchent à donner une bonne image d'eux-mêmes... Malgré leur bonne volonté, ces habitués sont très rarement représentatifs des utilisateurs ciblés. Il est donc préférable de les éviter, et de constituer un échantillon fidèle aux personnes concernées.

La pertinence de l'échantillon donne de la pertinence aux résultats de l'évaluation.

La sélection des utilisateurs influence directement la pertinence des résultats d'un test. Du coup, la conformité des testés avec la population cible doit guider la constitution de l'échantillon. Autant que faire se peut, on cherchera des testés comparables (en âge, expérience, sexe, métier, handicap, capacité, motivation...) à l'utilisateur type concerné par le produit.

2.3.4. Organiser le déroulement d'un test

Le déroulement du test d'utilisation doit s'attacher à déterminer la capacité du dispositif à coopérer avec l'utilisateur lorsque ce dernier se trouve en situation réelle d'utilisation. L'utilisateur sera donc placé dans une situation à la fois proche de la réalité et contrôlable par l'expérimentateur.

L'évaluateur donne des consignes claires. Ces directives commencent toujours par l'accueil de l'utilisateur et la présentation de l'expérience. Les aspects déontologiques sont évoqués à ce moment-là. L'utilisateur doit être libre d'accepter ou de refuser l'expérience et, le cas échéant, signera un document pour indiquer son consentement éclairé. Lorsque le test est filmé, nous conseillons de demander un double consentement : le premier pour filmer, le second pour analyser les données filmées. Dans tous les cas de figure, l'anonymat de l'utilisateur sera préservé. De plus, lorsque des personnes observent l'utilisateur, elles sont également soumises à la déontologie présentée par le responsable de l'expérience. Enfin, ces personnes, testés ou observateurs, seront vivement remerciées pour leur participation. Ces sujets accordent une partie de leur temps et de leur confiance ; il est important de reconnaître la faveur qu'ils font. Selon les cas et les budgets, le laboratoire offrira une petite collation, voire une indemnisation financière.

Au niveau procédural, les instructions données à l'utilisateur concernent à la fois des éléments de formes (durée, méthode employée…) et de fond (contenu, objectif…) du test. Ces instructions vont permettre à l'utilisateur d'effectuer des interactions spécifiques avec le produit testé, et par là même d'observer si l'utilisabilité est satisfaisante. Quelquefois, le testé a tendance à penser que ses difficultés sont dues à une défaillance de sa part. Or, cela est faux ! Les difficultés de l'utilisateur sont d'abord le résultat d'un manque d'utilisabilité du produit : on teste le produit, pas l'utilisateur !

Lorsqu'il s'agit de construire des situations artificielles pour les tester ensuite, l'expérimentateur élaborera un ou plusieurs scénarios. Par exemple, il demandera aux utilisateurs de :

- Trouver une information particulière sur un site web ;
- Programmer un réveil électronique ;
- Réaliser une tâche particulière avec un logiciel donné ;
- Préparer et déguster des thés ayant des infusettes différentes ;
- Ouvrir des bouteilles de produits dangereux et d'évaluer la sécurité de ses bouteilles ;
- Lire une documentation destinée à l'installation et à l'utilisation d'un DVD ;
- Monter un meuble en lisant la procédure ;
- Ou encore sécher du linge avec plusieurs sèche-linge différents, etc.

Veiller à la représentativité des situations d'utilisation.

Pour garantir une forte représentativité des situations d'utilisation, celles-ci devront varier le plus possible. Parce qu'elles sont plus rares et d'un risque potentiellement élevé, les situations critiques, anormales, voire périlleuses seront privilégiées aux situations routinières, qui n'apporteront que peu d'informations.

Dans tous ces cas, le but des tests est de mesurer les performances du système homme-technologie, et la compatibilité des fonctionnalités et de leur utilisabilité avec le fonctionnement cognitif et moteur de l'utilisateur. Ce but peut se décliner en deux autres :

- Mesurer la facilité d'apprentissage et d'utilisation ;
- Déterminer les obstacles et contraintes que rencontrent les utilisateurs avec les dispositifs d'assistance (aides, notices, documents).

2.3.5. Avoir recours à un laboratoire d'utilisabilité (Pergolab)

> « Here, usability is often defined in terms of how easy or efficient a product is to recognize, learn, remember, use, and ... enjoy. I would like to mention the last aspect because the user's pleasure, satisfaction, and/or sense of accomplishment (separate from objective performance), is also important in rating usability ».
>
> **Aaron Marcus.**[1]

Pour mener à bien des tests, il vaut mieux disposer d'un laboratoire scientifiquement éprouvé, que de reconstruire, au gré des sollicitations, des tests plus ou moins valides. Ainsi, au fur et à mesure du développement des expériences sur l'usage, plusieurs modèles de laboratoires ont été imaginés et réalisés. Pour ce qui nous concerne, nous estimons que ces plates-formes d'expérimentation doivent permettre l'analyse psychologique et ergonomique de la relation de l'homme à la technologie. Pour ce faire, ces laboratoires d'utilisabilité doivent pouvoir :

- Appréhender les interactions qui s'établissent avec la technologie ou qui s'établissent entre les individus à travers elle ;
- Partir de la place essentielle que l'individu y occupe, tantôt comme utilisateur, tantôt comme concepteur ;
- Intégrer, dans la mesure du possible, l'ensemble des variables contextuelles, relatives à la relation entre l'homme, la technologie et l'organisation ;
- Fournir un éclairage spécifique qui tienne compte des structures technologiques, en tant qu'elles constituent des surdéterminations des conduites humaines.

Architecture du laboratoire Pergolab.

Ces orientations fixent des exigences méthodologiques, que nous avons mises à profit dans la conception de notre laboratoire : Pergolab.

La dynamique de Pergolab (Psychologie, Ergonomie, Laboratoire) s'articule sur des miroirs sans tain, qui isolent le(s) utilisateurs(s) des observateurs, et sur un circuit fermé d'enregistrement vidéo : deux caméras pour le comportement du sujet(s), deux caméras pour saisir la dynamique des observateurs. Ce laboratoire occupe une superficie de 85 m^2. Isolé du monde, c'est un « no man's land » subdivisé en quatre zones dont trois sont séparées les unes des autres par des miroirs sans tain :

Voir encadré 5.s.

1. « Ici, l'utilisabilité est souvent définie en termes de facilité ou d'efficience pour reconnaître, apprendre, se rappeler, utiliser un produit et… se faire plaisir. J'aimerais souligner le dernier aspect, car le plaisir de l'utilisateur, sa satisfaction et/ou son sentiment d'accomplissement (indépendamment de la performance objective) sont des aspects importants lors de l'évaluation de l'utilisabilité ». Aaron Marcus.

– *La zone d'accueil* est un espace neutre, quelques fauteuils, une boisson pour accueillir, mettre en confiance et valoriser le(s) utilisateurs ou testeurs(s) ;
– *La zone de test* où, en plus d'un mobilier conforme aux besoins de l'expérience (quelques jeux s'il s'agit d'enfants, du matériel de bureau ou un ordinateur s'il s'agit d'opérateurs), se retrouvent deux caméras mobiles suspendues au plafond, des microphones et des possibilités de connexions informatiques ;
– *La zone d'observation* est une salle de réunion classique enrichie par un moniteur, pour éventuellement visualiser l'écran informatique du sujet. Deux caméras mobiles et deux micros permettent de suivre la dynamique des observateurs : les observateurs sont donc observés ;
– *La zone technique* a une double vue sur les locaux de test et d'observation. Elle contient tout le matériel audiovisuel nécessaire à la manipulation, au mixage et à l'enregistrement des tests.

Intervenants du laboratoire.

Le laboratoire repose donc sur l'idée d'un circuit fermé permettant la production, l'observation directe, l'enregistrement et l'analyse des comportements, verbalisations et interactions.

Voir encadré 5.s.

Dans Pergolab, on trouve trois types d'intervenants :

– *L'utilisateur ou le sujet.* Il s'agit de personnes (opérateurs, salariés, étudiants, enfants, adultes, seuls ou placés en groupe) qui doivent réaliser une tâche donnée. A cette fin, ils sont isolés dans le local de test où leur seul lien avec le monde extérieur est un téléphone. La contribution du sujet porte par exemple sur l'expérimentation du contenu informatique d'une interface, d'un produit domestique ou d'un dispositif professionnel et de leur contexte d'utilisation (le manuel d'utilisation, les formulaires, les consignes de travail, les modes opératoires prescrits, les consignes de sécurité, les fiches qualité...). Elle s'attache également à révéler la contrepartie verbale et non verbale de son vécu de l'expérimentation. En bref : le sujet teste les fonctionnalités et l'utilisabilité des dispositifs techniques tout en mettant en œuvre des formes d'appropriation de la technologie.

– *Les observateurs.* Ils sont concernés par la tâche du sujet. Ce sont des développeurs, des concepteurs, des informaticiens, des organisateurs, des formateurs, des responsables commerciaux, etc. Ensemble, ils devront observer le déroulement du test et assumer le vécu du testeur sans pouvoir intervenir. Sur la base de leurs observations, ils devront commenter le travail accompli par le sujet. Il apparaît rapidement que l'intérêt du laboratoire ne réside pas uniquement dans sa composante « microscope des comportements » mais aussi dans sa possibilité d'appréhender les tâches de test et d'observation comme un système dynamique organisé autour d'un jeu de relations en situation de changement, où les différents observateurs sont amenés à prendre conscience des conduites de l'utilisateur et de leur propre conduite. Au grand jour, les intervenants prennent difficilement conscience de ces jeux relationnels, de leurs triangulations, tandis que les miroirs du laboratoire vont les contraindre à vivre un même scénario, à apprendre à gérer ensemble leur situation, à prendre conscience des erreurs, pannes, dysfonctionnements, incompatibilités, infaillibilités, non-qualités. Ces lacunes sont ainsi mises en évidence, et les partenaires de l'utilisateur vont en prendre conscience. Ce laboratoire vise donc non seulement à l'observation mais aussi à la compréhension des processus en œuvre dans la prise de conscience liée à l'observation.
– *Les responsables du laboratoire.* Ils sont spécialisés en ergonomie ou psychologie. Ils assistent les groupes dans la préparation des tests et harmonisent les positions des différentes parties pour faire respecter l'éthique et la déontologie.

Ce laboratoire permet de mieux comprendre les comportements humains, notamment en testant et validant des logiciels, des produits, des jouets, des notices d'utilisation... avant leur mise en service afin de les rendre compatibles avec les caractéristiques des utilisateurs et ainsi d'optimiser leur utilisabilité.

Ainsi défini dans ses objectifs scientifiques et ses missions, le laboratoire Pergolab étudie dans leur interdépendance les fonctionnalités, utilisabilités et formes de régulations sociales liées aux technologies nouvelles. Il constitue un lieu d'expérimentation technique et scientifique où les analyses des processus interactifs, cognitifs et sociaux entre l'homme et la technologie sont affinées.

Encadré 5.s. **Plan schématique du laboratoire Pergolab (université de Metz)**

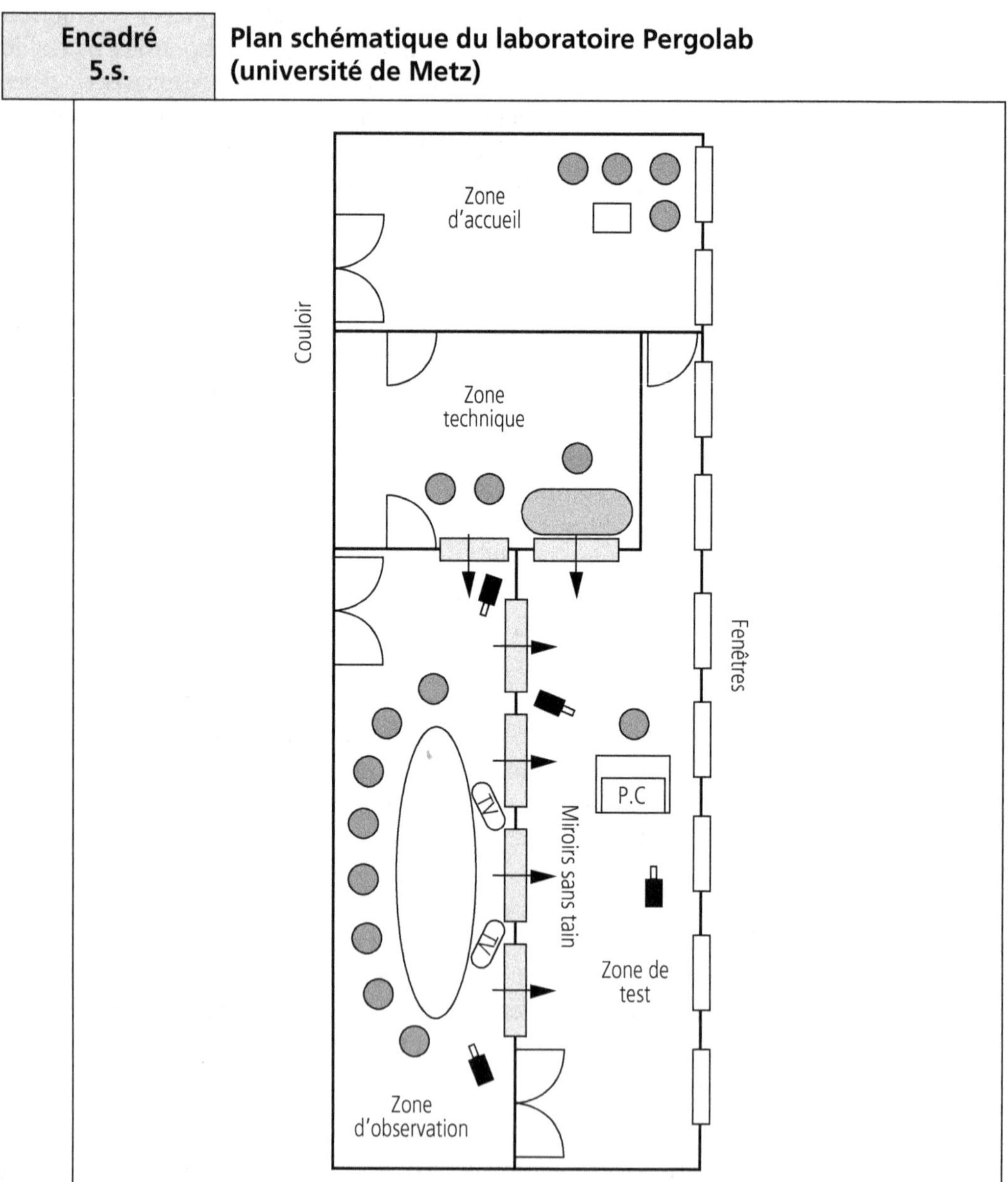

De ce type de laboratoire, plusieurs variantes existent, notamment des laboratoires portables, mélangeant des capacités audio et vidéo convenables. Ils sont mobiles et présentent donc le grand intérêt de pouvoir être déplacés dans tous les endroits.

2.3.6. Déterminer le type de test à mener

Définir des plans d'expériences qui permettent de...

Les plates-formes d'expérimentation permettent de nombreuses possibilités de tests. Vous pouvez évaluer l'ergonomie des écrans d'un site web, mesurer l'acception d'une nouvelle casserole par des utilisatrices, analyser les réactions des concepteurs face aux difficultés des utilisateurs... La question fondamentale est de savoir ce que vous voulez connaître de votre produit ?

Pour ce faire, il faut définir le plan d'expérience. Le plan d'expérience indique la manière dont l'expérimentateur pose ses hypothèses sur l'utilisabilité d'un produit et construit une expérience pour relier des variables pertinentes pour l'analyse. Ces plans d'expérience sont très souvent spécifiques et adaptés à des problématiques particulières. Il est donc impossible d'établir la liste exhaustive des types de tests possibles. Cependant, on peut présenter quelques grandes catégories de tests, qui peuvent se combiner entre elles :

...tester les performances de l'utilisation d'un produit...

- *Test de performance.* Il cherche à recueillir des données quantitatives sur la performance des utilisateurs. Cette dernière est appréhendée par la mesure des temps, procédures et mouvements nécessaires pour parvenir à réaliser les tâches et sous-tâches du scénario. Il est également souhaitable de quantifier le nombre de manipulations réalisées, le nombre d'erreurs commises, des temps de réaction des utilisateurs, voire la manière dont il prélève et traite l'information visuelle...

Voir encadré 5.t.

Encadré 5.t. Le recueil et l'analyse des mouvements oculaires

L'étude des mouvements de l'œil permet, grâce à des appareils sophistiqués d'enregistrement et de traitement, d'identifier les informations prélevées par les utilisateurs ainsi que l'ordre des prélèvements. Très spécifique à la compréhension des tâches à forte composante visuelle, cette technique permet d'enregistrer les mouvements des yeux d'un utilisateur pendant qu'il travaille, puis d'analyser les données obtenues.

.../...

…/…

Cette technique repose sur l'idée que les mouvements oculaires sont des indicateurs des processus cognitifs qui sous-tendent les actes des personnes. Autrement dit, les utilisateurs ne prélèvent ni les informations de manière aléatoire, ni en fonction des seules caractéristiques des stimuli visuels ; mais cette prise d'information révèle les stratégies de recherche et de traitement de l'information.

Des indicateurs de l'activité visuelle comme :
- les fréquences globales de fixation dans une zone du champ perceptif ;
- l'ordre des fixations dans une zone ;
- la durée d'arrêt en un point ;
- la durée globale d'exploration par zone.

Sont interprétés selon les principes suivants :
- la quantité d'activité oculomotrice déployée correspond environ à la quantité totale d'information que la personne a décidée de recueillir ;
- la localisation des pauses de regards reflète la sélection que le sujet fait parmi toutes les informations dont il dispose ;
- les séquences de fixation constituent la trace de la stratégie cognitive choisie dans la récolte des informations ;
- enfin, la durée de fixation pourrait être un indicateur de la plus ou moins grande facilité ou difficulté d'extraire l'information pertinente d'un stimulus donné.

…évaluer les réactions des utilisateurs…

– *Test d'utilisation.* Il se centre sur la collecte et l'analyse de données qualitatives. Les observations sont complétées par des entretiens pré-expérimentaux (avant l'expérience) ainsi que des entretiens post-expérimentaux. Ces entretiens ont pour but de connaître les représentations de l'utilisateur sur le produit testé, de voir si ces représentations ont été modifiées par l'usage, de comprendre comment l'utilisateur se représente son activité et de recueillir son vécu de l'expérience. Durant le test à proprement parler, les signes (plaintes, gémissements, rires, grimaces, hochements de tête, hésitations) sont compris comme un langage du corps de l'utilisateur, que l'évaluateur cherchera à interpréter. Selon les objectifs de l'expérience, on peut également demander à l'utilisateur de « penser à voix haute », et donc de commenter ce qu'il fait (technique de verbalisation provoquée). Il s'agit ici de comprendre ce que l'utilisateur a à l'esprit lorsqu'il interagit avec un dispositif technique.

...mesurer les capacités du produit à aider à la planification de l'activité de l'utilisateur...

– *Test d'anticipation.* Principalement dédié à l'évaluation de logiciels, ce type de test a pour objectif d'évaluer la capacité d'un produit à accompagner un utilisateur dans l'organisation de son activité. Il vise à comprendre si les caractéristiques intrinsèques du logiciel permettent aux utilisateurs d'anticiper la manière dont sont organisées les fonctionnalités. La règle d'évaluation est simple : si quelle que soit sa position dans l'organigramme d'un logiciel, un utilisateur arrive à anticiper les procédures et actions à réaliser, alors on estimera que les informations présentées à l'utilisateur sont suffisantes pour le guider dans ces interactions. Dans cette perspective, l'évaluateur peut comparer les procédures anticipées par verbalisation de l'utilisateur, aux procédures prescrites ainsi qu'aux procédures réellement mises en œuvre. L'analyse de ces écarts permet ensuite de corriger le logiciel en le rendant compatible avec les intentions de l'utilisateur, notamment en faisant correspondre les prescriptions à la réalité.

...d'apprécier la qualité des supports de formation...

– *Test des systèmes d'aide à l'apprentissage.* Ce test vise à évaluer l'utilisabilité des dispositifs d'assistance à l'apprentissage de l'utilisation d'un produit (documentation, fiche technique, notice, système d'aide en ligne, manuel d'utilisation, formation). A partir de scénarios types, les utilisateurs sont placés dans des situations qui impliquent, à divers degrés, l'utilisation d'une aide. La simulation en laboratoire, puis l'observation de ces situations permet de mesurer la capacité des aides à compléter la formation de l'utilisateur. Ce test de la formation présente trois intérêts. Premièrement, il met en évidence des défauts d'utilisabilité (lisibilité, compréhensibilité, accessibilité, compatibilité, adaptabilité...) de l'aide. Deuxièmement, il souligne les erreurs de l'utilisateur et par voie de conséquence, les erreurs de conception du dispositif technique ; ce test peut donc conduire les concepteurs à corriger leur produit. Troisièmement, ce test permet de connaître les connaissances de l'utilisateur : de savoir ce qu'il sait faire et pas faire ; c'est à partir de ces connaissances de l'utilisateur que se conçoivent des produits et aides adaptés.

...favoriser la rencontre entre concepteurs et utilisateurs...

– *Test de confrontation.* Les expériences en laboratoire sont souvent vues comme étant froides et aseptisées. Pourtant, une expérience peut également être un moment de rencontre entre les utilisateurs testant un produit et des concepteurs observant ces utilisateurs. En effet, placés en zone d'observation, les concepteurs vont prendre conscience que la conception d'un produit implique des difficultés particulières. Les observateurs vont réaliser à quel point la conception d'un produit implique des manières d'agir, de penser et d'être. Dans ce cas, l'expérimentateur joue le rôle d'animateur en aidant les protagonistes à ajuster leurs représentations et à trouver des solutions innovantes. Par ailleurs, ce test permet de gagner énormément de temps sur les modifications à effectuer, car les observateurs peuvent rapidement proposer des solutions qui sont discutées avec l'évaluateur et les utilisateurs à la fin de l'expérience.

...pressentir les impacts du produit sur son contexte d'utilisation...

– *Le test de déploiement du produit.* La plate-forme expérimentale sert également à appréhender les réactions des personnes chargées d'accompagner le déploiement d'un produit (marketing, formation, organisation, ressources humaines, logistique...). Mises en situation d'observateurs, ces personnes auront pour mission de s'exprimer sur les aspects psychosociaux et sociologiques de l'usage du produit testé. Ils imagineront et verbaliseront, selon leurs compétences et biographies, les impacts du produit et les moyens d'accompagner son déploiement. Cette technique est particulièrement profitable, lorsqu'il s'agit de tester un produit diffusé dans plusieurs pays. Avec l'appui d'un animateur, les observateurs de pays différents vont vivre le test et seront amenés à expliciter les dimensions particulières de leur culture qui militent en faveur d'aménagements du produit. De cette confrontation entre partenaires d'horizons différents vont émerger des remarques, des idées, des solutions et des critiques qui n'auront pas été pensées au départ. Ce type d'expérience participe donc à la compréhension des dimensions sociales et culturelles des usages, trop souvent oubliées des expérimentations classiques.

Globalement, les tests en laboratoire présentent l'avantage d'être peu coûteux, riches en informations, formalisés, efficaces et rapides. En trois à cinq jours, il est possible d'avoir une mesure de l'utilisabilité d'un produit, qui soit suffisamment opérationnelle pour être assortie de nombreuses recommandations. En bref, les tests permettent d'évaluer l'adéquation des systèmes techniques aux besoins des utilisateurs, tout en étant un instant privilégié où l'utilisateur s'exprime sur l'objet conçu.

Le test devient alors le lieu d'expression de nouveaux besoins. Ainsi, les plates-formes d'expérience sont-elles aussi des lieux de dialogues, de rencontres et donc de collaboration entre les concepteurs, les utilisateurs et l'ensemble des partenaires d'une innovation.

3. La restitution de l'évaluation

Vous devez vous dire qu'il existe de très nombreuses techniques d'évaluation de l'utilisabilité et qu'elles débouchent sur des résultats qui peuvent être différents, parfois contradictoires, bien que toujours complémentaires. Vous pouvez également remarquer que les résultats bruts sont généralement peu parlants et qu'il faut les interpréter pour leur donner du sens. L'interprétation des résultats des tests, se fait toujours en rapprochant les résultats d'une évaluation des hypothèses de départ, d'autres résultats ou de théories sur l'homme. Mais, quelles que soient les méthodes employées et les interprétations effectuées, l'évaluation devra toujours aboutir à une restitution opérationnelle pour le client.

Toujours fan de technologies nouvelles et parfois lent à la comprenette, Monsieur F. a maintenant compris qu'il ne peut tester des produits sur sa seule femme ; et que pour être valide une évaluation doit répondre à de nombreux critères scientifiques. D'ailleurs Madame F. se réjouit que son mari l'ait enfin compris : elle en avait assez d'être obligée de tester quotidiennement des produits en tous genres. Car Monsieur F. était devenu un obsessionnel de l'utilisabilité. Avant d'être acheté, un produit devait être testé ! Imaginez bien que dans les supermarchés Madame F. était priée de tester le balai ou l'ouvre-boîte qu'elle comptait acquérir ! Monsieur F. n'était pas en reste non plus : lors de l'acquisition de son lecteur de DVD, il a demandé au vendeur de pouvoir tester la télécommande

www.ingramcontent.com/pod-product-compliance
Lightning Source LLC
Chambersburg PA
CBHW061808210326
41599CB00034B/6917

9782708129009